HATIER CONCOURS
CONCOURS DE PROFESSEURS DES ÉCOLES

SCIENCES ET TECHNOLOGIE

ÉPREUVE ÉCRITE D'APPLICATION

DIRECTEURS DE COLLECTION
Micheline Cellier
Roland Charnay
Michel Mante

AUTEURES
Cécile Laruelle-Detroussel
Formatrice d'enseignants de 1er et 2nd degré en Physique-Chimie
INSPÉ d'Amiens
Hélène Lesot
Formatrice d'enseignants de 1er et 2nd degré en Sciences de la vie et de la Terre
INSPÉ d'Amiens

Ce texte est conforme à la nouvelle orthographe
www.orthographe-recommandee.info

Hatier

ÉDITION : Jessie Magana
CONCEPTION MAQUETTE : Stéphanie Hamel
MISE EN PAGES : STDI
SCHÉMAS : Domino
ICONOGRAPHIE : Hatier Illustrations

ISBN : 978-2-401-08282-3

SOMMAIRE

PARTIE 2 MAITRISER LES CONTENUS POUR RÉUSSIR L'ÉPREUVE

SCIENCES DE LA VIE ET DE LA TERRE

SCIENCES PHYSIQUES ET TECHNOLOGIE

INTRODUCTION

Cet ouvrage pour qui et pourquoi ?

Cet ouvrage est destiné aux candidats préparant le concours de professeur des écoles qui ont choisi le domaine « Sciences et technologie ». Son but est de permettre à tous les candidats, étudiants en master MEEF[1] ou non, quel que soit leur niveau en sciences, de se préparer efficacement à l'épreuve écrite correspondante[2] selon les indications de l'arrêté du ministère de l'Éducation nationale publié au Journal officiel du 29 janvier 2021. Seuls les étudiants inscrits en seconde année de master ou déjà titulaires d'un master peuvent se présenter au concours.

1. MEEF : Métiers de l'enseignement, de l'éducation et de la formation.

2. Troisième épreuve d'admissibilité.

Nous l'avons voulu comme un outil complet et unique, qui renvoie aux textes officiels tant des programmes, du Socle commun de connaissances, de compétences et de culture (S4C) que d'autres ressources professionnelles.

La **première partie** vise à former le candidat aux problématiques didactiques et pédagogiques mises en œuvre lors de l'enseignement scientifique. Le candidat devra montrer des compétences en la matière lors de l'épreuve.

La **deuxième partie** permet au candidat d'aborder les contenus scientifiques exigibles de l'épreuve en référence aux programmes de sciences de l'école primaire. Il est attendu que celui-ci les maitrise finement et avec du recul. Ces contenus peuvent être complétés le cas échéant par des manuels scolaires du secondaire.

La **troisième partie** comprend des outils nécessaires à la conception et à l'analyse de séquences et de séances ainsi qu'un exemple de sujet corrigé. Cela permettra au candidat de mieux cerner les attentes du jury.

Comprendre l'épreuve écrite d'application

1. Les épreuves du concours

L'ensemble des épreuves du concours vise à évaluer les capacités des candidats au regard des dimensions disciplinaires, scientifiques et professionnelles de l'acte d'enseigner et des situations d'enseignement. Le tableau de la page suivante permet de prendre la mesure de l'importance de la troisième épreuve d'admissibilité dans la réussite du concours.

Arrêté du 25 janvier 2021 publié le 29 janvier 2021 : https://www.legifrance.gouv.fr/jorf/id/JORFTEXT000043075701

ÉPREUVES D'ADMISSIBILITÉ			
Épreuve écrite disciplinaire de français	3 heures	20 points	Coef. 1
Épreuve écrite disciplinaire de mathématiques	3 heures	20 points	Coef. 1
Épreuve écrite d'application Le candidat a le choix entre l'un des domaines suivants : – **Sciences et technologie** – Histoire, géographie, enseignement moral et civique – Arts	3 heures	20 points	Coef. 1
Toute note égale ou inférieure à 5 à l'une des trois épreuves est éliminatoire.			
ÉPREUVES D'ADMISSION			
Épreuve de leçon : Conception d'une séance d'enseignement de français puis de mathématiques de l'école primaire La note de 0 est éliminatoire.	2 h de préparation, 1 h d'exposé et d'entretien	20 points	Coef. 4
Épreuve d'entretien : 1re partie relative à l'éducation physique et sportive et à la connaissance scientifique du développement et de la psychologie de l'enfant La 2e partie porte sur les motivations du candidat et son aptitude à se projeter dans le métier de professeur au sein du service public de l'éducation La note de 0 à l'une ou l'autre des deux parties est éliminatoire.	30 minutes de préparation 1 h 05 de présentation et échange	20 points	Coef. 2

2. L'épreuve écrite d'application

L'épreuve écrite d'application a pour objectif d'apprécier la capacité du candidat à proposer une **démarche d'apprentissage progressive et cohérente**. Elle est d'une durée de trois heures, coefficient 1.

Quelle que soit l'épreuve écrite, le jury tiendra compte de la **maitrise de la langue française** (vocabulaire, grammaire, conjugaison, ponctuation, orthographe) du candidat.

Le candidat dispose d'un **dossier** comportant notamment des travaux issus de la recherche et des documents pédagogiques. Le candidat est amené à montrer dans le domaine choisi une **maitrise disciplinaire en lien avec les contenus à enseigner et à appliquer cette maitrise à la construction ou à l'analyse de démarches d'apprentissage.**

L'épreuve de sciences et technologie

« L'épreuve consiste en la **conception et/ou l'analyse d'une ou plusieurs séquences ou séances d'enseignement à l'école primaire** (cycle 1 à 3), y compris dans sa dimension expérimentale. Elle peut comporter des questions visant à la **vérification des connaissances disciplinaires** du candidat.

L'épreuve est notée sur 20. Une note globale égale ou inférieure à 5 est éliminatoire. »

Arrêté du 25 janvier 2021.

On attend une bonne connaissance :

- des programmes en vigueur de la maternelle au cycle 3 selon le bulletin officiel n° 31 du 30 juillet 2020 accessibles à :

https://www.education.gouv.fr/pid285/bulletin_officiel.html?pid_bo=39771

- du Socle commun de connaissances, de compétences et de culture (S4C) relevant des cycles 2 à 4 inclus (bulletin officiel n° 17 du 23 avril 2015) accessible à :

https://www.education.gouv.fr/bo/15/Hebdo17/MENE1506516D.htm?cid_bo=87834

Le jury valorise les candidats qui **maitrisent les contenus scientifiques du domaine choisi** mais surtout, il apprécie **leurs capacités à exploiter et lier ces contenus à un contexte d'enseignement** relevant de l'école maternelle ou de l'école élémentaire. Il faut donc bien maitriser les connaissances des disciplines choisies mais aussi connaitre leurs différentes démarches didactiques. C'est pourquoi le jury attend que les candidats maitrisent **trois types de compétences : scientifiques, didactiques et pédagogiques.**

Didactique et pédagogie

- La **didactique** se rapporte aux méthodes ou procédés relatifs à l'enseignement de connaissances disciplinaires données afin de les rendre plus accessibles aux élèves.
- La **pédagogie** relève du contexte de la situation d'apprentissage que l'enseignant instaure ; elle n'est pas propre à un champ disciplinaire et est au contraire transversale (voir la partie 3, p. 211).

Les sciences ne sont pas – contrairement à une idée reçue – une accumulation de savoirs réservés à une élite. Ce n'est pas une discipline pour laquelle il faudrait connaitre par cœur des formules ou du vocabulaire scientifique sans en saisir l'intérêt. C'est pourquoi il importe de comprendre ce que sont les sciences et comment leur enseignement a évolué[3].

3. Ce point sera développé en partie 1.

Il s'agit pour les élèves notamment de cycle 3 d'« acquérir une première culture scientifique et technique indispensable à la description et la compréhension du monde et des grands défis de l'humanité. Les élèves apprennent à adopter une approche rationnelle du monde en proposant des explications et des solutions à des problèmes d'ordre scientifique et technique » : selon le bulletin officiel correspondant à ce cycle : « La diversité des démarches et des approches (observation, manipulation, expérimentation, simulation, documentation...) développe simultanément la curiosité, la créativité, la rigueur, l'esprit critique, l'habileté manuelle et expérimentale, le vivre ensemble et le gout d'apprendre[4]. »

4. https://eduscol.education.fr/87/j-enseigne-au-cycle-3

Le candidat doit avoir une bonne connaissance des démarches utilisées en sciences, dont la démarche d'investigation (voir p. 22). Il doit connaitre tous les supports disponibles pour étudier le programme, s'interroger et savoir critiquer les documents (textes, schémas, illustrations...), les manuels et leur exploitation afin de les intégrer au mieux dans des séances ou séquences pédagogiques adaptées au niveau des élèves.

Le jury attend du candidat qu'il propose ou analyse une séance ou une séquence pédagogique en fonction d'un cycle et d'un niveau donnés, c'est-à-dire qu'il sache la construire, sur un thème donné et en faisant le lien avec ses compétences scientifiques et didactiques. Le candidat doit être capable de concevoir des activités adaptées et prenant en compte les instructions officielles (les programmes et le Socle commun).

Comment se préparer à cette épreuve ?

- **Lire** quelques ouvrages fondamentaux vous permettra de mieux comprendre ce que sont les sciences et comment leur enseignement a évolué. Quelques lectures et sites sont conseillés ci-dessous (p. 10-11).
- **Observer** des élèves et/ou des collègues expérimentés en activité afin de comprendre les processus d'apprentissage.
- Avoir une bonne **connaissance des programmes et du Socle commun.**
- **Être à jour** de ses connaissances scientifiques sur la discipline. C'est pourquoi il faut, surtout dans les semaines qui précèdent l'épreuve, s'y préparer sérieusement et avec régularité. La deuxième partie de cet ouvrage, s'appuyant sur les programmes des cycles 1, 2 et 3, vous apporte les contenus essentiels à connaitre.

Pour aller plus loin

1. Se documenter

- *Apprendre la science et la technologie à l'école,* DVD, Scéren-CNDP, 2008.
- *Cahiers pédagogiques* n° 443 : « La culture scientifique », mai 2006.
- Les ressources d'accompagnement des cycles 2, 3 et 4 : http://eduscol.education.fr/pid34138/ressources-accompagnement-cycles-4.html
- Le réseau Canopé propose un certain nombre de ressources : https://www.reseau-canope.fr/ecole-maternelle/explorer-le-monde-le-vivant-les-objets-la-matiere.html
- Le site de la fondation « La Main à la pâte » : https://www.fondation-lamap.org

2. Lire quelques articles et ouvrages généraux

- Astolfi J.-P. et Develay M., *La Didactique des sciences,* Paris, PUF, 1989.
- Astolfi J.-P., « Quelques logiques de construction d'une séquence d'apprentissage en sciences. L'exemple de la géologie à l'école élémentaire », *in* : *Aster*, 13, 157-186, 1991.
- Astolfi J.-P. (dir.), *Comment les enfants apprennent les sciences ?*, Paris, Retz, 2006.
- Bisault J., « Langage, action et apprentissage en sciences à l'école maternelle », *in* : *Spirale*, 36, 123-138, 2005.
- Coquidé-Cantor M. et Giordan A., *L'Enseignement scientifique et technique à l'école maternelle,* Paris, Delagrave, 2002.
- Coquidé M., Fortin C., et Rumelhard G., « L'investigation : fondements et démarches, intérêts et limites », *in* : *Aster,* 49, 51-78, 2009.
- Couture C., Dionne L., Savoie-Zajc L. et Aurousseau E., « Développer des pratiques d'enseignement des sciences et des technologies : selon quels critères et dans quelle perspective ? » *in* : RDST, n° 11, 2015.
- De Vecchi G. et Giordan A., *L'Enseignement scientifique, comment faire pour que « ça marche » ?*, Paris, Delagrave, 2002.
- Giordan A., *Comment enseigner les sciences ?*, Paris, Delagrave, 2008.

• Harlen W., *Enseigner les sciences : comment faire ?*, Paris, La Main à la pâte, Le Pommier, 2012.

• Hasni A., Belletête V. et Potvin P., *Les démarches d'investigation scientifique à l'école – Un outil de réflexion sur les pratiques de classe*, Centre de recherche sur l'enseignement et l'apprentissage des sciences, Québec, 2018.

• Molvinger K., *La Mise en œuvre d'une démarche d'investigation à l'école élémentaire. Une étude de cas*, *in* : *Spirale – revue de recherches en éducation*, E1 n° *varia*, 49-78, 2017.

• Orange C., Fourneau J.-C., Bourbigot J.-P., « Écrit de travail, débats scientifiques et problématisation à l'école élémentaire », *in* : *Aster*, 33, 111-133, 2001.

• Reverdy C., « Les Recherches en didactique pour l'éducation scientifique et technologique », *in* : *Dossier de veille de l'IFÉ*, n° 122, février 2018.

• Tavernier R. (dir.), *Enseigner les sciences expérimentales à l'école élémentaire*, Paris, Bordas, 2009.

• Tavernier R., *Enseigner la biologie et la géologie à l'école élémentaire*, Paris, Bordas, 2009.

• Vérin Anne, « Mettre par écrit ses idées pour les faire évoluer en sciences », *in* : *Repères* n° 12, 21-36, 1995.

L'enseignement des sciences et de la technologie

Que sont les sciences ?

• Les sciences, en particulier les sciences expérimentales et technologiques, sont perçues comme source de progrès, et donc d'espoir, mais également comme des domaines de recherche qui peuvent engendrer quelques craintes. Aussi allons-nous tenter de définir ce que sont ces sciences.

Dans le préambule du BOEN n° 31 du 30 juillet 2020, il est indiqué « Toutes les disciplines scientifiques et la technologie concourent à la construction d'une première représentation globale, rationnelle et cohérente du monde dans lequel l'élève vit. » https://www.education.gouv.fr/pid285/bulletin_officiel.html?pid_bo=39771

1 La définition des sciences

• Étymologiquement, le mot « **science** » vient du latin *scientia* signifiant « **connaissance** », qui provient du verbe *scrire*, traduit par « savoir ». Nous limiterons notre propos aux sciences portant sur l'étude des phénomènes naturels sans évoquer les sciences humaines et sociales (histoire, géographie, philosophie, sociologie, psychologie...), ni les mathématiques, bien qu'elles aient de multiples points de convergence. Ces sciences visent à décrire et à expliquer le monde naturel et physique et à le situer dans l'univers.

• On pourrait réduire la définition des sciences à ce que l'on tient pour vrai mais pas à ce qui est vrai de manière universelle et intemporelle. Opposées au dogmatisme, elles se doivent, au contraire, d'être ouvertes à la **critique** et à la révision afin d'évoluer. Elles reposent sur des **méthodes d'investigation rigoureuses, vérifiables et reproductibles** afin que la **communauté scientifique** puisse valider toute théorie avancée. Karl Popper, philosophe des sciences du XXe siècle, a ainsi défini le principe de falsifiabilité qui établit le caractère scientifique de toute recherche. Selon lui, une hypothèse est falsifiable « si la logique autorise l'existence d'un énoncé ou d'une série d'énoncés d'observation qui lui sont contradictoires, c'est-à-dire, qui la falsifieraient s'ils se révélaient vrais[1] ». Le chercheur scientifique veille donc à déterminer les critères de réfutabilité de sa théorie afin que celle-ci soit acceptée par l'ensemble de la communauté scientifique.

• Les sciences sont donc une façon de penser, de vérifier les choses, de poser des **questions** et d'apporter des réponses. Gaston Bachelard, en 1938, écrivait dans *La Formation de l'esprit scientifique*[2] : « Pour un esprit scientifique, toute connaissance est une réponse à une question. S'il n'y a pas eu de question, il ne peut y avoir de connaissance scientifique. Rien ne va de soi. Rien n'est donné. Tout est construit. »

• Parallèlement, le médecin et physiologiste à qui on attribue la méthode expérimentale, Claude Bernard, énonça que : « sans **hypothèse**, c'est-à-dire sans une anticipation de l'esprit sur les faits, il n'y a pas de science, et le jour de la dernière hypothèse serait le dernier jour de la science[3] ».

• L'**argumentation** et le **raisonnement scientifique** sont également au cœur des démarches scientifiques. Ils sont indissociables de la rigueur d'observation, de l'expérimentation ou de toute autre recherche, et de l'interprétation des résultats correspondants.

• Enfin, sans confrontation des travaux de recherche, de **communication** entre chercheurs par le biais de publications et de conférences par exemple, ceux-ci ne pourraient pas avoir le statut scientifique.

1. POPPER K. cité par CHALMERS A., *Qu'est-ce que la science ?* Paris, La Découverte, 1987, p. 76.

2. BACHELARD G., *La Formation de l'esprit scientifique*, Paris, Vrin, 1938 (1989).

3. BERNARD C., *Principes de médecine expérimentale*, Paris, PUF, 1947 (1987).

2 Les sciences enseignées à l'école primaire

2 1. Les sciences dans les bulletins officiels

• Au cycle 1

• À l'école maternelle, il existe cinq domaines d'apprentissage[4] :
– **Mobiliser le langage dans toutes ses dimensions**
– **Agir, s'exprimer, comprendre à travers l'activité physique**
– **Agir, s'exprimer, comprendre à travers les activités artistiques**
– **Construire les premiers outils pour structurer sa pensée**
– **Explorer le monde**

À l'intérieur du domaine **Explorer le monde**, on va trouver le sous-domaine **Explorer le monde du vivant, des objets et de la matière** avec les items suivants :
– **Découvrir le monde vivant**
– **Explorer la matière**
– **Utiliser, fabriquer, manipuler des objets**
– **Utiliser des outils numériques**

• **Les attendus en fin d'école maternelle sont :**
– reconnaitre les principales étapes du développement d'un animal ou d'un végétal, dans une situation d'observation du réel ou sur une image ;
– connaitre les besoins essentiels de quelques animaux et végétaux ;
– situer et nommer les différentes parties du corps humain, sur soi ou sur une représentation ;
– connaitre et mettre en œuvre quelques règles d'hygiène corporelle et d'une vie saine ;
– choisir, utiliser et savoir désigner des outils et des matériaux adaptés à une situation, à des actions techniques spécifiques (plier, couper, coller, assembler, actionner…) ;
– réaliser des constructions ; construire des maquettes simples en fonction de plans ou d'instructions de montage ;
– utiliser des objets numériques : appareil photo, tablette, ordinateur ;
prendre en compte les risques de l'environnement familier proche (objets et comportements dangereux, produits toxiques) ;
– commencer à adopter une attitude responsable en matière de respect des lieux et de protection du vivant.

4. BO n° 31 du 30 juillet 2020, pour le cycle 1 : https://eduscol.education.fr/83/j-enseigne-au-cycle-1

• Au cycle 2 (CP-CE1-CE2)

• Au cycle 2, les sciences et l'histoire-géographie se partagent l'enseignement **Questionner le monde**[5]. Les sciences sont étudiées dans la partie **Questionner le monde du vivant, de la matière et des objets** avec les items suivants :
– **Qu'est-ce que la matière ?**
– **Comment reconnaitre le monde vivant ?**
– **Les objets techniques. Qu'est-ce que c'est ? À quels besoins répondent-ils ? Comment fonctionnent-ils ?**

• **Les attendus en fin de cycle 2 sont :**
– identifier les trois états de la matière et observer des changements d'états ;
– identifier un changement d'état de l'eau dans un phénomène de la vie quotidienne ;

5. BO n° 31 du 30 juillet 2020, pour le cycle 2 : https://eduscol.education.fr/84/j-enseigne-au-cycle-2

– connaitre des caractéristiques du monde vivant, ses interactions, sa diversité ;
– reconnaitre des comportements favorables à sa santé ;
– comprendre la fonction et le fonctionnement d'objets fabriqués ;
– réaliser quelques objets et circuits électriques simples, en respectant des règles élémentaires de sécurité ;
– commencer à s'approprier un environnement numérique.

Au cycle 3 (CM1-CM2-6e)

• Au cycle 3, un enseignement est dédié aux **Sciences et technologie**[6] avec les items suivants :
– **Matière, mouvement, énergie, information**
– **Le vivant, sa diversité et les fonctions qui le caractérisent**
– **Matériaux et objets techniques**
– **La planète Terre. Les êtres vivants dans leur environnement**

• **Les attendus en fin de cycle 3 sont :**
– décrire les états et la constitution de la matière à l'échelle macroscopique ;
– observer et décrire différents types de mouvements ;
– identifier différentes ressources en énergie et connaitre quelques conversions d'énergie ;
– identifier un signal et une information ;
– classer les organismes, exploiter les liens de parenté pour comprendre et expliquer l'évolution des organismes ;
– expliquer les besoins variables en aliments de l'être humain ; l'origine et les techniques mises en œuvre pour transformer et conserver les aliments ;
– décrire comment les êtres vivants se développent et deviennent aptes à se reproduire ;
– mettre en évidence la place et l'interdépendance de différents êtres vivants dans un réseau trophique ;
– identifier les principales évolutions du besoin et des objets ;
– décrire le fonctionnement d'objets techniques, leurs fonctions et leurs constitutions ;
– identifier les principales familles de matériaux ;
– concevoir et produire tout ou partie d'un objet technique en équipe pour traduire une solution technologique répondant à un besoin ;
– repérer et comprendre la communication et la gestion de l'information ;
– situer la Terre dans le système solaire et caractériser les conditions de la vie terrestre ;
– identifier des enjeux liés à l'environnement.

2. Les disciplines scientifiques et technologiques

Les sciences de la vie et de la Terre

• Les **sciences de la vie et de la Terre** ou **SVT** s'intéressent, comme leur nom l'indique, à la vie et à notre planète, et plus précisément à :
– leur origine et devenir ou évolution ;
– leurs caractéristiques physico-chimiques et dynamiques internes et externes ;
– les relations entre elles ou en leur sein.

• L'objectif global est de comprendre le monde en expliquant le réel, en particulier en ce qui concerne les êtres vivants et la planète elle-même, et ce à toutes les échelles, de la biosphère à la molécule.

6. BO n° 31 du 30 juillet 2020, pour le cycle 3 : https://eduscol.education.fr/84/j-enseigne-au-cycle-3

• Les SVT visent l'acquisition d'une culture permettant à tous les élèves, futurs citoyens, de comprendre les enjeux actuels liés à la santé et à l'environnement.

La physique-chimie

• **La physique** s'intéresse aux phénomènes naturels de l'univers, qu'elle essaie de comprendre, de modéliser et d'expliquer. On peut classer différentes branches de la physique en fonction des phénomènes qu'elle étudie. Ainsi, par exemple :
– la mécanique s'intéresse à l'étude des mouvements des corps ;
– l'électricité renvoie aux déplacements de particules chargées dans des matériaux dits conducteurs ;
– l'optique a pour objet d'étude la lumière et ses propriétés ;
– le magnétisme étudie les champs magnétiques et les forces qu'ils produisent ;
– l'astrophysique étudie les objets de l'univers tels que les étoiles, les planètes, les satellites.

• L'objectif de **la chimie** est de connaitre la structure de la matière et les propriétés des corps. Depuis l'Antiquité, les êtres humains s'intéressent à la matière qui les entoure et à ses transformations : c'est là l'origine de la chimie. Les alchimistes cherchent à transformer le plomb en or. Lavoisier, père de la **chimie dite moderne**, à la fin du XVIIIe siècle, énonce la loi de conservation de la masse au cours d'une réaction chimique : « Rien ne se perd, rien ne se crée, tout se transforme. »

La chimie peut être divisée en différentes branches, par exemple :
– la chimie organique ;
– la chimie inorganique ;
– la chimie analytique ;
– la chimie physique ;
– la biochimie.

La technologie

• **La technologie** est une discipline scolaire récente. Elle est apparue sous ce nom dans les années 1970. L'enseignement de la technologie apporte à l'élève les méthodes et les connaissances nécessaires pour comprendre et maitriser le fonctionnement des produits, l'environnement technique dans lequel il vit. Il apporte aussi des connaissances et des compétences relatives à la conception et à la réalisation de produits. L'impact de ces produits, d'une part sur la société et d'autre part sur l'environnement, fait aussi l'objet de cet enseignement.

• Selon le livre *Apprendre et enseigner la technologie*[7], la technologie peut s'enseigner à travers **deux démarches.**

– La démarche d'**analyse d'un objet technique** (exemple : démonter, remonter, analyser les différents éléments d'un objet technique et caractériser leurs fonctions, construire un objet en suivant une fiche technique), qui répond aux questions suivantes : À quel(s) besoin(s) cet objet répond-il ? Existe-t-il des objets répondant aux mêmes besoins ? Comment fonctionne-t-il ? Comment est-il construit ?

– La démarche de **conception technologique** (exemple : élaborer un projet de fabrication et le réaliser) : un processus de réalisation d'objet technique permet à l'élève d'élaborer une démarche d'observation et de recherche. Cette réalisation peut être, pour l'élève,

7. CHARLAND P. (dir.), *Apprendre et enseigner la technologie*, Éditions Multimondes, coll. « Regards multiples », Montréal, 2009.

l'occasion de s'approprier quelques notions scientifiques de base. Après avoir identifié le problème, l'élève devra proposer une solution par la réalisation d'un prototype, par exemple.

Il existe bien sûr des variantes à ces démarches.

• Les sciences numériques

Il n'existe pas de « discipline » dédiée au numérique à l'école. En revanche, au lycée, depuis 2019, les élèves de seconde ont 1 heure 30 par semaine de sciences numériques parmi les matières du tronc commun. De plus, avec la réforme du bac 2021, il est proposé une spécialité NSI (Numérique et Sciences Informatiques).

Au-delà d'une utilisation simple des outils numériques, il est demandé aux élèves de les comprendre, de modifier certains programmes, voire de les concevoir. Chaque discipline scientifique (mathématiques, SVT, physique-chimie, technologie) peut contribuer, entre autres, à la compréhension et au développement du numérique en classe.

À retenir

Ces disciplines scientifiques se rejoignent dans le besoin de comprendre et d'étudier le monde qui nous entoure.

Comment a évolué l'enseignement des sciences de 1867 à nos jours ?

• Enseigner implique la somme de trois capacités : la maitrise des contenus disciplinaires, la maitrise de la didactique et la maitrise de concepts pédagogiques. Il est donc important de savoir comment l'enseignement de la discipline, sa didactique, a évolué dans le temps.

1 De la leçon de choses aux disciplines d'éveil

• C'est la pédagogue Marie Pape-Carpantier qui utilisa l'expression « **leçon de choses** » en 1867 pour expliquer qu'un jeune enfant comprend mieux s'il peut **observer** un objet concret. Dans le décret du 18 janvier 1887, on peut lire : « L'instruction élémentaire comprend les leçons de choses et les premières notions scientifiques [...]. » En 1902, les programmes instituent pour la première fois un enseignement obligatoire de sciences physiques et de sciences naturelles à l'école. Au départ, la leçon de choses se voulait une méthode générale d'enseignement mais elle devint rapidement l'autre nom de l'enseignement des sciences. De l'observation dirigée par le maitre, on **commente**, on **interprète**, on **argumente**. L'élève n'est pas un simple auditeur. Selon Johann Heinrich Pestalozzi[1], la leçon de choses va rendre l'enfant actif et donner du sens à ses apprentissages. On apprend en examinant des objets concrets et accessibles à tous. **On veut donner du sens aux apprentissages visés.** Apprendre par les choses et non sur les choses, c'est apprendre à lire dans le monde visible qui nous entoure et mettre en évidence les liens entre les objets et les phénomènes. C'est une science dont la démarche est dite intuitive mais qui est en fait une démarche inductive.

• Dans les années 1970, cette méthode est remise en cause. Dans l'article intitulé « La leçon de choses à l'école de Jules Ferry[2] », Pierre Kahn propose trois arguments contre cette leçon de choses : l'unification du système scolaire, l'observation qui ne suffit pas à modifier les représentations initiales des élèves et une incohérence épistémologique. La science ne commence pas par l'observation mais par des problèmes. On décide donc de passer d'une **culture de choses** à une **culture des démarches**.

• L'arrêté du 7 août 1969 créant le « tiers-temps pédagogique » rassemble sous la dénomination de « **disciplines d'éveil** » (ou « activités d'éveil » selon les textes) les enseignements de l'histoire, de la géographie, des sciences et des travaux manuels ainsi que des disciplines artistiques. Le but est de donner aux jeunes élèves de l'école primaire les moyens de développer une « **attitude scientifique** » devant chacun des **problèmes** qu'ils peuvent être amenés à se poser.

On souhaite développer chez l'enfant des capacités intellectuelles, lui donner les moyens de se doter de **méthodes de travail** susceptibles de s'appliquer à toutes les expériences qu'il rencontrera, à tous les problèmes qu'il aura à résoudre. On laisse une grande place à l'expérimentation par les élèves. La leçon de choses voulait faire de l'écolier un bon observateur. Les disciplines d'éveil souhaitent lui donner, en sus, l'**inventivité** et la **rigueur** de l'« attitude scientifique ». Elles ont pour objectif d'amener l'élève à construire son savoir à partir des situations proposées par l'enseignant.

1. PESTALOZZI J. H., (1746-1827), éducateur et pédagogue suisse.

2. KAHN P., *Pour la Science*, n° 27, mai-juillet 2006. Pierre KAHN est professeur émérite de sciences de l'éducation à l'INSPÉ de Caen.

❷ De la méthode OHERIC à la démarche Main à la pâte

Dès les années 1970, la volonté de développer l'attitude scientifique des élèves pousse les enseignants à s'inspirer de ce qu'ils pensent savoir du travail des scientifiques. Ils transposent un certain nombre d'éléments qui le caractérise. On voit alors apparaitre dans les classes une succession de méthodes. Vous trouverez ci-après les principales d'entre elles.

- Dans sa thèse, en 1976, André Giordan caricature la démarche de l'enseignement des sciences en s'inspirant de la méthode expérimentale exposée par Claude Bernard. Il lui attribue alors l'acronyme **OHERIC : Observation, Hypothèse, Expérience, Résultats, Interprétation, Conclusion**. Giordan souhaite alors dénoncer la démarche très linéaire de cet enseignement. Paradoxalement, la démarche **OHERIC** deviendra un modèle suivi par la plupart des enseignants du secondaire jusqu'aux instructions du BO HS n° 3 du 28 août 2008.

- En 1992, Pierre Clément propose le modèle **THEORIC** afin de mieux décrire la démarche des chercheurs qui ne débutent pas leurs travaux sur de simples observations mais qui reprennent la Théorie et les Hypothèses admises au moment de leurs travaux. Celles-ci précèdent toujours une Expérimentation et/ou une Observation suivie de leurs Résultats, leur Interprétation et Conclusion.

- En 1998, Philippe Brunet complète la démarche **OHERIC** en ajoutant un P comme « Problème » et crée l'acronyme **OPHERIC**. Il redonne alors une place importante au problème, cher aux deux philosophes John Dewey et Gaston Bachelard qui s'accordent à penser qu'il est indispensable, pour former l'esprit scientifique, d'apprendre à construire des problèmes et pas seulement à les résoudre : « L'esprit scientifique nous interdit d'avoir une opinion sur des questions que nous ne comprenons pas, sur des questions que nous ne savons pas formuler clairement. Avant tout, il faut savoir poser des problèmes. Et quoi qu'on dise, dans la vie scientifique, les problèmes ne se posent pas d'eux-mêmes. C'est précisément ce sens du problème qui donne la marque du véritable esprit scientifique[3]. »

Mais qu'est-ce qu'un problème ? Étymologiquement, ce mot vient du grec *problema* qui signifie : « ce qui est jeté devant, ce qui empêche d'avancer, ce qui est saillant ». « Le problème est donc ce qui anime le projet (l'énigme), mais aussi ce qui le tient en échec (l'obstacle) ou encore ce qui le met en concurrence avec d'autres projets (la controverse, la compétition) » selon Fabre[4].

- En 2002, Jean-Yves Cariou (chercheur en didactique des sciences) souligne l'importance des allers et retours entre les différentes étapes et mêle l'idée de Pierre Clément à celle d'André Giordan et de Gérard de Vecchi[5] qui insistent sur l'importance de la prise en compte des représentations ou plutôt des conceptions initiales des élèves (voir p. 23). Cette notion a été proposée par Émile Durkheim[6] et reprise notamment par Bachelard qui écrivit : « L'élève arrive en classe avec des connaissances empiriques déjà constituées. »

3. BACHELARD G., *La Formation de l'esprit scientifique*, *op. cit.*

4. FABRE M., *Philosophie et Pédagogie du problème*, Paris, Vrin, 2009.

5. DE VECCHI G. et GIORDAN A. *Les Origines du savoir. Des conceptions des apprenants aux concepts scientifiques*, Neuchâtel-Paris, Delachaux et Niestlé, 1987.

6. DURKHEIM É., « Représentations individuelles et représentations collectives », *Revue de métaphysique et de morale*, 1878.

La démarche hypothético-déductive qu'il préconise alors est nommée **DiPHTeRIC**. Elle est composée de :

– une **problématisation** : **Di** (**Données initiales** : les faits, les observations, les représentations initiales et les acquis des élèves) suivie de l'émergence du **Problème scientifique** ;

– une démarche explicative comprenant des étapes qui ne se suivent pas forcément de manière aussi stricte et linéaire : **H**, les **Hypothèses** ; **Te**, le **Test** qui n'est pas obligatoirement expérimental mais qui peut être une observation, une simulation ou une modélisation ; **R**, les **Résultats de l'investigation** ; **I**, **l'Interprétation** et **C**, la **Conclusion** concernant l'hypothèse réfutée ou corroborée.

Voici l'une des représentations que Cariou en fait dans sa thèse *Former l'esprit scientifique en privilégiant l'initiative des élèves dans une démarche s'appuyant sur l'épistémologie et l'histoire des sciences* qui illustre bien les allers et retours pouvant se faire entre les différentes phases.

DiPHTeRIC, modèle de cheminement scientifique

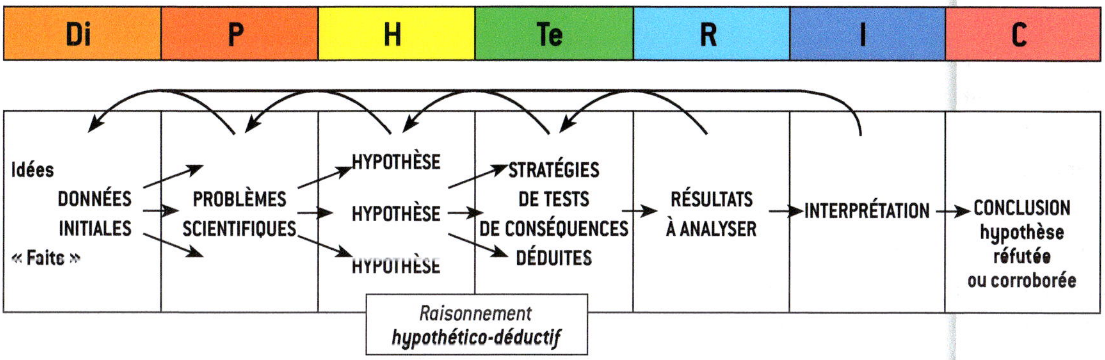

Ces exemples montrent qu'**il n'y a pas une seule manière d'enseigner les sciences. Les sciences évoluent et leur enseignement aussi.** Actuellement, la démarche dite d'investigation est celle qui permet aux élèves d'acquérir de réelles compétences qu'ils pourront remobiliser dans des tâches complexes.

• En parallèle de ces démarches, en 1995, Georges Charpak (prix Nobel de physique en 1992 pour ses travaux sur les détecteurs des particules à hautes énergies) rend visite à Chicago à son ami Leon Lederman (prix Nobel de physique de 1988 pour ses travaux sur des particules élémentaires de la matière, dits neutrinos). Ce dernier lui montre un programme d'enseignement des sciences, *Hands on*, qu'il a créé en 1992, pour lutter contre l'échec scolaire et la violence dans les quartiers défavorisés. Cette méthode lui semble innovante pour enseigner les sciences.

À son retour, s'appuyant sur l'Académie des sciences dont il est membre, Georges Charpak fonde, avec le soutien de ses collègues Pierre Léna et Yves Quéré, une association baptisée **La Main à la pâte** qui a pour slogan : « Lire, écrire, compter et... raisonner avec les sciences ». Dès l'année suivante, un site Internet permet aux enseignants de mutualiser leurs productions et d'échanger avec un réseau de scientifiques.

La démarche pédagogique de La Main à la pâte

La démarche pédagogique est décrite sur le site Internet de l'association, devenue fondation en 2012[7] :

1. Les enfants **observent un objet** ou un phénomène du monde réel, proche et sensible et **expérimentent** sur lui.
2. Au cours de leurs investigations, les enfants **argumentent** et **raisonnent, mettent en commun et discutent leurs idées et leurs résultats**, construisent leurs connaissances, une activité purement manuelle ne suffisant pas.
3. Les activités proposées aux élèves par le maitre sont **organisées en séquence** en vue d'une **progression** des apprentissages. Elles relèvent des programmes et laissent une large part à l'autonomie des élèves.
4. Un volume minimum de **deux heures par semaine** est consacré à un même thème **pendant plusieurs semaines**. Une **continuité des activités** et des méthodes pédagogiques est assurée sur l'ensemble de la scolarité.
5. Les enfants tiennent chacun un **cahier d'expériences** avec leurs mots à eux.
6. L'objectif majeur est une **appropriation progressive**, par les élèves, **de concepts scientifiques et de techniques opératoires**, accompagnée d'une consolidation de **l'expression écrite et orale.**

7. https://www.fondation-lamap.org/fr/page/11924/les-10-principes-de-la-main-a-la-pate

Dans cette continuité, une chaine Youtube, « Billes de sciences[8] », a été créée par la fondation **La Main à la pâte** et est destinée aux enseignants afin de présenter la démarche ainsi que des activités pédagogiques scientifiques.

8. https://www.youtube.com/channel/UCy1BMhZGRdFi0de2DqeQEOw

Après des expérimentations, en juin 2000, le ministre de l'Éducation nationale annonce la création d'un Plan de rénovation de l'enseignement des sciences et de la technologie à l'école (PRESTE). L'enseignement des sciences a pris une dimension particulière. Pour pallier la désaffection des étudiants dans les filières scientifiques et que chacun puisse bénéficier d'une culture scientifique, changer l'enseignement des sciences est devenu un enjeu majeur pour notre société. « Durant la durée de ce plan, les programmes de l'école primaire ont été revus (en 2002) ainsi que les fiches connaissances, et des documents (*Enseigner les sciences à l'école* et *Découverte du monde à l'école maternelle*) ont été élaborés par le ministère, l'Académie des sciences et l'équipe de La Main à la pâte[9]. »

9. https://www.fondation-lamap.org/fr/page/95/experimentation

3 La démarche d'investigation

La démarche de **La Main à la pâte** s'est progressivement transformée en **démarche d'investigation**. Ce terme d'investigation apparait dans les programmes de cycle 3 et de collège en 2008. Elle trouve sa place désormais dans les programmes scolaires actuels. On retrouve dans cette démarche des éléments fondamentaux de la démarche des scientifiques : **questionnement, implication et communication**. Les élèves, en tant qu'**acteurs** de leur apprentissage, sont amenés à s'interroger, à agir de manière raisonnée et à communiquer. Fruit de nombreuses recherches en didactique tant au niveau national qu'international, s'inspirant de la démarche des scientifiques, la démarche d'investigation est apparue comme une démarche d'enseignement particulièrement efficace. Elle s'applique particulièrement aux sciences physiques et aux sciences de la vie et de la Terre.

3 1. Une démarche en cinq étapes fondamentales

- La démarche d'investigation se décline en cinq étapes fondamentales qui n'ont pas pour vocation d'être mises en œuvre de manière linéaire.

1. Choix d'une situation de départ

2. Questionnement et appropriation du (des) problème(s) par les élèves

3. Élaboration des hypothèses et conception de l'investigation à mener

4. Investigation conduite par les élèves avec retours possibles à l'étape précédente

5. Acquisition et structuration des connaissances

- On pourrait la résumer dans le tableau ci-dessous.

Étapes de la démarche d'investigation	Exemple : séance relative aux conditions de développement des végétaux en cycle 3
La situation de départ : Fortuite ou provoquée, elle doit susciter l'étonnement et la curiosité des élèves. Elle permet aux élèves de s'exprimer, de confronter leurs **conceptions initiales.**	Une **situation fortuite** pourrait consister à faire observer, au retour des vacances, le dépérissement d'une plante en pot dans la classe. Concernant une **situation provoquée,** on peut imaginer faire germer le même jour plusieurs graines d'une espèce donnée (radis, blé, haricot, etc.) dans des pots identiques et faire observer aux élèves que les plantes obtenues quelques jours plus tard ont des tailles différentes selon le pot (cf. chapitres 5 et 6 de la partie II de cet ouvrage p. 82 et p. 86). Quelle que soit la situation de départ choisie, les élèves vont être amenés à s'exprimer suite à une consigne qui pourrait être : « Selon vous que s'est-il passé ? »
Cette situation de départ aboutit à l'émergence de **problème(s).**	Le recueil de leurs conceptions initiales (voir p. 27) va faire apparaitre des divergences au sein de la classe. Le professeur va alors, non pas les corriger, mais **faire émerger les questions** que ces divergences soulèvent. Par exemple, certains élèves vont penser que la plante dépérit (ou pousse moins selon votre situation initiale) parce qu'elle a manqué de lumière, d'air, d'eau, etc. La confrontation de l'ensemble de leurs idées sera à l'origine d'un problème tel que : « Quels sont les besoins des végétaux ? »
Puis à l'émission **d'hypothèse(s) :** réponses possibles ou explications.	Les élèves vont alors émettre différentes hypothèses : Les plantes ont besoin : – d'eau ; – d'aliments trouvés dans la terre (ou tout simplement de la terre) ; – de soleil car il apporte de la lumière et de la chaleur (ou de la lumière et de la chaleur) ; – d'air. Avec l'enseignant, ils vont décider de ce qu'ils peuvent mettre en œuvre pour les vérifier.

Étapes de la démarche d'investigation	Exemple : séance relative aux conditions de développement des végétaux en cycle 3
Qui conduisent à différentes investigations possibles : – observation ; – expérimentation ; – recherche documentaire ; – enquête ; – visite ; – modélisation.	Les différentes investigations qui peuvent être menées en parallèle en cas de pédagogie différenciée ou autre (l'enseignant en détermine alors une selon les moyens dont il dispose ou pour faire varier les démarches employées) sont par exemple : – l'observation de cultures hors-sol (exemples : fraises, salades…) dont les facteurs de développement sont facilement identifiables par les élèves ; – la réalisation de culture de ces mêmes végétaux par les élèves selon des conditions différentes ; – la recherche dans divers livres (encyclopédies, manuels scolaires), vidéogrammes ou sites Internet ; – la visite d'une ferme, d'un jardin botanique ; – l'emploi d'un logiciel de simulation relatif aux besoins des végétaux chlorophylliens[10].
Analyse, interprétation puis confrontation des **résultats.** Validation ou non (dans ce cas, retour à la 2e étape) des hypothèses.	À l'issue de cette phase, les élèves vont confronter les résultats de leur investigation afin de valider ou non les hypothèses émises auparavant. S'il s'avère que toutes les hypothèses sont rejetées, la classe devra en émettre d'autres et refaire une investigation pour les mettre à l'épreuve.
Bilan : **Réponse au problème. Structuration du savoir.**	Un bilan est ensuite dressé. Celui-ci indiquera que les végétaux ont besoin d'eau, de lumière, de sels minéraux et de bonnes conditions de température (entre 9 et 25 °C selon les plantes).
Opérationnalisation, réinvestissement dans d'autres situations et évaluation	Pour ouvrir le sujet, on peut ensuite appliquer cette connaissance à la mise en place raisonnée d'un jardin à l'école.

10. On peut télécharger un logiciel gratuit sur les besoins de végétaux. Par exemple sur le site https://www.pedagogie.ac-nice.fr/svt/?p=507 ou http://svt.ac-besancon.fr/logiciel-besoins-des-vegetaux

Il ne faut pas confondre analyse et interprétation. De façon simple, on peut dire que l'analyse correspond à la description et la mise en relation des résultats alors que l'interprétation en est l'explication.

3 2. Une démarche comportant de nombreux atouts pédagogiques

- À travers ce résumé, on voit l'importance du rôle de l'enseignant, qui guide les élèves vers les objectifs visés. Lorsque l'on fait une recherche, on mène une investigation. Tous les sujets se prêtent à des investigations mais, pas forcément, à une démarche d'investigation avec l'ensemble des cinq étapes citées précédemment. Il est donc légitime de se demander **en quoi la démarche d'investigation permet à l'enfant de mieux comprendre**.
- Beaucoup d'enseignants supposent que le concept est connu des élèves. Les réponses de quelques élèves les confortent dans ces présuppositions et ils effectuent un simple rappel alors qu'il s'agit d'interroger véritablement leurs représentations. Le choix de la situation de départ est primordial ; en effet, la situation de départ doit être suffisamment déclenchante pour **déclencher chez l'élève un problème.**
- Avec la démarche d'investigation, l'élève a le **droit à l'erreur et aux tâtonnements.** On donne le temps aux élèves de réfléchir au problème posé, individuellement, puis en petits groupes. Par exemple, nous avons vu que les **conceptions initiales** (ou représentations

initiales) des élèves peuvent être erronées et qu'il n'est pas du ressort de l'enseignant de les corriger. Piaget a en effet montré que les enfants disposent de conceptions préalables qu'ils construisent lors de leur vie (chez eux ou à l'école). L'élève n'arrive donc pas vierge de toute connaissance. Il ne s'agit pas de lui apporter des savoirs qui s'accumuleraient indépendamment les uns des autres, mais bel et bien de lui permettre de les construire à partir de ce qu'il pense savoir. Toutefois, s'il s'avère que ces conceptions sont erronées, elles peuvent faire obstacle à la construction des savoirs. L'enseignant doit en prendre connaissance afin d'en comprendre les fondements et de permettre à l'élève d'en prendre conscience et de les corriger à l'issue de la séquence d'apprentissage. En effet, des didacticiens ont montré que si on ne permet pas aux élèves de s'y confronter, elles créent des résistances à l'apprentissage et persistent durablement.

- En confrontant les différentes conceptions des élèves, on peut mettre en évidence leurs divergences et faire émerger alors les problèmes scientifiques à résoudre. Cela peut être également le point de départ d'une **pédagogie différenciée**. Les hypothèses émises par les élèves doivent toutes être retenues par l'enseignant à la condition qu'elles tendent effectivement à répondre au problème. Qu'elles soient erronées ou non, elles ont le même statut et doivent donc à ce titre toutes être mises à l'épreuve par l'investigation. Par ailleurs, laisser les élèves se tromper dans la conception de leur protocole expérimental peut être source d'apprentissage. Par exemple, imposer une expérience témoin dès la première expérience est souvent mal compris par les élèves. Alors que s'ils conçoivent toutes les expériences sans celle-ci, les élèves s'apercevront, avec l'aide éventuelle du professeur des écoles, que les résultats sont difficilement interprétables. Le maitre doit donc là aussi faire preuve de **bienveillance**.

À retenir

La démarche d'investigation est une démarche d'apprentissage qui peut s'appliquer à toutes les disciplines de l'école, y compris la technologie.

Que permet de développer la démarche d'investigation ?

• **Au XXe siècle, la démarche d'investigation s'est imposée dans le cadre de l'enseignement des sciences et ce dans tous les niveaux de classe. Elle s'inscrit tout à fait dans le courant socio-constructiviste introduit notamment par deux psychologues respectivement américain et russe de ce siècle, Jerome Seymour Bruner et Lev Vygotski. Les enfants construisent eux-mêmes leurs savoirs dans un cadre social, la classe. Nous vous proposons ici d'aborder ses intérêts pédagogiques fondamentaux.**

1 La dévolution du problème

- Dans *La Théorie des situations didactique*[1], Guy Brousseau propose la définition de la **dévolution du problème** en ces termes : « La dévolution est l'acte par lequel l'enseignant fait accepter à l'élève la responsabilité d'une situation d'apprentissage (a-didactique) ou d'un problème et accepte lui-même les conséquences de ce transfert. » Il s'agit donc d'un processus par lequel le professeur parvient à **faire comprendre à l'élève qu'il est de son ressort, par ses connaissances, de résoudre le problème qui le concerne** et non pas de répondre au professeur par souci de lui obéir. Il prend alors conscience qu'il devient acteur de ses connaissances et qu'il est dans son intérêt de les acquérir.
- Dans ce type d'enseignement, l'enseignant **place l'élève en situation d'apprentissage où ce dernier doit être non seulement actif mais aussi et surtout acteur**. Il doit donc mener une véritable investigation qu'il a, dans la mesure du possible, choisie et élaborée afin de répondre au problème scientifique qu'il s'est approprié lors de la situation de départ appelée également situation déclenchante.
- Si les élèves sont amenés à manipuler au cours de leur investigation (expérience, construction et/ou utilisation d'un objet), l'enseignant doit assurer la **sécurité** des élèves, mais aussi inciter progressivement ces mêmes élèves à assurer la **responsabilité** de leur propre sécurité. Par ailleurs, il faut distinguer les expériences qui peuvent être réalisées en maternelle de celles des cycles 2 et 3.
	- Avec les jeunes enfants, les réponses à la question retenue sont plus de l'ordre de la **supposition** que de l'hypothèse, qui sollicite davantage de raisonnement et d'acquis scientifiques. Les expériences sont alors conduites par les élèves, autant que faire se peut, pour voir ce qui va se passer.
	- En revanche, par la suite, les élèves apprennent à formuler de **véritables hypothèses**, ce qui, en cycle 3, permettra de concevoir progressivement un protocole comprenant une situation test appelée expérience témoin et des expériences relatives à chacune des différentes variables. Les expériences servent alors à **mettre à l'épreuve les hypothèses** et permettent de le valider ou de les rejeter.

Le bilan est ensuite constitué des données ainsi co-construites et permettra à l'élève de revenir sur ses conceptions initiales afin de les corriger et/ou compléter.

1. BROUSSEAU G., *La Théorie des situations didactiques*, Grenoble, La Pensée sauvage, 1998.

❷ Le développement de l'esprit scientifique

- Selon Bachelard : « Penser rationnellement, scientifiquement, n'est pas un processus spontané de l'être humain. Cela ne peut se faire qu'après avoir surmonté un certain nombre d'obstacles épistémologiques[2]. » L'acte d'**observer**, par exemple en est un. Il nécessite, selon lui, de commencer par critiquer ce qu'on croit savoir et se poser des questions avant même de faire appel à notre perception sensorielle. Recueillir les conceptions initiales afin de faire émerger le questionnement est donc un préalable à toute observation.
- Selon Jean Piaget, l'enfant de 2 à 6 ans se situe dans la période de l'**intelligence préopératoire. Au stade de la pensée symbolique (2-4 ans)**, son **égocentrisme** l'empêche de se décentrer et de coordonner son point de vue avec celui d'un autre. Il ne fait pas la distinction entre le monde extérieur et lui-même. Aussi construit-il sa représentation du monde à partir de ce qu'il connait le mieux, lui. Ce stade est de plus marqué par la pensée **animiste**, ainsi que par l'**artificialisme**.
- Ces deux croyances mènent au **finalisme** qui consiste à expliquer toute chose par sa fonction, presque toujours centrée sur l'activité humaine (« le soleil est vivant parce qu'il nous réchauffe »). À cela s'ajoute le **syncrétisme** qui pousse à percevoir le monde de façon globale et à établir des liens entre tout.
- L'éducation scientifique dès la maternelle est non seulement possible (voir la séance « Les grains de blé et les vers de terre » citée en marge) car elle repose sur trois tendances fortes chez le jeune enfant (**sa curiosité, sa sensorialité et son questionnement**), mais elle est aussi recommandée car elle contribue à la décentration et à la construction de sa propre image.
- Lors de la réalisation de dessins d'observation, le rôle de l'enseignant est alors d'amener les élèves à observer et à parler de l'objet dessiné de manière **objective** et décentrée. Un des leviers consiste à encourager chaque élève à faire de nombreux allers et retours entre l'animal dessiné par exemple et le dessin. L'observation s'affine. Cela permet également d'annihiler son anthropomorphisme naturel, le poussant par exemple à lui attribuer un visage. L'apprentissage d'une **observation rigoureuse** sera couplé avec l'emploi d'appareils de plus en plus sophistiqués. On passera ainsi de l'observation à l'œil nu, à la loupe à main, à la loupe mono puis binoculaire, et enfin au microscope. Cela sera couplé avec l'usage d'appareils de mesure plus complexes afin d'apprendre aux élèves à collecter un ensemble de données.
- Au stade de la **pensée intuitive (4-6 ans)**, l'égocentrisme diminue. L'enfant devient de plus en plus capable d'envisager les choses comme extérieures à lui-même et fait preuve d'intuition. Toutefois, il se centre sur un aspect de la réalité au détriment de tous les autres.

Le développement cognitif : un processus linéaire et cumulatif ?
Pour Piaget, le développement de l'enfant se fait par étapes selon un procédé qui lui est propre et déterminé. Ses théories ont été renouvelées par d'autres psychologues comme Vygotski et Bruner qui confèrent à l'adulte et/ou à tout autre individu avec lequel l'enfant entre en interaction, une importance dans sa construction. L'étayage par l'adulte accélère les apprentissages.
Plus récemment, Olivier Houdé[3] montre que le développement cognitif n'est pas aussi linéaire que cela et qu'il résulte de stratégies, notamment celle d'**inhiber ses intuitions** au profit de l'exercice de sa logique.

2. BACHELARD G., *La Formation de l'esprit scientifique*, *op. cit.*

- L'animisme est la croyance qu'en toute chose il y a une âme, un esprit.
- L'artificialisme est la croyance que les objets et les phénomènes naturels sont fabriqués par et pour l'être humain.

La séance « Les grains de blé et les vers de terre » (MS-GS) du CD Rom *Apprendre la science et la technologie à l'école* du CNDP montre comment les enfants s'approprient la démarche d'investigation et comment l'enseignante balise les étapes en utilisant un codage particulier.

3. HOUDÉ, O., *Le Raisonnement*, coll. « *Que sais-je ?* », Paris, PUF, 2014.

• En **cycle 2**, les élèves ont généralement entre 6 et 8 ans : ils ont les capacités psychiques pour mettre en place des procédures cognitives leur permettant d'aboutir à des **déductions à l'aide d'observations.** Dans la théorie piagétienne[4], cela correspond à l'entrée dans le stade des opérations concrètes. Avant, il est difficile de mobiliser ce type de compétences de façon collective et à des moments imposés. La **concentration** ou **la décentration** sont par exemple nécessaires pour élaborer ce type de raisonnement.

Les opérations concrètes (processus mental) vont se perfectionner jusqu'au collège. C'est pour cette raison, qu'il faudra attendre le cycle 3 pour que ces processus cognitifs permettent de complexifier la tâche (données parallèles, prise en compte de différents facteurs...).

• À cet âge, l'**abstraction** est possible uniquement sur des concepts faisant appel à des tâches répétitives ou connues. Une stratégie de résolution de problèmes complexes ne sera possible qu'avec l'utilisation d'un matériel **manipulable physiquement**. Il est donc nécessaire de proposer un maximum de manipulations pour les enfants d'âge primaire. Nous étudierons cela plus loin.

• L'enseignement scientifique vise également à développer chez l'enfant un **rôle d'acteur,** s'interrogeant, développant son **esprit créatif** lors de la conception de protocoles expérimentaux par exemple, en suivant son **propre cheminement** empreint parfois de **tâtonnements et d'erreurs.** La démarche visée doit être **explicative** et non pas seulement informative, le problème scientifique étant à distinguer d'une simple question.

Enfin, cet enseignement doit permettre aux élèves d'acquérir un **esprit critique et rigoureux** à tout moment de la démarche.

Pour résumer, voici, sous la forme d'une carte mentale, les diverses qualités que l'enseignement scientifique vise à développer au travers de la démarche d'investigation.

Carte mentale relative aux qualités développées grâce à l'enseignement des sciences et technologie

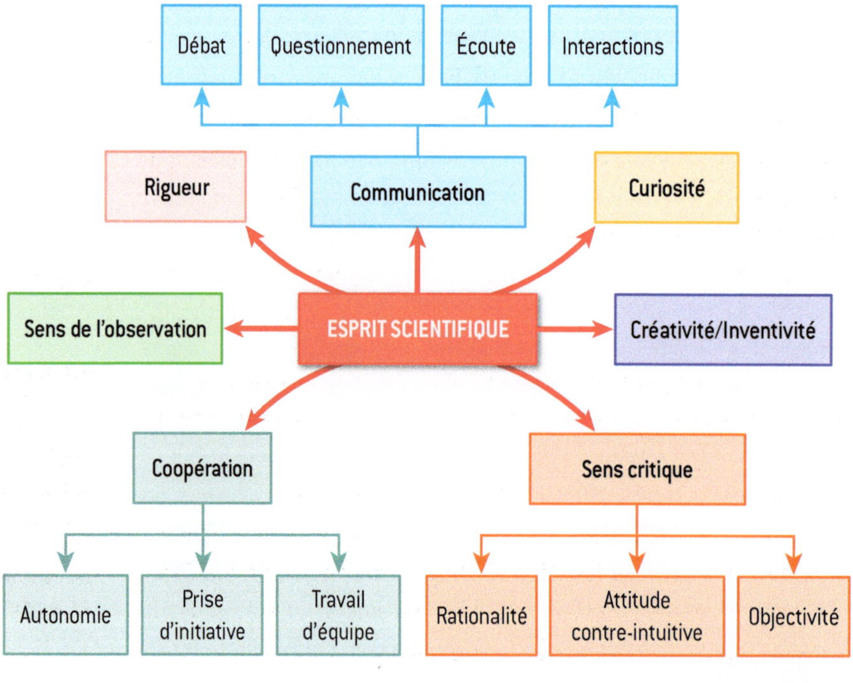

4. Piaget J., *Six Études de psychologie*, Saint-Armand, Denoël, 1964, p. 72.

3 L'acquisition des valeurs de la République

Ces valeurs sont liberté, égalité, fraternité, auxquelles sont corrélés la laïcité et le refus de toutes les discriminations.

- En début de séquence, la confrontation des conceptions initiales des élèves va les amener à comprendre qu'il peut s'agir de leur opinion voire de leurs croyances. L'**approche rationnelle** mise en œuvre par la suite dans la démarche d'investigation permet de revenir sur cette distinction. La reproductibilité des résultats expérimentaux contribue aussi à **objectiver**, étayer le savoir en construction. Le **savoir scientifique s'oppose donc au dogmatisme.** Par ailleurs, la science ne concerne que des objets matériels, situés dans le monde réel et donc accessibles expérimentalement, marquant ainsi sa distance avec les concepts tels que l'esprit, l'âme, les élans vitaux... au cœur même des croyances en tout genre. Il ne s'agit donc pas de s'opposer aux croyances et/ou religions, mais de s'en détacher. Cela s'inscrit donc bel et bien dans la **laïcité.** Pour ne donner qu'un exemple, prétendre que Dieu a créé le monde et ses habitants ne peut être qu'une croyance car on ne peut pas observer, quantifier ou expérimenter Dieu. Le créationnisme n'est donc pas une théorie scientifique. La théorie de l'évolution est quant à elle étayée de faits observables et de divers travaux scientifiques reproductibles en laboratoire. Seule la théorie de l'évolution correspond donc à un savoir scientifique. Dans les préambules des programmes de sciences, il est mentionné le fait qu'il faut amener les élèves à **distinguer les croyances des savoirs.** L'enseignement scientifique s'appuie aussi dès que possible sur la démarche historique. Montrant ainsi aux élèves que la science n'est pas une vérité ultime et intangible *dixit* François Jacob[5], mais qu'elle se construit et évolue dans le temps.

- L'enseignement des sciences forme également des **citoyens** puisque les élèves sont amenés à confronter leurs idées, leurs hypothèses, les résultats de leur investigation, coopérer et ce en toute intelligence. Cela participe à la **socialisation** des élèves, au respect des autres.

Selon le BO spécial n° 11 du 26 novembre 2015, la technologie participe également à la formation du citoyen par ses analyses distanciées et critiques[6].

En tant qu'**acteurs**, les élèves sont amenés à prendre des **initiatives** à divers moments de la démarche d'investigation, contribuant ainsi au développement de l'estime de soi. En apprenant à distinguer les faits des croyances et/ou rumeurs, ils exercent leur **esprit critique** visant à faire d'eux des citoyens éclairés.

Les diverses « **éducations à** » mises en œuvre dans le cadre des programmes de sciences et technologie ont pour ambition non pas d'ériger de simples règles, mais de responsabiliser les élèves. Cela passe par :
– la **sensibilisation** des élèves aux thématiques liées à la santé et à l'environnement, thématiques qui ont pris de l'ampleur dans les programmes scolaires en vigueur (BO n° 31 du 30 juillet 2020) ;
– l'apprentissage de **gestes favorables à leur santé** (exemples : adopter une alimentation variée, se laver les mains à des moments clés de la journée) et à l'environnement en apprenant des **éco-gestes** tels que trier les déchets, limiter sa consommation d'eau par exemple. L'engagement dans de telles actions de **développement durable** s'inscrit dans les **17 objectifs de développement durable** (ou ODD) que l'ONU souhaite atteindre

5. JACOB F., *Le Jeu des possibles,* Paris, Fayard, 1981.

6. https://eduscol.education.fr/sti/sites/eduscol.education.fr.sti/files/textes/formations-college-transversal/3344-programme-technologie-cycle-4.pdf

Parmi les éducations à aborder au travers des sciences et de la technologie, on trouve les éducations à la santé, à la sexualité, au développement durable, au numérique, aux médias et à l'information. Elles sont souvent mises en œuvre par la **pédagogie de projet**.

d'ici 2030[7]. Le thème « Le vivant, sa diversité et les fonctions qui le caractérisent » offre aussi l'opportunité de sensibiliser les élèves à l'égalité filles-garçons correspondant au cinquième ODD.

7. https://www.un.org/sustainabledevelopment/fr/objectifs-de-developpement-durable

4 Le développement de la communication

La communication est un des piliers de la démarche d'investigation. L'enseignant organise au sein de la classe une **communication orale et écrite** permettant de faire avancer la résolution du problème par confrontation des idées, collaboration, répartition des tâches... À chaque étape de la démarche d'investigation ou de la démarche technologique, l'élève peut donc être amené à **verbaliser**. Avec les jeunes enfants, les réponses à la question retenue sont plus de l'ordre de la **supposition** que de l'hypothèse, qui sollicite davantage de raisonnement et d'acquis scientifiques. De nombreux linguistes et cognitivistes ont mis en évidence que cela permet de **structurer sa pensée**. Le professeur des écoles motive l'élève à mettre des mots sur les éléments qu'il aborde, augmentant ainsi son capital lexical. Le maitre doit également accompagner l'élève et lui apprendre à formuler de plus en plus précisément afin d'approfondir ses idées et d'être compréhensible par tous. Il apprend à **raisonner** en argumentant ses idées et enfin fait la synthèse de ce qui a été étudié. Toutes ces formes de communication contribuent à la **maitrise de la langue française**, tant à l'oral qu'à l'écrit.

4 1. Les différents statuts des traces écrites

- Les traces écrites peuvent être pour soi. L'élève consigne alors dans son **cahier des sciences** (ou carnet d'expériences) ce qu'il voit et/ou ce qu'il pense faire, ce qu'il a fait et constaté. Cela lui permet de penser et de mémoriser. Dans tous les cas, en vertu de la valeur personnelle de cette trace, l'enseignant ne peut pas la corriger au risque de mettre un frein à l'implication personnelle de l'élève. En revanche, il l'encourage à le faire avec application et à revenir dessus en fin de séquence par exemple pour lui permettre de constater sa progression.

- Les traces écrites peuvent être **pour les autres**. Lors des travaux de groupe, pendant l'activité, elles servent alors ensuite à la communication entre les différents groupes et peuvent être faites sur des affiches.

- Enfin, les traces écrites peuvent être élaborées lors de la synthèse collective, après l'activité, pour créer ce qu'on appelle les **écrits institutionnels** qui seront à apprendre pour l'évaluation. Si le maitre rédige toujours ceux-ci au préalable sur sa fiche de préparation de séance, il peut être intéressant, voire pertinent, eu égard à l'implication des élèves, qu'ils soient suggérés par eux. L'enseignant reformule alors si nécessaire leurs propositions en veillant à leurs qualités syntaxiques, lexicales et orthographiques.

Différentes formules sont alors possibles. On peut choisir selon le statut de ces écrits, de faire différer les cahiers, les couleurs de feuilles du classeur ou de crayons afin que les élèves puissent les identifier à tout moment et bien respecter les enjeux de chacun d'eux.

4 2. Les différentes formes des traces écrites

- Les traces écrites peuvent prendre la forme de :

– **textes** : en maternelle cela passe par la dictée à l'adulte ;
– **légendes** et/ou **annotations** des diverses illustrations. En maternelle, l'élève peut avoir recours à des étiquettes conçues par l'enseignant ;
– **photographies** ou différentes **images techniques** telles que les radiographies ;
– **tableaux** qui permettent de catégoriser ;
– **graphiques**.

- Ces traces écrites peuvent enfin prendre la forme de **dessins d'observation**, de **schémas** ou de **croquis**. Le tableau ci-après permet de les distinguer.

	Dessin d'observation	Schéma	Croquis
Définition et finalité	Représentation aussi fidèle que possible de la **réalité**. Il permet de rendre compte de l'observation faite.	**Représentation modifiée** et **codifiée** d'un objet ou d'un phénomène. Il est une reconstruction du réel pour mettre en évidence des éléments essentiels et leurs relations. Il peut être ou non figuratif. Son but est explicatif.	Représentation **simplifiée mais exacte d'une observation.** Il doit représenter la forme générale et respecter les dimensions de l'objet. Son but est d'indiquer les grandes caractéristiques sans entrer dans le détail.
Modalités	Il doit être réalisé au **crayon à papier** et comporter : – un titre ; – une échelle ou le grossissement utilisé lors de l'observation ; – des annotations (dans la mesure du possible, elles doivent être placées du même côté du dessin, être reliées aux éléments désignés par des traits droits tirés à la règle sans se croiser).	Il peut être réalisé au crayon à papier ou avec des couleurs. Il doit comporter un titre et une légende explicitant notamment les codes couleur et/ou graphiques utilisés. Un schéma peut être de différents types : – d'observation et/ou d'interprétation ; – fonctionnel ; – bilan.	Il peut être réalisé au crayon à papier ou avec des couleurs. Il doit comporter les mêmes éléments que le dessin (titre, échelle, légendes).

À retenir

L'enseignement des sciences tend à rendre les élèves non pas simplement actifs mais véritablement acteurs de leur apprentissage. Ils interagissent, font part de leurs questionnements, de leurs travaux de recherche et investiguent. Cela leur permet d'apprendre à argumenter et développer leur esprit critique. Ce n'est qu'à ce prix qu'ils acquerront un esprit scientifique. Un certain nombre d'outils sont à la destination des enseignants pour les aider dans cette démarche.

Quels sont les leviers favorisant une démarche active ?

• Comme dans toutes les disciplines scolaires, la séquence pédagogique doit avoir un objectif final et chaque séance participe à cet objectif. En général, lors de la première séance, l'enseignant fait émerger un certain nombre de questions productives qui vont permettre d'atteindre cet objectif. Même s'il est préconisé d'utiliser une démarche d'investigation, vous pouvez également trouver d'autres leviers pour enseigner les sciences comme les manipulations, l'usage du concret...

1 Les manipulations

• On associe très souvent la démarche scientifique aux **manipulations**. Il faut effectivement **privilégier le concret** aux documents dès que cela est possible, puisqu'il sollicite les sens des élèves, suscite leur curiosité et, souvent, est source de motivation (voir p. 34). Il ne faudrait pas toutefois céder à une dérive empiriste qui ferait croire aux élèves que toutes les solutions émergent de l'expérience. Il s'avère souvent utile et pertinent de croiser les résultats expérimentaux aux résultats de recherches documentaires (manuels scolaires, encyclopédies, films...) de natures variées (textes, illustrations...).

• On peut avoir également recours à des **modèles** qui permettent de représenter et d'expliquer la réalité et d'établir des prévisions. Ils peuvent être informatiques (logiciels de simulation par exemple) ou analogiques (maquette par exemple).

• Un certain nombre de **mallettes pédagogiques** sont mises à votre disposition dans de nombreuses circonscriptions. Elles contiennent, en général, le matériel nécessaire à la réalisation du programme. À l'école primaire, le matériel ne doit pas être un frein à votre désir d'enseigner les sciences : vous pouvez équiper votre classe avec du matériel pédagogique électrique pour une trentaine d'euros. De plus, il ne faut pas hésiter à emprunter du matériel dans le collège dont dépend votre école ou à le réaliser vous-même. Par exemple, pour étudier le système Terre-Lune-Soleil, vous n'avez besoin que de boules en polystyrène et de lampes de poche.

2 L'utilisation du concret

2 1. Les élevages et les cultures

• **En biologie, il est recommandé de faire des élevages et des cultures**, voire de faire des dissections (cf. les textes officiels correspondants[1]).

• L'élevage d'animaux motive l'enfant à verbaliser et à se questionner. L'enseignant va alors l'y aider et contribuer, par l'apport d'un lexique et de reprises d'expressions employées, à amplifier le champ lexical et syntaxique de l'enfant. Pousser l'enfant à décrire ce qu'il a constaté, fait et obtenu permet également d'établir des liens entre cause et effet(s), marqués par l'emploi correct de connecteurs. Il apprend alors à raisonner de manière objective.

1. Circulaire du 6 février 1967 (BOEN n° 7 du 16 février 1967) et du 8 août 1973 (BOEN n° 43 du 22 novembre 1973), la note de service n° 85-179 du 30 avril 1985 (BOEN n° 20 du 16 mai 1985) et le BOEN n° 29 du 21 juillet 2016 relative à la circulaire n° 2016-108 du 8 juillet 2016 (NOR : MENE1618745C).

• Ainsi, installer un **vivarium** permet de réfléchir aux besoins de l'animal ou des animaux et donc, par transposition, de définir ses propres critères d'agrément. En attribuant des rôles comme la gestion de l'élevage à l'enfant de maternelle, il devient autonome et se responsabilise d'autant plus si dans la classe existe un coin dédié aux sciences avec vivariums. Cela lui prouve la confiance que l'enseignant lui fait. Il peut alors prendre conscience de ses propres capacités.

• Par ailleurs, notamment en maternelle, la vie est assimilée au mouvement, puis au mouvement propre. Un robot qui se déplace est, pour le jeune enfant, vivant, alors qu'une plante ou un animal fixé ne l'est pas. Définir le vivant par la naissance, la croissance, la reproduction, le vieillissement et la mort (que l'on peut aborder ici sans tabou), conformément aux prescriptions du programme scolaire, permet de donner du sens au concept de vie.

Enfin, la conduite d'élevage permet de construire la notion de temps. Ce dernier est abordé de façon linéaire, lorsque l'on observe un animal grandir par exemple, et de façon cyclique, lors du constat de la transmission de la vie.

• Nous avons vu que réaliser des élevages en classe est source de multiples apprentissages tant en termes de connaissances que de capacités et d'attitudes. Néanmoins, cela doit se faire dans le respect des **règles d'hygiène** (attention également aux allergies des élèves), **de sécurité et d'éthique,** notamment dans le respect des uns et des autres (animal compris) et de l'environnement. Voici les principales règles.

• **Certains élèves peuvent présenter des allergies** aux poils ou aux plumes. Il est donc nécessaire de se renseigner au préalable et de ne pas faire d'élevage d'animaux correspondants, le cas échéant. En cas d'étude d'animaux domestiques en classe, une visite préalable de ceux-ci chez un vétérinaire est vivement conseillée. Par ailleurs, certains élèves peuvent avoir quelques **phobies** ou certaines répugnances (notamment vis-à-vis des animaux dits gluants). Ces phobies peuvent toutefois se réduire lorsque l'enfant constate qu'il n'en est rien pour les autres et peut alors apprendre à dépasser ses réticences.

• **On ne peut pas faire l'élevage de n'importe de quel animal en classe.** Il existe des textes de référence régissant les prélèvements et lâchers dans la nature ainsi que sur les élevages. Par exemple, contrairement à ce qu'il est indiqué dans de nombreux ouvrages didactiques, il est interdit d'élever des têtards sauvages en classe. Ils sont intégralement protégés. Cette **réglementation** peut être renforcée par arrêté préfectoral ou communal. De ce fait, il est préférable de se renseigner auprès de son département ou de sa commune. En cas d'interdiction absolue, on peut s'en procurer dans des lieux d'élevage (tel qu'en héliciculture dans le cas de l'escargot par exemple). Quoi qu'il en soit, tout doit être conduit dans le **respect de l'animal et de son environnement** (lors de son ramassage et de sa restitution à son milieu). Aucun animal acheté dans le commerce ou auprès d'une association ne doit être relâché dans la nature.

• **Il est indispensable de garantir des bonnes conditions de vie à l'animal** placé en classe. Il est nécessaire que l'enfant comprenne que l'animal n'est ni un jouet ni un objet avec qui on peut faire ce qu'on veut. On doit en prendre soin, éviter tout stress et lui apporter ce dont il a besoin. Il faut donc se renseigner sur ses besoins nutritifs mais aussi sur les dangers à éviter (ses prédateurs et les aliments toxiques pour lui). Enfin, il doit être placé dans un vivarium qui tend à reproduire au mieux le milieu de vie naturel.

Divers miniguides sont proposés aux enseignants par les académies. Ils permettent de se renseigner sur les différents élevages possibles, leur protocole de mise en œuvre et leur intérêt pédagogique.

Exemple : miniguide proposé par l'académie de Nantes : https://www.pedagogie.ac-nantes.fr/medias/fichier/tutoriel-elevages-maj2017_1513003105834-pdf?INLINE=TRUE

2 2. Les plantations

- Réaliser des **plantations** à l'école est également une activité motivante et source de nombreux apprentissages. Les élèves découvrent alors que les végétaux sont vivants et ont des besoins particuliers différents selon qu'ils soient à l'état de graine ou à l'état de plante (cf. La leçon relative à la nutrition des végétaux chlorophylliens et le paragraphe « la graine et son devenir » du chapitre 6 p. 86).

Selon les cas, il est possible de créer un jardin d'agrément où tous les sens des élèves de maternelle peuvent être éveillés ou un jardin potager et/ou de mettre en place des semis ou plantations en classe. Il peut être pertinent de respecter également leur calendrier de plantation et de culture. Le site GNIS met à disposition des enseignants un certain nombre d'outils leur permettant de mener à bien cette activité[2].

- Dans tous les cas, il s'agira de respecter également la **réglementation et les règles de sécurité**. Certaines plantes sont en effet protégées et/ou toxiques. Il s'agit donc de prendre connaissance de leur liste avant d'entreprendre leur plantation ou leur étude[3].

- Les cultures peuvent alors faire l'objet de nombreuses démarches expérimentales pour étudier les différentes étapes de leur cycle de vie et leurs besoins nutritifs. On choisira un **substrat de culture** et les plantes en fonction de l'objet d'étude. S'il s'agit par exemple de montrer qu'une graine est vivante et qu'elle germe en maternelle, on sème en terre ou dans de simples pots contenant du papier absorbant ou du coton.

> **Remarque**
> Attention au choix des graines, certaines étant plus fermentescibles que d'autres. C'est le cas notamment des graines de fabacées appelées autrefois légumineuses telles que le haricot et le pois. Elles sont en effet riches en glucides. D'autres germent très rapidement. C'est le cas notamment de la graine du radis et de l'alfalfa qui si elles sont mises à tremper toute une nuit, peuvent germer en une journée.

En revanche, s'il s'agit d'étudier le processus de germination, dans les classes supérieures, on choisira alors un substrat plus adéquat à la croissance des racines tels que le terreau, le sable voire même la vermiculite si l'on veut pouvoir extraire momentanément la plante en croissance sans détériorer l'appareil racinaire et le replanter ensuite.

3 La démarche de projet et/ou l'objet technique

- L'apprentissage par projet est une pédagogie active permettant de générer la motivation des élèves et des apprentissages au travers d'une **production concrète**. Cette pédagogie trouve son origine dans une méthode américaine du début du XXe siècle initiée par J. Dewey et nommée *Learning by doing*, qui consiste à apprendre par et dans l'action.

Selon le sociologue Philippe Perrenoud[4], la démarche de projet, même si elle reste interne à une discipline, permet de viser plusieurs objectifs dont notamment des compétences sociales. Le projet n'est pas une fin en soi ; **c'est le projet qui provoque des situations d'apprentissage**. Pour apprendre, il faut que chacun soit mobilisé ; il faut donc un enjeu fort.

2. https://www.jardinons-alecole.org/premier-pas-jardin-scolaire-pedagogique.htm

3. Loi sur la protection de la nature : articles 3 et 4 de la loi 76-629 du 10 juillet 1976.

4. PERRENOUD P., « Apprendre à l'école à travers des projets », *Éducateur*, n° 14, décembre 2002, p. 6-11.

Dans la conclusion de son article « Des projets pour mieux apprendre », Catherine Reverdy[5] met en évidence que **cette démarche est porteuse d'autonomie et de prise d'initiative.**

- Dans le cas de la technologie, la **réalisation d'un objet technique** (en maternelle, on peut citer par exemple une séquence pour fabriquer un objet roulant ou en cycle 2 pour réaliser un jeu électrique de type Docteur Maboul) va **favoriser la motivation des élèves et les placer en position d'acteurs.**
- Les deux points essentiels d'un apprentissage par projet sont :

1. un problème à résoudre qui sert de fil directeur aux activités réalisées pendant le projet ;
2. un produit final auquel ces activités aboutissent et qui apporte la solution du problème.

Cela passe par une phase de **questionnement**, de **réflexion**, d'**émission d'hypothèses**, d'expérimentation, qui peut s'apparenter à la démarche d'investigation vue précédemment.

- Sensibiliser les enfants à cette démarche active de projet présente également l'intérêt de les familiariser avec un mode de fonctionnement très courant dans la société : le **travail d'équipe.** La mise en groupe est source de désaccords entre pairs et donc créatrice de dynamique de classe. Dans un article intitulé « Tirer parti des échanges langagiers entre pairs pour construire des apprentissages en sciences[6] », les auteurs insistent également sur le **rôle de l'argumentation.** Les élèves acceptent de faire évoluer leurs représentations initiales vers plus d'objectivité grâce aux arguments proposés au cours de ces interactions entre pairs.

La conception d'un objet technique permettra de donner du sens à l'enseignement.

5. Reverdy C., « Des projets pour mieux apprendre », *Veille et Analyses*, n° 82, ENS de Lyon, 2013 : https://edupass.hypotheses.org/296

6. Schneeberger P. et Ponce C., « Tirer parti des échanges langagiers entre pairs pour construire des apprentissages en sciences », *Aster*, n° 37, 2003 : http://ife.ens-lyon.fr/publications/edition-electronique/aster/RA037-03.pdf

4 Les sorties scolaires

- Les **sorties** permettent aux élèves d'être confrontés au vivant dans leur milieu, qu'il soit naturel (par exemple : sortie en forêt, autour d'une marre pour observer la biodiversité) ou anthropique (parcs zoologiques, élevages, cultures). Elles peuvent s'inscrire dans un **projet de la classe ou le projet d'école.** L'enseignant doit faire une demande d'autorisation écrite auprès du directeur d'école.
- Pendant les horaires scolaires, on les considère comme des **sorties obligatoires** et elles sont donc **gratuites** pour les familles. Il n'est pas non plus exigé de souscrire à une assurance spécialement à cet effet. Les parents doivent toutefois au préalable en avoir été informés et signer pour accord le cahier de liaison avec les familles. Que le déplacement se fasse à pied ou en car, spécialement affrété à cet effet, il est obligatoire qu'il y ait **deux adultes encadrant** (au-delà de seize élèves, un adulte supplémentaire pour huit), le chauffeur ne peut pas être considéré comme tel. En plus de l'enseignant, il faut donc au moins un autre enseignant, un aide éducateur, un ATSEM (agent territorial spécialisé d'école maternelle) ou encore un parent. Il faudra là aussi **assurer la sécurité** des élèves et **respecter la faune et la flore** de l'environnement en particulier des espèces protégées.

5 Le numérique

- Annoncé le 7 mai 2015 et déployé dans les différents établissements scolaires depuis la rentrée qui a suivi, le **plan numérique** vise à développer l'usage du numérique par les enseignants et les élèves. Ainsi de nombreuses écoles ont été dotées de matériel informatique tels que des ordinateurs associés à un vidéoprojecteur ou TBI (tableau blanc interactif) pour l'enseignant et une classe mobile pour les élèves ; cette dernière correspondant à un certain nombre d'ordinateurs portables ou de tablettes numériques. **L'accès aux ressources numériques enrichit la variété des supports pédagogiques utilisés** (photos, vidéos, pages Internet, ressources sonores, lien avec d'autres classes...) et permet de **développer des compétences** (cf. Socle commun de connaissances, de compétences et de culture de 2015[7]) corrélées à son usage telles que :

– la recherche de données pertinentes ;
– la production de textes ;
– la programmation, etc.

De plus en plus d'écoles créent leur environnement numérique de travail (**ENT**), portail Internet éducatif qui permet également aux parents d'avoir accès à certaines données[8].

7. BOEN n° 17 du 23 avril 2015 : https://www.education.gouv.fr/bo/15/Hebdo17/MENE1506516D.htm

8. Voir le site de l'Éducation nationale consacré à ce sujet : https://eduscol.education.fr/1540/qu-est-ce-qu-un-ent

À retenir

Pour enseigner les sciences, les démarches sont nombreuses mais le principal est de garder l'objectif de la séquence bien en vue et d'utiliser une variété de modalités de travail, de ressources mettant l'élève au cœur de ses apprentissages.

Quelles sont les compétences travaillées en sciences ?

• Pour Jacques Tardif, une compétence se définit comme « un savoir-agir complexe prenant appui sur la mobilisation et la combinaison efficaces d'une variété de ressources internes et externes à l'intérieur d'une famille de situations[1] ». C'est une combinaison de connaissances (savoir), de capacités (savoir-faire) et d'attitudes (savoir-être) appropriées à une situation donnée.
• Les compétences travaillées grâce aux sciences sont nombreuses et participent à l'acquisition des domaines du Socle commun de connaissances, de compétences et de culture (S4C).

1. TARDIF, J., *L'Évaluation des compétences : documenter le parcours de développement*, Chenelière Éducation, Montréal, 2006.

1 Le découpage du Socle commun

Le Socle commun est découpé en cinq domaines avec huit composantes :

• **Domaine 1 : les langages pour penser et communiquer**

1. Comprendre, s'exprimer en utilisant la langue française à l'oral et à l'écrit
2. Comprendre, s'exprimer en utilisant une langue étrangère, et, le cas échéant, une langue régionale
3. Comprendre, s'exprimer en utilisant les langages mathématiques, scientifiques et informatiques
4. Comprendre, s'exprimer en utilisant les langages des arts et du corps

• **Domaine 2 : les méthodes et outils pour apprendre**

• **Domaine 3 : la formation de la personne et du citoyen**

• **Domaine 4 : les systèmes naturels et les systèmes techniques**

• **Domaine 5 : les représentations du monde et l'activité humaine**

2 Les domaines du Socle commun travaillés en sciences

• **Le S4C est fondamentalement transversal.** Tout enseignement a vocation de développer toutes les compétences. L'enseignement scientifique ne se limite donc pas au développement des compétences du seul domaine 4. Ainsi, dans le volet 3 du programme de sciences et technologie du cycle 3, il est listé un certain nombre de compétences qui peuvent être travaillées dans les différents domaines du socle :

• **Pratiquer des démarches scientifiques et technologiques (Domaine 4)**
• **Concevoir, créer, réaliser (Domaines 4 et 5)**
• **S'approprier des outils et des méthodes (Domaine 2)**
• **Pratiquer des langages (Domaine 1)**
• **Mobiliser des outils numériques (Domaine 2)**
• **Adopter un comportement éthique et responsable (Domaines 3 et 5)**
• **Se situer dans l'espace et le temps (Domaine 5)**

- À l'intérieur de chacun de ces domaines, il existe des objectifs de connaissances ou de compétences. Par exemple, dans le Domaine 4 (Les systèmes naturels et les systèmes techniques), des précisions sont apportées, on retrouve par exemple dans **Pratiquer des démarches scientifiques et technologiques** :
  - proposer, avec l'aide du professeur, une démarche pour résoudre un problème ou répondre à une question de nature scientifique ou technologique ;
  - formuler une question ou une problématique scientifique ou technologique simple ;
  - proposer une ou des hypothèses pour répondre à une question ou un problème ;
  - proposer des expériences simples pour tester une hypothèse ;
  - interpréter un résultat, en tirer une conclusion ;
  - formaliser une partie de sa recherche sous une forme écrite ou orale.

- Sur le site d'Eduscol, des **ressources d'accompagnement** sont mises à disposition pour aider les enseignants à inscrire leur enseignement dans une logique de cycle et pour articuler les enseignements entre cycles[2]. On y trouve un fichier intitulé « Outil d'aide à la réflexion des équipes pédagogiques pour concevoir la progressivité des apprentissages – repères de progressivité des compétences travaillées » constitué de tableaux synthétiques proposant une articulation des compétences travaillées du cycle 2 au cycle 4.

2. https://eduscol.education.fr/265/sciences-et-technologie-au-cycle-3

À retenir

Au-delà de l'acquisition de notions scientifiques, les sciences développent de nombreuses compétences lors de la mise en œuvre de diverses démarches par les élèves. Elles peuvent être résumées en cinq axes fondamentaux : APP (s'approprier l'information), REA (réaliser), ANA (Analyser), VAL (Valider l'information) et COM (Communiquer).

Maitriser les contenus pour réussir l'épreuve

CHAPITRE 1

Sciences de la vie et de la Terre

Unité et diversité du vivant

• Au sein du système solaire, notre planète se caractérise avant tout par la présence de la vie. Qu'elle soit aussi microscopique qu'une bactérie ou immense comme une baleine bleue, et quel que soit le milieu, elle présente une unité. Mais quels points communs peut-il y avoir entre tous les êtres vivants ? C'est ce que nous étudierons dans le premier paragraphe de ce chapitre.

• Cette vie serait apparue sous forme unicellulaire et se serait ensuite extrêmement diversifiée, donnant naissance à une biodiversité dont on n'a pas encore découvert toutes les richesses. Mais qu'appelle-t-on biodiversité ? De plus, si tous les êtres vivants actuels sont les descendants de bactéries originelles, ils sont donc tous apparentés. Comment retrouve-t-on leurs liens de parenté ? Comment ces liens permettent-ils aujourd'hui d'établir une classification des êtres vivants ? Nous aborderons cela dans le second paragraphe.

Ces notions sont abordées dans les trois cycles de l'école primaire afin d'appréhender progressivement le développement durable. En cycle 1, les élèves découvrent différentes **formes du vivant**, en cycle 2, ils en déterminent les principales **caractéristiques** et constatent sa **diversité** afin qu'en cycle 3 ils puissent **classer** les êtres vivants.

LE COURS

1 Unité de la molécule à l'organisme

Le « vivant » désigne l'ensemble des êtres vivants mais aussi tout ce qui est produit par eux (plume d'oiseau, morceau de bois, etc.). Le « non-vivant » représente les substances minérales : les roches, l'air, l'eau et tous les produits fabriqués par l'être humain.

Nous verrons dans une première partie que tous les êtres vivants de notre planète sont composés des mêmes constituants chimiques. Ceux-ci sont agencés de la même manière, aboutissant à une structure commune, comme nous le verrons dans une seconde partie.

Quand on demande, notamment à des enfants, ce qui caractérise la vie, la réponse quasi unanime est : le mouvement. Or tous les êtres vivants ne se déplacent pas. Y a-t-il donc des fonctions biologiques communes ? Si oui, lesquelles ? Nous les étudierons dans une troisième partie.

1 1. Composition des êtres vivants

Tout être vivant est composé de matière organique, qui est combustible, et de matière minérale, qui ne l'est pas, comme le démontre toute expérience de combustion d'êtres vivants.

• La composante organique

La **matière organique** carbonise et dégage de la vapeur d'eau lors de la combustion, ce qui montre qu'elle est composée de carbone (noté C), d'hydrogène (noté H) et d'oxygène (noté O).

Il existe quatre types de molécules organiques : les glucides, les lipides, les protides et les acides nucléiques[1].

Les **glucides** correspondent aux différents types de sucres. Ils sont formés d'enchainements d'une même unité élémentaire, l'**ose**.

1. **Les acides nucléiques** sont des molécules support de l'information génétique. Il s'agit de l'ADN (acide désoxyribonucléique) et de l'ARN (acide ribonucléique).

Les **lipides** sont les graisses. Ils sont formés de l'association d'**acides gras** et d'un alcool particulier appelé **glycérol**.

Les **protides** contiennent d'autres éléments chimiques en plus du C, H et O, notamment l'azote (noté N). Leur molécule élémentaire est l'**acide aminé** (22 sont produits par les êtres vivants eux-mêmes). S'il y a moins de 10 acides aminés, le protide est appelé oligopeptide ; entre 10 et 80 acides aminés, on parle de polypeptides et au-delà de 80, on parle de **protéines**.

• La composante minérale

L'**eau** est la composante majeure d'un être vivant : en moyenne, elle représente 80 % de la masse des organismes. Elle est **essentielle**.

Teneur en eau de quelques êtres vivants

Laitue	Champignon	Méduse	Poisson	Poule	Vache	Être humain
95 %	85 %	95 %	80 %	65 %	60 %	65 %

Les autres composants minéraux sont très variés : calcium (Ca), fer (Fe), magnésium (Mg), potassium (K), etc. On les retrouve dans les cendres obtenues par la combustion des êtres vivants.

❶ 2. La cellule : unité structurale de tout être vivant

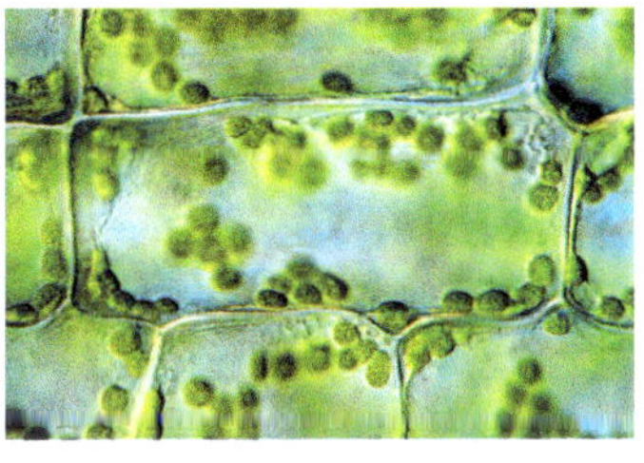

Photographie de cellules d'élodée, végétal aquatique, observées au microscope optique (grossissement 400)

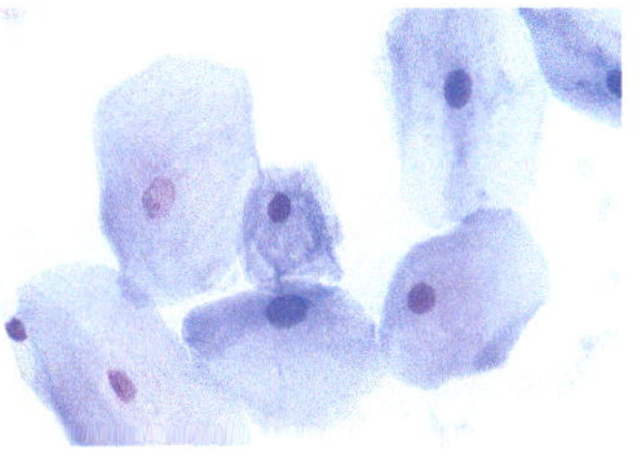

Photographie de six cellules buccales humaines observées au microscope optique (grossissement 400)

Toute cellule est au moins délimitée par une **membrane plasmique** et est constituée d'un liquide appelé **cytoplasme** et d'ADN, support de l'information génétique. On en distingue deux types :

– les cellules **procaryotes** : leur ADN baigne directement dans le cytoplasme ;

– les cellules **eucaryotes** (cf. photographies ci-dessus) : l'ADN est protégé par une double membrane appelée paroi nucléaire. On parle alors de **noyau**[2] et d'autres **organites**[3] tels que les chloroplastes dans les cellules chlorophylliennes des végétaux (1re photographie).

L'**ADN** est une molécule en double hélice (cf. schéma ci-contre). Elle est notamment constituée de quatre types de bases azotées : la cytosine (notée C), la guanine (G), la thymine (T) et l'adénine (A). Leur enchainement peut constituer un code à la base de la production de protéines.

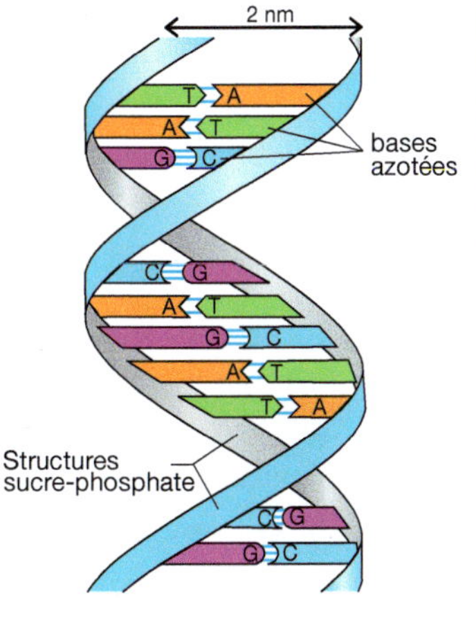

2. **Le noyau** n'est pas visible sur la photographie de gauche, ce qui ne veut pas dire qu'il n'existe pas ; la mise au point du microscope n'a pas été faite à son niveau.
3. **Un organite** est une structure spécialisée intracellulaire délimitée par une ou deux membranes.

L'ADN mesure 2 nm (soit $2{,}10^{-9}$ m) de diamètre. Dans le noyau des cellules humaines, on compte environ 3 milliards de bases azotées, ce qui représenterait une longueur d'environ 2 mètres si on la déroulait et décompactait !

La cellule est la plus petite unité constitutive et fonctionnelle d'un être vivant. Elle peut grandir, se reproduire et réaliser un nombre plus ou moins grand de réactions chimiques fondamentales.

Certains organismes ne possèdent qu'une cellule, ce sont des **organismes unicellulaires** (les bactéries, les levures, certaines algues et certains animaux appelés protozoaires, comme le trypanosome, responsable de la maladie du sommeil chez l'être humain).

D'autres en possèdent un grand nombre, ce sont des **organismes pluricellulaires** (la pâquerette, le champignon de Paris, la souris...). Au sein de ces derniers, l'ensemble des cellules assurant la même fonction sont groupées et forment un tissu. L'association de tissus assurant une fonction spécifique constitue un **organe**. Les organes forment des **appareils** (appareil respiratoire, digestif...). L'ensemble des appareils forme l'**organisme**.

❶ 3. Les caractéristiques des êtres vivants

Les êtres vivants se caractérisent par les fonctions de nutrition qui assurent la pérennité de l'individu.

- Ils **se nourrissent** afin de produire leur matière et l'énergie indispensable à leur fonctionnement. On distingue deux types d'organismes :

– les **organismes autotrophes** qui produisent leurs matières organiques à partir de matières minérales (eau, sels minéraux et dioxyde de carbone de formule CO_2) qu'ils trouvent dans leur milieu et d'une source d'énergie, le soleil par exemple lors de la photosynthèse. Les végétaux chlorophylliens sont autotrophes ;

– les **organismes hétérotrophes** qui produisent leurs matières organiques à partir de matières minérales (eau et sels minéraux) et d'une source d'énergie issue d'autres êtres vivants dont ils se nourrissent, la matière organique. Les champignons et les animaux sont hétérotrophes.

- La plupart des êtres vivants **respirent** : ils assurent par différents moyens l'absorption de dioxygène (02) qu'ils diffusent dans tout leur organisme et produisent de l'énergie au niveau des mitochondries[4] de leurs différentes cellules lors de la réaction chimique suivante :

$$6\ O_2 + C_6H_{12}O_6 \rightarrow 6\ H_2O + CO_2 + \textbf{énergie}$$

4. **Les mitochondries** sont des organites (voir définition plus haut) spécialisés dans la production d'énergie.

- $C_6H_{12}O_6$ correspond à la formule du **glucose**.
- L'énergie utilisable par les cellules est véhiculée par une molécule particulière, l'**ATP** ou adénosine triphosphate.

- Ils éliminent les déchets qu'ils produisent par l'expiration et l'**excrétion** (fabrication et élimination d'urine et d'excréments).

Ils se caractérisent également par :

- les **fonctions de relation** qui permettent à l'organisme d'être informé de son environnement (*via* les **fonctions sensorielles**) et d'agir sur lui. La **locomotion** et la **communication** entre organismes ou au sein de l'individu en font partie également ;
- les **fonctions de reproduction** qui assurent la pérennité de l'espèce. Elles correspondent à :

– la reproduction qui est soit **sexuée**, faisant intervenir deux cellules sexuelles (l'être vivant qui en est issu est alors unique), soit non sexuée ou **asexuée** (reproduction à l'identique sans intervention de cellule sexuelle). Les virus, étant incapables de le faire par eux-mêmes (ils sont reproduits par les cellules qu'ils parasitent), ne sont pas considérés comme êtres vivants par la plupart des biologistes mais comme particules ;

– le **développement** et la croissance d'un individu qui passe alors au stade adulte, apte à se reproduire. La croissance peut être selon les organismes continue ou discontinue ;

– le cas échéant, le soin des petits (tels la couvaison ou l'allaitement par exemple).

À retenir

Tout être vivant est constitué de matières minérales et organiques. Le fait que la cellule soit l'unité structurale et fonctionnelle du vivant, et que celle-ci contienne une molécule de structure et de fonctionnement universels, l'ADN, indique une origine primordiale commune de tous les êtres vivants qui daterait de 3,8 milliards d'années.

2 Biodiversité et classification des êtres vivants

Une **espèce** est un ensemble d'individus pouvant se reproduire entre eux (on parle d'individus interféconds) et dont la descendance est fertile. L'espèce est une entité fondamentale des classifications. Elle réunit les individus présentant des caractéristiques morphologiques, anatomiques, physiologiques et génétiques communes. Une espèce est nommée par un nom de **genre**[5] et un nom d'**espèce**. Ainsi, appartenant au genre *Homo* et à l'espèce *sapiens*, nous nous appelons *Homo sapiens*. C'est la nomenclature binomiale.

5. **Genre** : ensemble d'espèces ayant en commun plusieurs caractères.

2 1. La biodiversité

La **biodiversité** est la variété des êtres vivants. Étudier la biodiversité, c'est chercher à mieux comprendre les liens et les interactions existant entre les espèces et leurs milieux de vie (voir chapitre 7, p. 93). La biodiversité s'apprécie donc en considérant **trois niveaux** : diversité des **écosystèmes**[6], diversité des **espèces** et diversité des **gènes** au sein d'une même espèce.

La biodiversité est issue d'une longue histoire de 3,8 milliards d'années. Elle résulte de l'évolution. On a dénombré à ce jour environ 1,6 million d'espèces vivantes, mais on estime qu'il en existe 10 à 100 fois plus.

6. **Un écosystème** est un ensemble écologique constitué d'un milieu et de l'ensemble des êtres vivants qui le peuplent.

Nombre (millions) des espèces décrites avec estimation du nombre des espèces existantes non décrites (d'après Hammond, 1992)

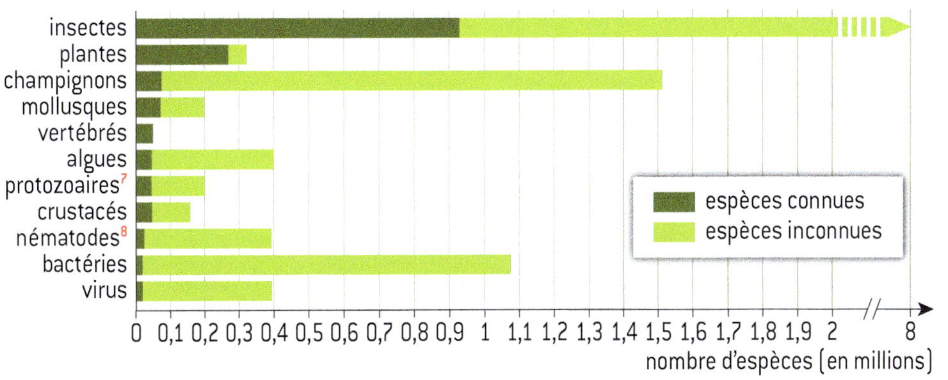

7. Les **protozoaires** sont des animaux unicellulaires.

8. Les **nématodes** sont des vers ronds, fusiformes et non segmentés. Il ne faut pas les confondre avec les vers de terre qui sont, eux, segmentés, annelés.

❷ 2. La classification du vivant

La **classification,** ou **systématique,** est la science qui cherche à déterminer le degré de ressemblance et de parenté entre les espèces. Ce lien de parenté n'a d'ailleurs parfois rien à voir avec la ressemblance physique. Un dauphin, par exemple, est plus proche de nous que du requin.

La classification actuelle (dite phylogénétique) regroupe les êtres vivants uniquement en fonction des **caractères qu'ils possèdent**. C'est la notion de caractères partagés. Elle ne se fait pas par les caractères que les individus n'ont pas (exemple : absence d'os). Il y a donc bien des Vertébrés mais plus d'Invertébrés. En effet, l'ancienne classification, dite classique, ne se fondait que sur les ressemblances les plus visibles entre les espèces, et prenait l'être humain pour référence. On y retrouvait donc par exemple des animaux qui, comme l'être humain, possèdent des vertèbres et ceux qui, contrairement à lui, n'en ont pas. Cette classification a été abandonnée par les scientifiques à la fin des années 1960 au profit de la systématique, qui vise à rendre compte des liens de parenté et qui permet donc de comprendre leur histoire évolutive. De la même façon, on ne peut pas classer ensemble des animaux selon une fonction ou un milieu de vie identique.

- On appelle **phylogénie** la science qui estime les dates d'apparition des différentes espèces.
- **L'arbre phylogénétique** est un schéma permettant de visualiser les liens de parenté qui existent entre chaque espèce et de placer les ancêtres communs hypothétiques.

Arbre phylogénétique simplifié des Vertébrés

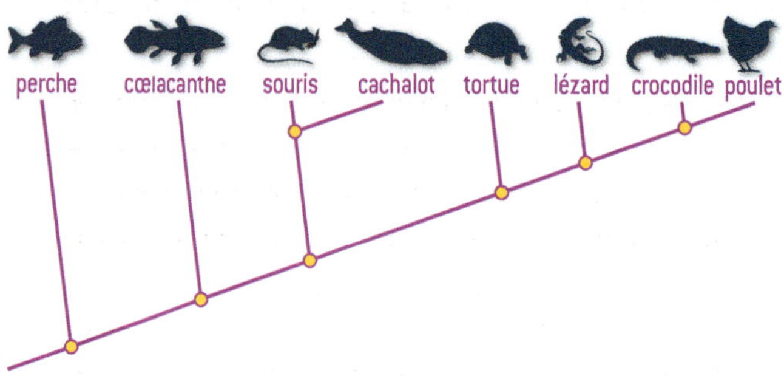

D'après l'Association des professeurs de biologie et géologie.

Les relations emboitées peuvent être aussi représentées sous forme de groupes emboités : chaque rectangle ci-dessous est un groupe défini par au moins un caractère commun.

Classification emboitée

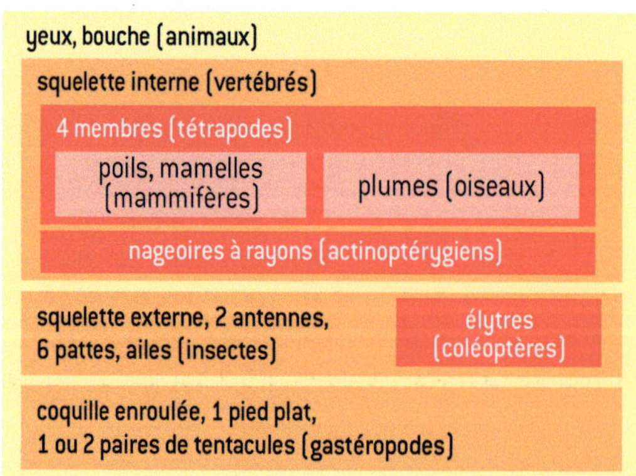

Il est nécessaire de faire la distinction entre :
– la **classification** qui consiste à regrouper les êtres vivants en fonction des caractères qu'ils possèdent ;
– le **rangement** qui consiste à ordonner les êtres vivants selon un caractère continu tel que la taille par exemple ;
– le **tri** qui consiste à séparer les êtres vivants de façon binaire par la présence ou l'absence d'un caractère.

En appliquant tous ces principes, nous sommes parvenus à une **nouvelle classification** qui modifie certains de nos préjugés :
– il n'y a plus deux règnes du vivant (végétal et animal) mais cinq : les Procaryotes (exemple : les bactéries, cellules sans véritable noyau), les Protistes (Eucaryotes unicellulaires[9]), les Végétaux, les Champignons et les Animaux ;
– le groupe des Invertébrés n'a plus lieu d'être considéré ;
– le groupe des Poissons n'existe plus. On les distingue selon que leur squelette est osseux (ou Ostéichtyens ; exemples : Cœlacanthe, Dipneustes, Anguilles, Truites, Poissons rouges…) ou cartilagineux (ou Chondrichtyens ; exemples : Requins, Raies…).
– le groupe des Reptiles a éclaté. On distingue le groupe des Crocodiliens, le groupe des Serpents et des Lézards et le groupe des Tortues.

9. **Les eucaryotes** sont des organismes dont les cellules possèdent un noyau.

❷ 3. L'évolution : origine de la biodiversité

L'histoire de la vie est étroitement liée à celle de la Terre. Celle-ci s'est formée il y a environ 4,5 milliards d'années. La vie sur Terre serait apparue vers 4 Ga (Giga années ou milliards d'années), mais les fossiles connus les plus anciens sont âgés de 3,5 Ga.

Les premières formes de vie sont des êtres vivants unicellulaires. Tous les êtres vivants en dérivent par évolution. En 1859, Charles Darwin évoque cette théorie dans *De l'origine des espèces au moyen de la sélection naturelle, de la préservation des races favorisées dans la lutte pour la vie*. Il n'y a pas de déterminisme dans l'évolution. Les changements apparaissent au hasard, les animaux les plus aptes à s'adapter aux changements du milieu survivent. D'autres scientifiques en trouveront les modalités. Des mutations[10] qui apparaissent au **hasard** peuvent conférer des avantages aux êtres vivants qui les subissent lors de changement de conditions environnementales. Ils ont alors davantage de chance de se reproduire et donc de transmettre à leurs descendants ces **modifications adaptatives**. Il y a apparition d'une nouvelle espèce ou **spéciation** quand ces nouveaux individus, souvent à la suite d'isolement géographique, deviennent incapables de se reproduire avec ceux dont ils sont issus.

10. **Les mutations** sont des modifications du matériel héréditaire, l'ADN. Elles peuvent faire apparaitre des caractères nouveaux.

REMARQUE
Le terme de déterminisme, employé ici, désigne une croyance en l'évolution des êtres vivants selon une ligne directrice préprogrammée (conduisant notamment à leur supposé perfectionnement), un destin.

À retenir

La biodiversité est le résultat de l'évolution des êtres vivants. La classification actuelle tient compte des liens de parenté entre eux. Elle s'établit non pas à partir de vagues traits de ressemblance mais selon le nombre de caractères communs qu'ils ont hérités d'ancêtres communs.

TEST D'AUTO-ÉVALUATION 1

Corrigé p. 117

1 Légender un document

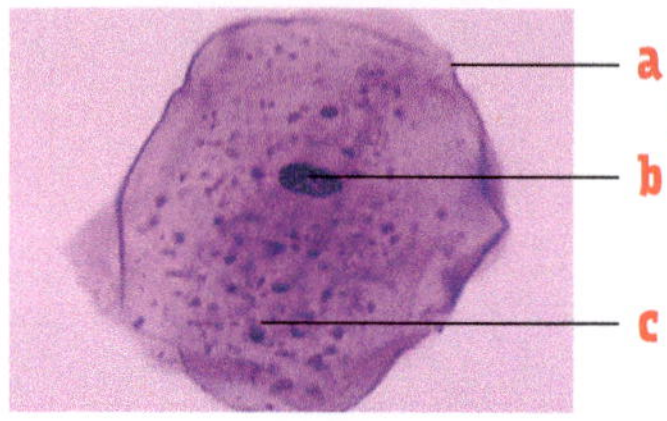

a. Donnez un titre au document ci-contre.

b. L'élément montré ici appartient-il à un animal ou à un végétal ? Justifiez votre réponse.

c. Remplacez les lettres **a**, **b** et **c** par les annotations correspondantes.

Pour être complet, le titre doit indiquer la nature du document, ce qu'il illustre et, pour le cas présent, indiquer le mode d'observation.

2 QCM (plusieurs bonnes réponses possibles)

1. La matière des êtres vivants est :

a. combustible

b. essentiellement composée de carbone, d'hydrogène et d'oxygène

c. essentiellement composée de carbone, de fer et de calcium

2. Les êtres vivants sont constitués de :

a. cellules, elles-mêmes constituées de molécules

b. acides aminés, molécules de base des glucides

c. 30 à 50 % d'eau

d. ABN, molécule support de l'information génétique

3. Les végétaux chlorophylliens comme les animaux :

a. respirent

b. sont autotrophes

c. se reproduisent

d. grandissent de façon discontinue

3 Réaliser une représentation scientifique

En utilisant le document ci-dessous réalisez une classification emboitée.

Tableau de caractères de sept animaux

	Bouche	Squelette interne	4 membres	Nageoires à rayons	Poils	Mamelles	Plumes	6 pattes	Squelette externe
Carpe	✔	✔		✔					
Moustique domestique	✔							✔	✔
Campagnol amphibie	✔	✔	✔		✔	✔			
Canard colvert	✔	✔	✔				✔		
Poule d'eau	✔	✔	✔				✔		
Libellule déprimée	✔							✔	✔
Rat musqué	✔	✔	✔		✔	✔			

CHAPITRE 2

Sciences de la vie et de la Terre

Les fonctions de nutrition animale

• La nutrition chez les animaux ne se limite pas à l'alimentation. Elle concerne toutes les fonctions qui permettent de :
– s'approvisionner en nutriments (petites molécules permettant de produire de l'énergie, le glucose et l'O_2 par exemple) ; il s'agit de l'**alimentation** et des **échanges gazeux** avec son milieu de vie ;
– mettre en circulation les nutriments, permettant ainsi d'atteindre toutes les cellules de l'organisme ; c'est la **circulation sanguine** présente chez la plupart des organismes pluricellulaires ;
– produire de l'énergie au niveau de ces dernières ; c'est **la respiration** au sens strict du terme ;
– éliminer les déchets issus des réactions chimiques intracellulaires ; c'est **l'excrétion**.

En cycle 1, l'enseignement porte sur une seule fonction de nutrition, **l'alimentation**. Dans les trois cycles, les problématiques de variété puis d'**équilibre alimentaire** de l'être humain sont progressivement abordées. **Digestion, respiration et circulation sanguine** sont abordées en cycle 3.

LE COURS

1 Alimentation et digestion chez l'être humain et chez les animaux

L'alimentation permet d'apporter des « matériaux de construction » d'une part et de l'énergie nécessaire au fonctionnement de l'organisme d'autre part. On appelle **régime alimentaire** l'ensemble des aliments consommés par un animal aussi bien sur le plan qualitatif que sur le plan quantitatif. Dans une première partie, nous examinerons les différents types de régimes alimentaires, avant de nous concentrer sur celui des êtres humains. Ce régime particulier nous conduira à nous pencher sur l'éducation à l'équilibre alimentaire, qui occupe une grande place à l'école primaire. Dans une deuxième partie, nous aborderons la digestion et dans une troisième, l'équilibre alimentaire.

REMARQUE
Les êtres humains, comme les animaux, ont un régime alimentaire. Il ne faut pas le confondre avec certaines habitudes alimentaires qu'adoptent certains êtres humains comme le végétalisme (fait d'abandonner tout aliment d'origine animale) ou le végétarisme qui, contrairement au précédent, autorise la consommation d'œufs, de lait et de miel.

1 1. Les régimes alimentaires sont variés et spécialisés

• Les différents types de régimes alimentaires

Les animaux se répartissent selon trois grands types de régimes alimentaires :
– les **carnivores** (ou **zoophages**) ne se nourrissent que d'aliments d'origine animale (exemple : le loup) ;
– les **herbivores** (ou **phytophages** ou **végétariens**) consomment des aliments d'origine végétale (exemple : le cheval) ;
– les **omnivores** mangent des aliments d'origines animale et végétale (exemple : le sanglier).

• Détermination des régimes alimentaires

On peut déterminer le régime alimentaire à partir des traces que laisse l'animal dans son milieu en observant la façon dont sont rongées les graines, le contenu des excréments ou les pelotes de réjection des rapaces.

• Les dentures témoignent du régime alimentaire

Il est possible de reconnaitre les régimes alimentaires des vertébrés selon l'ensemble de leurs dents appelé **denture**.

Les carnivores possèdent les **trois types de dents** (incisives, canines et molaires). Elles sont toutes **pointues** et adaptées à la dilacération de la viande. Certains carnivores ont des canines très développées en forme de crocs.

Les mâchoires des **herbivores** se caractérisent par l'**absence de canines** et par un espace important entre les incisives et les molaires, appelé barre ou diastème. Les molaires sont très caractéristiques ; elles sont larges, présentent des crêtes à leur surface et sont à croissance continue.

Les omnivores présentent également les **trois types de dents**. Les incisives sont petites, les canines sont pointues et les molaires sont bosselées.

Le tube digestif est également plus long chez un herbivore que chez un carnivore ; de 20 à 30 fois la longueur du corps chez le premier contre trois à cinq fois chez le second. Il se distingue aussi par un **microbiote** (ensemble des micro-organismes) interne capable de digérer la cellulose présente notamment au niveau des parois des cellules végétales.

• La digestion d'un omnivore particulier, l'être humain

La **digestion** est l'ensemble des processus mécaniques et chimiques qui permettent de dégrader des aliments en substances utilisables par l'ensemble des cellules : les **nutriments**.

En plus des phénomènes mécaniques (comme la mastication), les aliments subissent l'action de substances chimiques produites par diverses glandes. Il s'agit d'**enzymes** contenues dans des liquides physiologiques appelés **sucs digestifs** produits par les glandes salivaires, l'estomac, le foie, le pancréas et l'intestin grêle. Les enzymes accélèrent la dégradation par l'eau (l'**hydrolyse**) des aliments.

REMARQUES

- La bile, suc digestif hépatique, ne contient pas d'enzyme contrairement aux autres.
- Le nom de toutes les enzymes comporte le suffixe *-ase* ; leur préfixe évoque la molécule sur laquelle elles agissent (exemple : la lactase agit sur le lactose).

Schéma de l'appareil digestif humain (et ses sécrétions digestives)

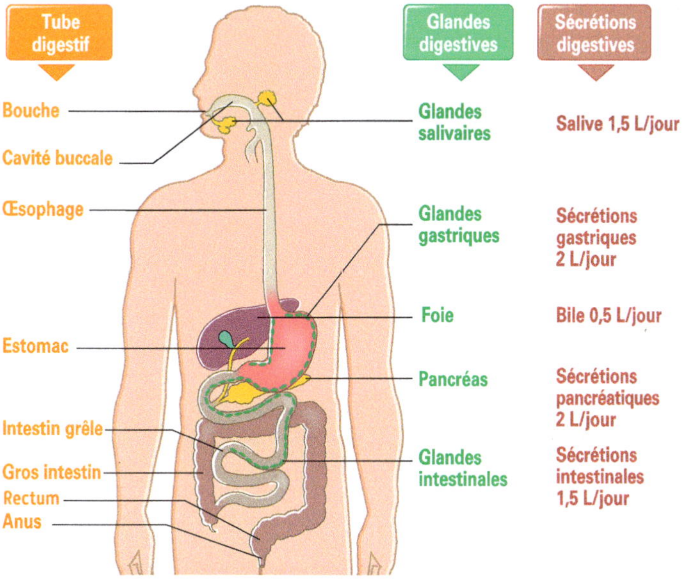

La bile produite par le foie est stockée dans la vésicule biliaire, visible en vert dans ce schéma.

Le tableau ci-dessous récapitule les différentes actions subies par nos aliments au cours de leur trajet dans notre tube digestif.

Étapes de la digestion	Phénomènes mécaniques	Phénomènes chimiques
Niveau 1 : bouche	Broyage des aliments lors de la **mastication**. **Déglutition** du **bol alimentaire.**	Action de l'amylase salivaire, enzyme sécrétée par les glandes salivaires. **Hydrolyse** des glucides complexes tels que l'amidon et le glycogène en maltose[1] et glucose.
Niveau 2 : œsophage	Ensemble de contractions de la paroi du tube digestif permettant la progression de son contenu, le **péristaltisme.**	Éventuellement poursuite de la digestion des glucides complexes (dits sucres lents).
Niveau 3 : estomac ; (30 min à 8 h)	**Brassage** du bol alimentaire ; obtention d'une bouillie appelée **chyme.**	Action du **suc gastrique** sécrété par la paroi stomacale très acide. Les **protides** sont digérés en oligopeptides par des protéases.
Niveau 4 : intestin grêle ; (7 ou 8 h)	Péristaltisme. Obtention d'un liquide riche en nutriments, le **chyle.** **Absorption intestinale,** cf. ci-dessous.	Émulsion des graisses par la **bile** qui provient de la vésicule biliaire (située dans le **foie**). Action des **sucs intestinal et pancréatique** contenant protéases, maltase, lactase, saccharase et lipases (issues du pancréas). On obtient alors des **acides aminés, du glucose, des acides gras et du glycérol.**
Niveau 5 : gros intestin ; (15 h)	**Absorption** de l'eau et péristaltisme.	Digestion partielle de la cellulose par des **bactéries** qui restituent des vitamines et du glucose.
Niveau 6 : rectum puis anus	**Stockage** puis **défécation.**	

1. **Le maltose** doit encore subir une dégradation pour devenir un nutriment.

De par sa structure, l'intestin grêle réalise l'absorption, c'est-à-dire le passage des nutriments dans le **milieu intérieur** (ensemble du sang et de la lymphe). Il correspond à **une surface d'échange** et possède donc les trois caractéristiques suivantes :
– grande étendue ; la surface de la paroi intestinale est d'environ 300 m^2. L'intestin grêle mesure en effet 4 à 6 m de long et possède de nombreux replis, villosités et microvillosités (voir les documents ci-dessous) ;
– minceur de la paroi. Elle est ici d'environ 40 µm[2] ;
– importante vascularisation ; de nombreux capillaires sanguins tapissent cette paroi.

2. 1 µm = 10^{-6} m, mille fois plus petit qu'un millimètre.

> **REMARQUES**
> Il existe de nombreuses surfaces d'échange comme par exemple la paroi alvéolaire des poumons. Nous étudierons ultérieurement dans cet ouvrage celles abordées dans les programmes de l'école.

Replis de la paroi intestinale

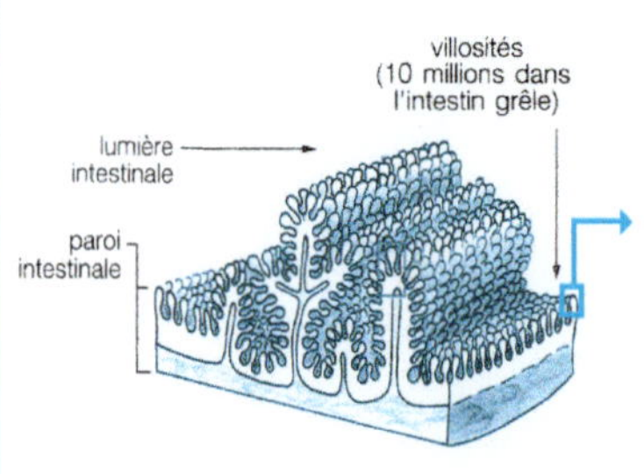

Villosités intestinales

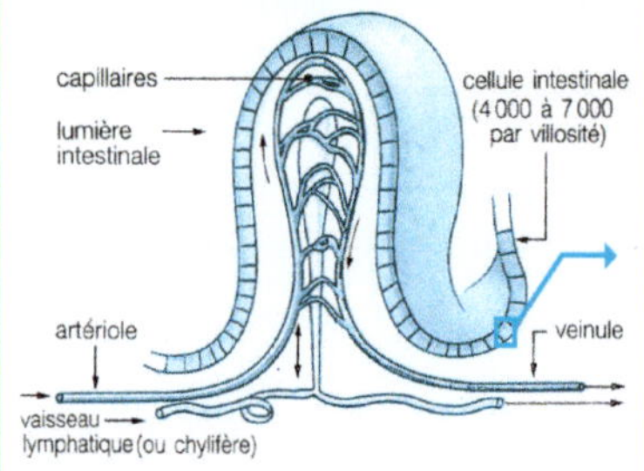

Microvillosités des cellules intestinales

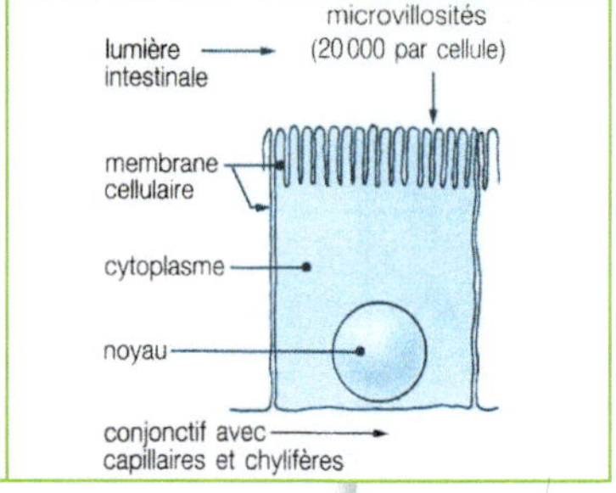

Les acides aminés et le glucose sont absorbés dans le sang et les lipides dans la lymphe qui rejoindra plus loin la circulation sanguine.

Le sang distribue les nutriments aux organes où ils sont utilisés pour construire de nouvelles molécules, dégradés pour fournir de l'énergie ou mis en réserve. On parle d'**assimilation**.

Les deux formes principales de **réserves** sont :
– le **glycogène** constitué de plusieurs molécules de glucose liées entre elles. Il se forme dans les muscles et le foie en cas d'excès dans le sang. Mais seul le foie est capable de redonner du glucose et de le libérer dans le sang en cas de manque de l'organisme (on parle d'hypoglycémie c'est-à-dire de taux de glucose sanguin inférieur à 0,7 g/L) ;
– les **triglycérides**, molécules lipidiques. Ils sont issus des graisses que nous mangeons mais aussi du sucre. Ils sont stockés dans les cellules adipeuses appelées communément « la graisse ».

Ainsi, l'apport de la nourriture à l'échelle de l'organisme est discontinu, mais à l'échelle des cellules, les nutriments sont apportés de façon continue grâce à la formation ou à l'utilisation des formes de stockage de certains d'entre eux.

❶ 2. Éducation à la santé : l'équilibre alimentaire

• Rôles des divers aliments

La **valeur nutritionnelle** d'un aliment est sa composition en substances minérales et organiques et la quantité d'énergie qu'il apporte. Ces substances ont trois rôles essentiels :
– **rôle bâtisseur** : la plupart d'entre elles, notamment les protides, les lipides et le calcium permettent la construction de nouvelles structures par nos cellules. Elles contribuent ainsi à la croissance, au renouvellement de notre matière ou à la réparation ;

– **rôle énergétique** : les glucides apportent de l'énergie lors de la respiration. 1 gramme de glucide ou de protide apporte 17 kJ (kilojoules) et 1 gramme de lipide 38 kJ (1 kcal = 4,18 kJ) ;
– **rôle régulateur** : les sels minéraux, l'eau et les **vitamines** ; ils permettent une régulation des fonctions vitales.

Les diététiciens classent les aliments en **six** grands **groupes** indiqués dans le tableau ci-dessous.

Groupe	Rôle des aliments	Apports particuliers
1. Viandes, poissons et œufs	Bâtisseurs	Acides aminés dont huit dits **indispensables** car nous ne pouvons pas les synthétiser à partir d'autres substances contrairement aux autres. Fer et phosphore, vitamines A et B.
2. Produits laitiers (fromages, yaourts, crème fraiche)	Bâtisseurs	Lipides, protides, glucides et sels minéraux. Calcium et vitamine B.
3. Matières grasses (beurre, huile, crème et charcuterie)	Énergétiques	Lipides.
4. Féculents et produits sucrés (pain, riz, pâtes, pommes de terre, céréales, sucre, confiseries)	Énergétiques	Glucides à assimilation lente (digestion longue) et glucides à assimilation rapide.
5. Fruits et légumes	Régulateurs	Sels minéraux, vitamines A et C et glucides particuliers, les fibres, qui facilitent le transit intestinal.
6. Boissons	Régulateurs	H_2O et sels minéraux pour l'eau additionnée de sucres et de vitamines selon la boisson.

• Hygiène alimentaire

L'**hygiène alimentaire** correspond à une alimentation saine répondant aux besoins de l'organisme et n'engendrant pas de problèmes de santé. Il est donc indispensable de couvrir les dépenses énergétiques et de fournir des matériaux nécessaires au développement et au fonctionnement de l'organisme. Par exemple, nous perdons 2,5 L d'eau par jour par le biais des rejets de déchets (*via* l'urine, la sueur et les excréments) mais aussi lors de l'expiration. Nos aliments en contenant, il est nécessaire d'en boire environ 1,5 L/jour afin de compenser ces pertes hydriques. L'eau est appelée **aliment essentiel**. Certains acides aminés et certains acides gras (de la famille des oméga 3 et des oméga 6) sont dits également **essentiels** car, contrairement aux autres molécules organiques, notre corps est incapable de les synthétiser.

Chez l'être humain, il existe des dépenses énergétiques incompressibles (liées aux fonctions qui nous permettent de rester en vie) qu'il faut compenser ; on parle de **métabolisme de base**. Il est en moyenne de 7 000 kJ/jour (1 700 kcal/jour) chez un adulte. Avec l'activité, les dépenses énergétiques augmentent. Le métabolisme peut alors atteindre 17 000 kJ/jour (4 000 kcal/jour).

Une **alimentation équilibrée** doit être individualisée, liée à différents paramètres tels que l'activité, l'état physiologique, l'âge et le sexe.

Variations des besoins énergétiques en fonction des caractéristiques de l'individu

Paramètres	Caractéristiques de l'individu	Besoins énergétiques en kJ	Besoins énergétiques en kcal
Sexe	Être humain à activité physique moyenne Femme à activité physique moyenne	11 300 8 400	~ 2 700 ~ 2 000
Âge	Enfant de 1 à 3 ans Enfant de 7 à 9 ans Adolescent de 16 à 19 ans Adolescente de 16 à 19 ans	5 700 9 200 12 800 9 700	~ 1 360 2 200 3 060 ~ 2 320
Activité physique	Être humain sédentaire Être humain à activité physique moyenne Être humain à activité physique forte	8 800 11 300 12 500 à 14 600	~ 2 100 ~ 2 700 2 990 à 3 490
Physiologie	Femme enceinte	9 400	~ 2 250

Pour avoir une bonne hygiène alimentaire il convient de suivre des **règles de diététique** :
– variété des aliments, sans excès ;
– bonne répartition des repas (trois ou quatre repas par jour) ;
– repas équilibrés en différents nutriments organiques d'origine animale et végétale ;
– adaptation de notre alimentation à notre activité physique ;
– limiter la sédentarité et le grignotage.

• Hygiène dentaire

Les **dents** sont vivantes et nécessitent un bon entretien (**brossage** de 3 minutes après chaque repas).

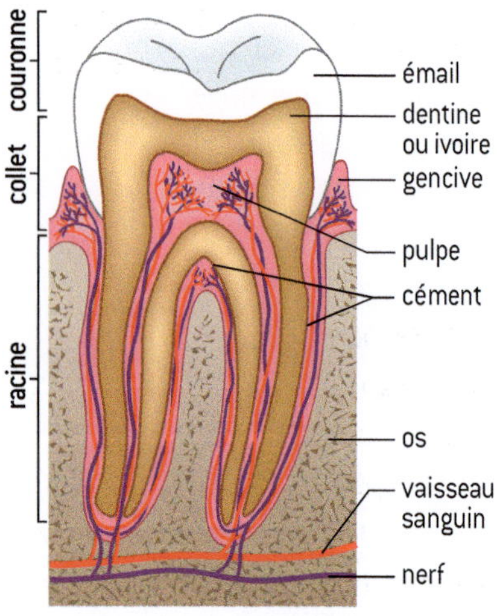

Schéma d'une coupe de molaire

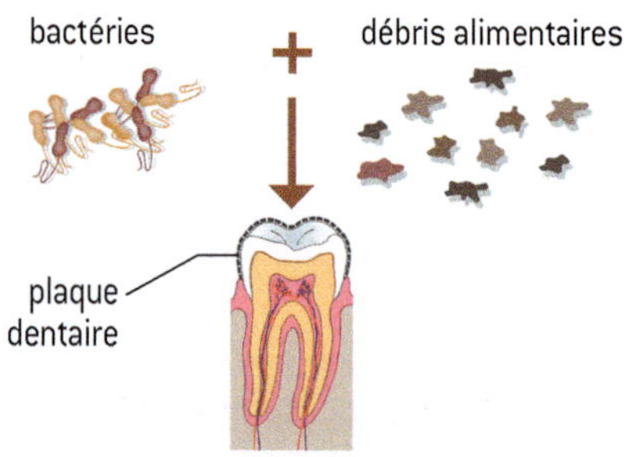

Les caries sont dues à la prolifération de bactéries qui se nourrissent de restes alimentaires. Elles sont contagieuses par l'échange de couverts ou de brosses à dents.

La carie attaque l'émail, l'ivoire puis la pulpe. Elle devient alors très douloureuse. L'infection peut se développer dans l'os de la mâchoire.

Se laver les dents régulièrement évite qu'une substance blanchâtre appelée plaque dentaire (ou plaque bactérienne) ne se forme sur les dents. Celle-ci est composée des restes alimentaires, des bactéries et de diverses substances émises par ces dernières, telles que des acides.

• Le non-respect de l'équilibre alimentaire peut être source de maladies nutritionnelles

De nombreux pays sont affectés de maladies liées aux **sous-nutritions** (famines), **malnutritions** (carences) ou encore de **suralimentations** (à l'origine de maladies cardiovasculaires ou de diabète par exemple).

L'indice de masse corporelle ou IMC est un des indicateurs de l'état de santé nutritive. Il se calcule selon la formule suivante :

$$\text{IMC} = \frac{\text{Poids (en kg)}}{\text{taille}^2 \text{ (en m)}}$$

Interprétation de l'IMC par l'Organisation mondiale de la santé pour un adulte

IMC (kg/m²)	Interprétation
Moins de 16,5	Dénutrition
Entre 16,5 et 18,5	Maigreur
Entre 18,5 et 25	Corpulence normale
Entre 25 et 30	Surpoids
Entre 25 et 30	Obésité modérée
Plus de 40	Obésité morbide ou massive

À retenir

L'organisme est donc un système ouvert qui échange de la matière et de l'énergie avec son environnement. Les animaux ont des régimes alimentaires spécifiques. La connaissance du fonctionnement de notre corps permet notamment de connaitre nos besoins alimentaires afin de préserver notre santé.

2 Respiration et circulation humaines et animales

La **respiration** est l'ensemble des processus qui permettent la libération d'énergie chimique et thermique à partir des nutriments. Chez la plupart des animaux, elle se fait en deux étapes : échanges gazeux avec le milieu au niveau d'organes spécialisés et respiration cellulaire (ou respiration au sens strict) qui produit de l'énergie indispensable au fonctionnement des cellules.

La **circulation sanguine** est donc fondamentale pour permettre la relation entre l'appareil respiratoire et les cellules qui réalisent la production d'énergie par le biais de la respiration cellulaire.

❷ 1. La respiration

• Variété des modes de respiration dans le monde animal

Animal	Milieu de vie	Organes respiratoires	Type de respiration	Forme de dioxygène absorbé
Vertébrés Exemples : oiseaux, mammifères (marins ou non)	Air	Poumons	**pulmonaire** 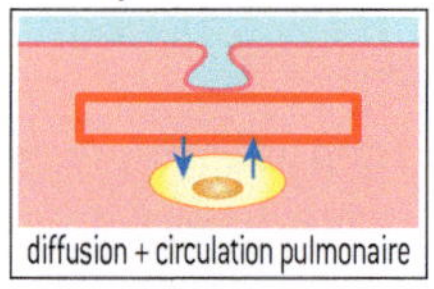	Dioxygène de l'air
Mollusques terrestres Exemple : escargot			**trachéenne** 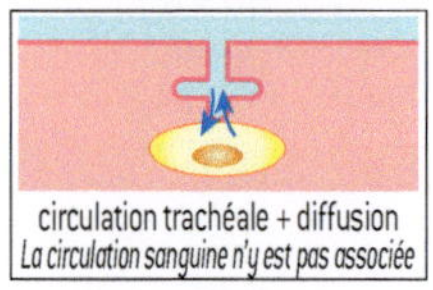	
Insectes Exemple : criquet		Trachées		
Annélides Exemple : ver de terre	Sol	Peau	**cutanée** 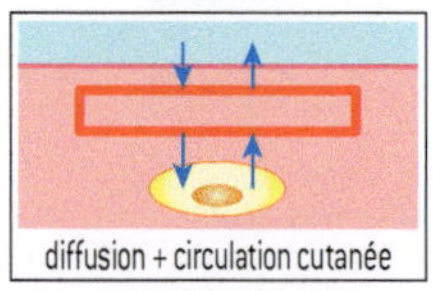	
Poissons Exemple : truite	Eau	Branchies	**branchiale** 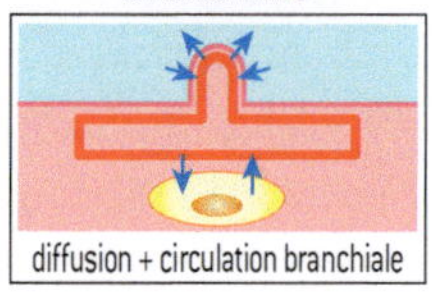	Dioxygène dissous dans l'eau
Mollusques marins Exemple : huitre				
Légende des schémas	organisme environnement cellule échanges gazeux	circulation sanguine circulation sanguine dans une branchie	poumon trachée	

REMARQUES

• Les amphibiens, comme la grenouille par exemple, présentent d'abord une respiration branchiale et consomment donc l'O_2 dissous dans l'eau, puis, à l'âge adulte, développent les respirations pulmonaire et cutanée.
• Il est à noter que la teneur de dioxygène est plus importante dans l'air (21 %) que dans l'eau (0,7 %).

Si la respiration cutanée ne nécessite pas de mouvements particuliers, il n'en est pas de même pour les autres modes de respiration.

Respiration trachéenne

L'insecte fait entrer et sortir de l'air au niveau d'orifices appelés stigmates situés à l'extrémité des ramifications des trachées (cf. photographie ci-contre). L'insecte contracte régulièrement son abdomen, au niveau duquel on trouve ces orifices, afin de dégager l'air qu'il a enrichi en CO_2. Il le relâche pour permettre l'entrée d'air atmosphérique (riche en O_2). Les échanges se font donc directement entre l'air et les cellules, sans l'intermédiaire du sang.

Photographie d'une dissection de criquet

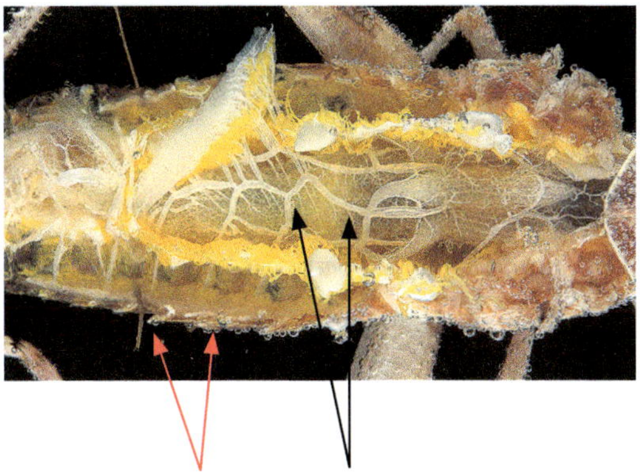

Graticiel « Respipoisson », accessible en partie aux élèves d'école primaire, téléchargeable à l'adresse : svt.janzac.free.fr/logiciels/respipoisson/respipoisson.exe

Respiration branchiale

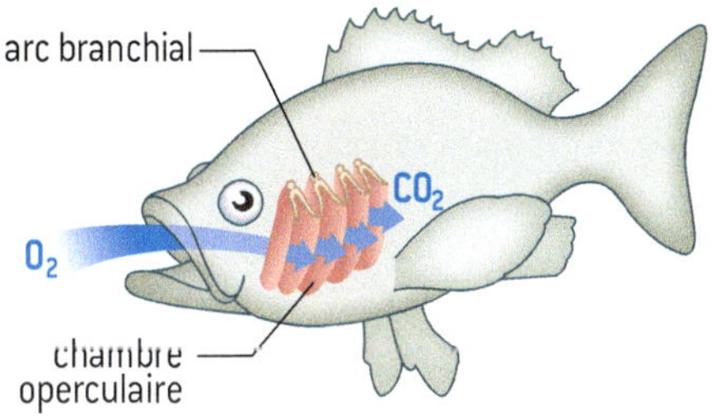

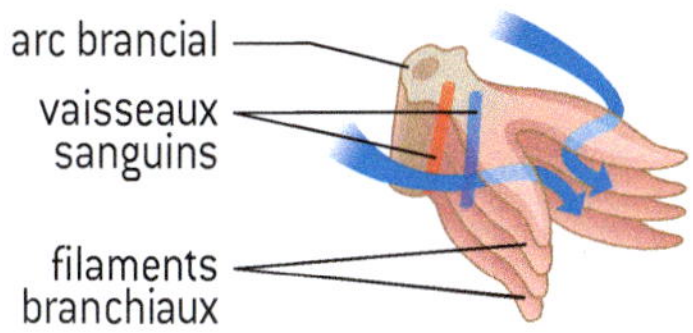

Le poisson absorbe l'eau par la bouche et la fait ensuite ressortir par les ouïes. L'eau va atteindre les branchies constituées de 200 filaments (surface de deux à trois fois celle du corps du poisson). Les branchies étant très riches en vaisseaux sanguins, elles prélèvent l'O_2 présent dans l'eau, à travers leur fine paroi, et rejettent du CO_2.

La respiration chez l'être humain

- **L'appareil pulmonaire humain**

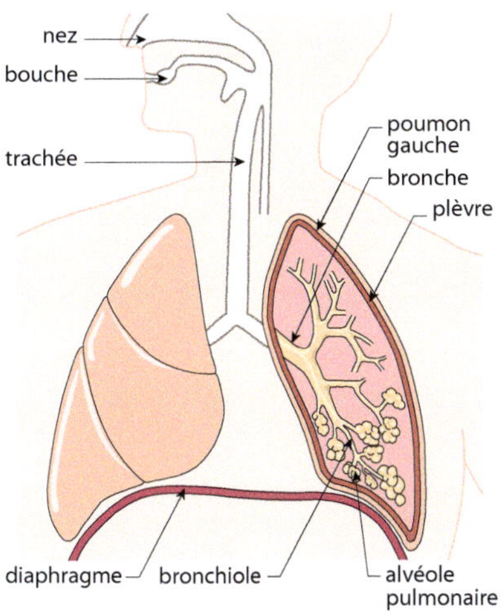

L'air entre par le **nez** (ou la bouche), il parcourt ensuite un ensemble de voies qui se ramifient : la **trachée**, les **bronches**, les **bronchioles** se terminant par les **alvéoles pulmonaires**. On parle d'**arbre bronchique**.

On compte près de 350 millions d'alvéoles par poumon. Elles constituent une **surface d'échange**. La paroi alvéolaire a une surface totale de 200 m^2. Elle est de 0,2 à 4 μm d'épaisseur et présente une importante vascularisation.

Chaque jour, 800 L de sang circulent dans les capillaires pulmonaires.

Graticiel « pulmo » (trop complexe pour des élèves du primaire) correspondant téléchargeable à l'adresse : disciplines.ac-toulouse.fr/svt/les-logiciels-de-pierre-perez

- **La mécanique ventilatoire**

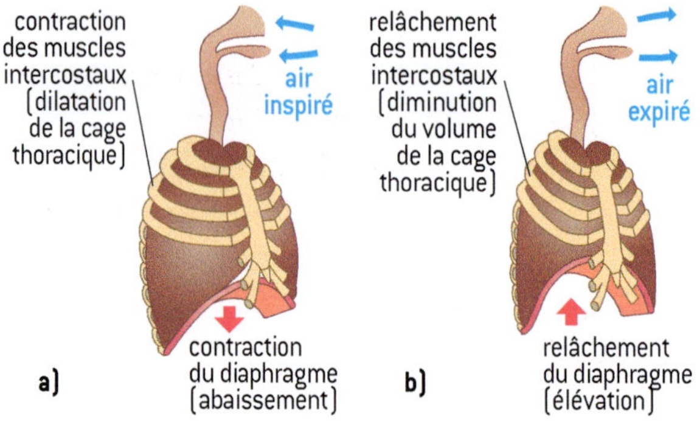

La respiration pulmonaire nécessite le renouvellement de l'air dans les poumons. On parle de **ventilation**. Elle se réalise par deux mouvements :

– l'**inspiration** (a) : phénomène actif qui nécessite la contraction de muscles, les **muscles intercostaux** et le **diaphragme**. Le volume de la cage thoracique augmente. Les poumons ne sont pas des muscles, mais ils sont solidaires de la cage thoracique par le biais des plèvres. Ils se dilatent donc. La pression intrapulmonaire devenant inférieure à celle de l'atmosphère, l'air entre ;

– l'**expiration** (b) se fait suite au relâchement de ces mêmes muscles, entrainant une surpression dans les poumons et donc une sortie de l'air.

Comment expliquer le mécanisme de ventilation ?

Beaucoup de personnes considèrent, souvent à tort, que les poumons se gonflent par entrée d'air en n'imaginant pas que cela puisse être dû à un phénomène de dépression. Le recours à un modèle analogique tel que des ballons et une bouteille en plastique (voir schéma ci-contre) peut alors se révéler instructif.

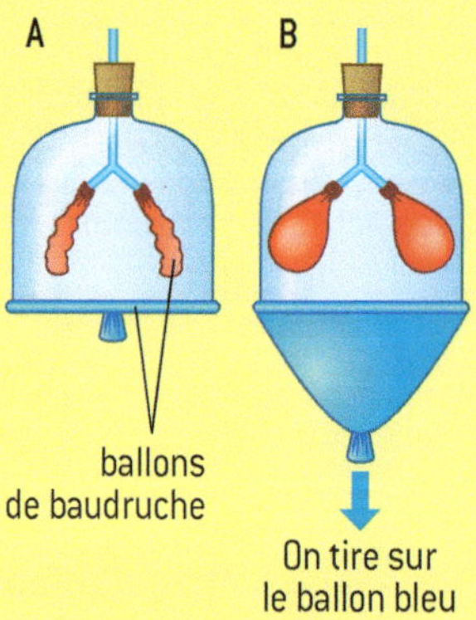

Les différents éléments constitutifs de ce modèle sont des analogues à des pièces anatomiques :

– les ballons rouges modélisent les poumons (on peut simplifier ce modèle en ne mettant qu'un ballon pour l'ensemble des poumons), le ballon bleu le diaphragme ;

– la bouteille dont le fond a été supprimé représente la cage thoracique ;

– le tuyau est l'analogue des conduits aériens (trachée et bronches).

Si l'on souffle dans un tel modèle bien hermétique, les ballons rouges ne se gonflent pas (situation A). Seul l'abaissement du ballon bleu provoque leur dilatation par conservation du volume l'air entre la bouteille et les ballons. Cela entraine une dépression à l'intérieur des ballons rouges provoquant alors une entrée d'air par aspiration.

Remarque : seul le rôle du diaphragme dans la ventilation est modélisé ici. Ne pouvant pas augmenter le diamètre de la bouteille, on ne peut pas montrer celui des muscles intercostaux.

- **Les échanges gazeux air-sang**

Composition de l'air inspiré et expiré

	Air inspiré	Air expiré
Diazote	79 %	79 %
Dioxygène	21 %	16 %
Dioxyde de carbone	0,03 %	4,5 %
Vapeur d'eau	Quantité variable	Très abondante

L'air qui sort des poumons a une composition différente de celui qui y entre. Il est appauvri en dioxygène et enrichi en dioxyde de carbone et en vapeur d'eau.

Composition en gaz du sang à l'entrée et à la sortie des poumons

Volumes gazeux contenus dans 100 mL de sang	Sang entrant dans les poumons	Sang sortant des poumons
Diazote	1 mL	1 mL
Dioxygène	15 mL	20 mL
Dioxyde de carbone	53 mL	49 mL

On constate que le sang s'enrichit en dioxygène au niveau des poumons et se débarrasse du dioxyde de carbone.

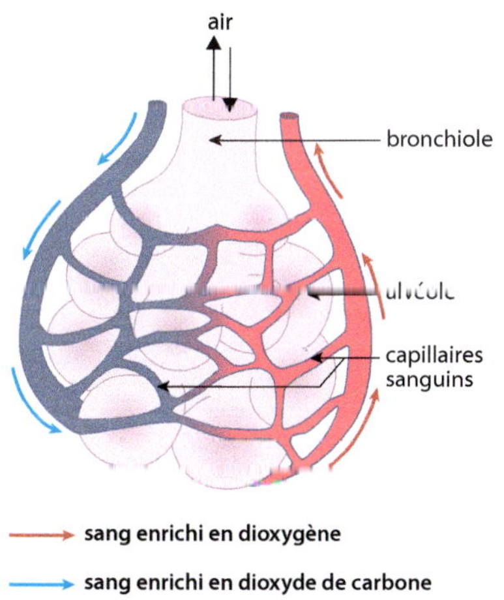

Les échanges gazeux se réalisent au niveau de la surface d'échange alvéolaire (voir schéma ci-contre). Le dioxygène diffuse de l'air alvéolaire au sang, le dioxyde de carbone diffuse dans le sens inverse.

◀ **Schéma des échanges gazeux alvéolaires**

2. La circulation sanguine

Le sang

Notre corps est composé de 5 L de sang, lui-même composé de 55 % de liquide appelé **plasma** et de 45 % de cellules :
– les **globules rouges** (ou hématies) assurant le transport des gaz respiratoires ;
– les **globules blancs** colorés en fuschia dans la préparation microscopique ci-contre. Ils interviennent dans les défenses immunitaires ;
– les **plaquettes** intervenant dans la coagulation.

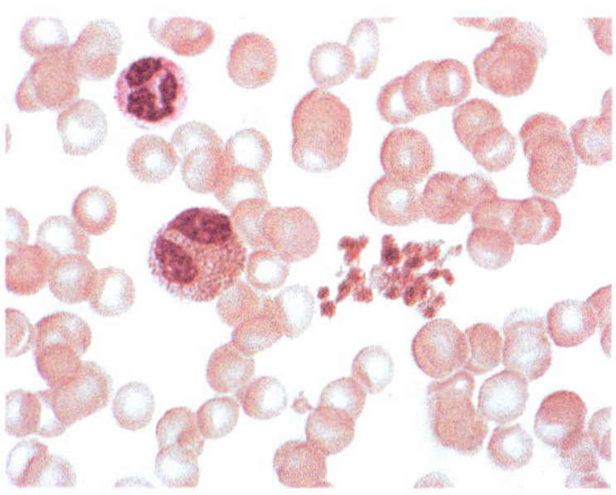

Photographie d'une lame de sang observée au microscope optique

Le sang assure le transport des nutriments, des gaz respiratoires et des déchets toxiques produits par les cellules :
– le dioxygène est fixé et transporté par l'**hémoglobine** des hématies ;
– le dioxyde de carbone et les autres molécules sont transportés à l'état dissous par le plasma.

• Le cœur : anatomie et fonctionnement

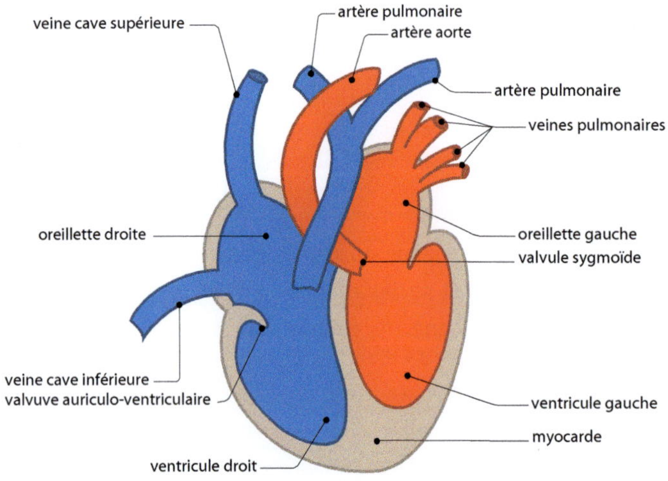

Schéma d'une coupe longitudinale d'un cœur

Le cœur est un **muscle creux**. Il s'agit d'une pompe constituée de deux parties sans communication entre elles, composées chacune d'une **oreillette** qui reçoit le sang par les **veines** et d'un **ventricule** qui propulse le sang aux organes par les **artères**.

À l'intérieur, on trouve des structures imposant un sens unique au sang, les **valvules auriculo-ventriculaires** (entre chaque oreillette et ventricule) et les **valvules artérielles** (entre chaque ventricule et artère).

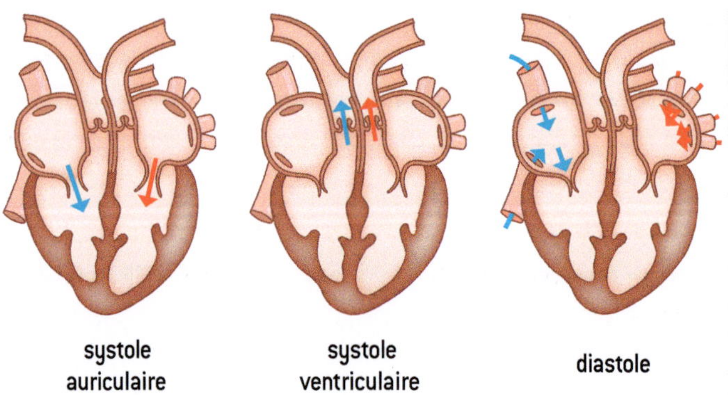

La révolution cardiaque

L'oreillette droite reçoit du sang appauvri en O_2 provenant des organes. L'oreillette gauche reçoit du sang enrichi en O_2 provenant des poumons. Les deux oreillettes se contractent simultanément. C'est la **systole auriculaire**. Les valvules auriculo-ventriculaires s'ouvrent et le sang est chassé dans les ventricules. Les ventricules se contractent de façon synchrone également, c'est la **systole ventriculaire**. Les valvules auriculo-ventriculaires se ferment et les valvules artérielles (dites sigmoïdes) s'ouvrent. Le sang est chassé dans les artères. En fin de systole ventriculaire, les valvules sigmoïdes se referment. Ensuite, les ventricules se relâchent, c'est la **diastole générale**.

Le sang circule sous pression à l'intérieur des vaisseaux sanguins et engendre le **pouls**, perceptible au niveau des artères.

Schéma fonctionnel : la circulation sanguine

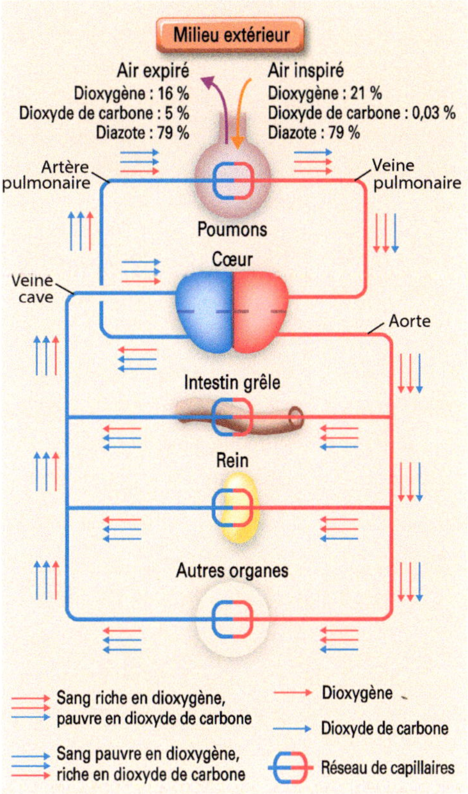

Graticiel « cœur 2 », accessible en partie aux élèves d'école primaire et téléchargeable à l'adresse : disciplines.ac-toulouse.fr/svt/les-logiciels-de-pierre-perez

Il existe deux circulations sanguines :
– la **petite circulation** ou la **circulation pulmonaire** qui permet l'enrichissement du sang en O_2 et l'appauvrissement en CO_2 ;
– la **grande circulation** ou **circulation générale** qui approvisionne tous les organes en sang oxygéné au niveau des vaisseaux **capillaires**. Ils constituent une surface d'échange de 6 500 m^2 dans l'ensemble de l'organisme. C'est à ce niveau que se diffuse le dioxygène qui permet aux cellules de fournir de l'énergie, selon la réaction :

$$6\ O_2 + C_6H_{12}O_6 \rightarrow 6\ H_2O + 6\ CO_2 + \text{énergie potentielle}$$

Une partie de l'énergie est utilisée pour fabriquer une molécule, l'ATP (adénosine triphosphate) source d'énergie des cellules, une autre est dissipée sous forme de chaleur.

O_2 : dioxygène
$C_6H_{12}O_6$: glucose
H_2O : eau
CO_2 : dioxyde de carbone

Confusion courante

Contrairement à ce que beaucoup de gens pensent, toutes les veines ne transportent pas du sang appauvri en O_2 (symbolisé par la couleur bleue) et toutes les artères du sang enrichi en O_2 (codifié par le rouge). On le voit sur le schéma ci-dessus. Ce n'est exact que pour la circulation générale ; dans la circulation pulmonaire, c'est l'inverse : les veines pulmonaires transportent du sang oxygéné alors que les artères pulmonaires, elles, véhiculent du sang qui en est appauvri. Il n'y a donc pas de correspondance entre le type de vaisseaux et la nature du sang qu'ils contiennent. En fait, les artères et les veines ne se distinguent que par l'épaisseur de leur paroi et par le fait que les artères conduisent le sang du cœur aux organes alors que les veines le font des organes au cœur.

❷ 3. Activité physique et éducation à la santé

Selon l'OMS, la santé est un état de **complet bien-être physique, mental et social**, et ne consiste pas seulement en une absence de maladie ou d'infirmité. Elle définit ainsi l'éducation pour la santé[3] comme « tout ensemble d'activités d'information et d'éducation qui incitent les gens à vouloir être en bonne santé, à savoir comment y parvenir, à faire ce qu'ils peuvent individuellement et collectivement pour conserver la santé, à recourir à une aide en cas de besoin ».

3. Définition donnée en 1983 lors de la 36e Assemblée mondiale de la santé.

Il est donc recommandé de pratiquer une **activité physique régulière.** Celle-ci a des actions bénéfiques sur notre santé car elle augmente la capacité respiratoire, la puissance cardiaque et permet également souvent de gagner en confiance en soi. Des études ont montré qu'**associée à un régime alimentaire équilibré**[4] l'activité physique réduit les risques de diabète et de mortalité par maladies cardio-vasculaires. Au contraire, la sédentarité et une alimentation trop riche en sucres (qui se transforment en graisses lorsqu'ils ne sont pas utilisés) et/ou en graisses peuvent être à l'origine de plaques dites d'athérome dans les artères (athérosclérose). Ces plaques favorisent la formation de caillots qui obstruent l'artère. Quand cela arrive au niveau d'une artère coronaire, des cellules cardiaques ne peuvent plus s'oxygéner et dégénèrent, c'est l'infarctus du myocarde.

4. Voir p. 50.

- Voir par exemple le rapport « Activité physique et santé. Arguments scientifiques, pistes pratiques » du Programme national nutrition santé accessible sur www.mangerbouger.fr/pro/IMG/pdf/SynthesePNNS-AP.pdf.
- Voir le dossier « Éduquer au sommeil. À quoi sert le sommeil ? », La Santé de l'Homme, n° 388, INPES (santepubliquefrance.fr/docs/la-sante-de-l-homme-mars-avr-2007-n-388-eduquer-au-sommeil).

Le tabac est également un facteur de risque d'accidents vasculaires : la nicotine augmente la fréquence cardiaque et la pression artérielle par diminution du diamètre des vaisseaux sanguins.

À l'inverse, il est également nécessaire de **respecter son besoin de sommeil** afin d'éviter les sensations de fatigue, les troubles d'attention et d'humeur mais aussi une sensibilité accrue aux infections associées à son insuffisance. Pendant la phase de sommeil lent, diverses sécrétions hormonales s'amplifient. Chez l'enfant notamment, cela lui permet de grandir suite à la production d'hormone de croissance.

À retenir

Chez tous les animaux (et les êtres vivants en général) la respiration correspond à la production d'énergie par les cellules lors de l'oxydation des nutriments associée à des échanges gazeux avec l'environnement. Elle nécessite un appareil respiratoire assurant ces échanges (sauf dans le cas de la respiration cutanée des annélides par exemple) et un système permettant le transport des gaz respiratoires : le système cardio-vasculaire (excepté dans le cas de la respiration trachéenne). Chez les mammifères, il s'agit d'un système clos formé par l'ensemble veines, cœur, artères et capillaires. L'absorption de l'O_2 et le rejet du CO_2 se réalisent à deux endroits : au niveau des poumons, entre le sang des capillaires entourant les alvéoles pulmonaires et l'air contenu dans celles-ci, et au niveau de tous les organes, entre le sang de leurs capillaires et le cytoplasme de leurs cellules.

TEST D'AUTO-ÉVALUATION 2

Corrigé p. 117

1 Interpréter une illustration

Attribuez à chacun des deux crânes présentés ci-dessous le régime alimentaire de l'animal à qui il appartenait. Justifiez votre réponse.

a.

b.

2 Compléter un tableau

Retrouvez les diverses actions enzymatiques ayant lieu dans notre tube digestif en complétant le tableau ci-dessous.

Enzymes	Lieu(x) d'action dans l'organisme	Molécules sur lesquelles elles agissent	Résultats de la digestion
Glucidases (exemples : amylase, saccharase, lactase, maltase…)			
Protéases			
Lipases			

- On rappelle que le nom des enzymes comporte le suffixe *-ase* ; leur préfixe évoque la molécule sur laquelle elles agissent ;
- le résultat de la digestion correspond aux molécules obtenues à l'issue de l'action enzymatique ;
- à l'issue de la digestion, on obtient des nutriments ;
- pour retrouver les nutriments obtenus, il faut connaitre les éléments de base constitutifs des molécules concernées.

3 QCM (plusieurs bonnes réponses possibles)

1. La digestion :

a. sert à produire des excréments à partir des aliments consommés

b. correspond à l'ensemble des phénomènes chimiques et mécaniques qui permettent de transformer les aliments en molécules utilisables par nos cellules

c. a lieu dans tous les organes de l'appareil digestif

d. aboutit à des nutriments quittant le tube digestif au niveau du gros intestin

2. Pour remédier au surpoids, il est conseillé de :

a. s'exposer au soleil afin de transpirer

b. faire du sport

c. avoir une alimentation équilibrée

d. manger beaucoup de sucres et de sel

3. L'IMC représente :

a. l'indice de masse corporelle

b. l'indice de masse cellulaire

c. le rapport entre le poids et la taille au carré

d. le rapport entre le poids et le nombre de cellules de l'organisme

4. La respiration des animaux :

a. se fait toujours à l'aide de branchies quand l'animal vit dans l'eau

b. nécessite le plus souvent le transport des gaz respiratoires par le sang

c. s'accompagne d'un prélèvement de dioxyde de carbone et d'un rejet de dioxygène

d. n'est pas toujours associée à des mouvements respiratoires

4 Reconnaitre des organes

Identifiez de manière argumentée les deux organes photographiés après avoir été sectionnés.

a.

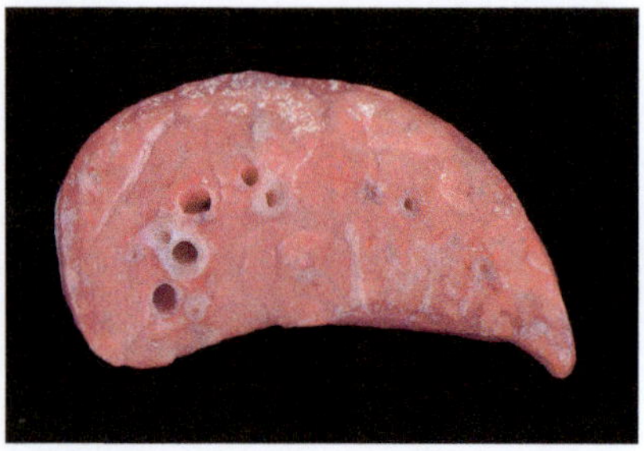

b.

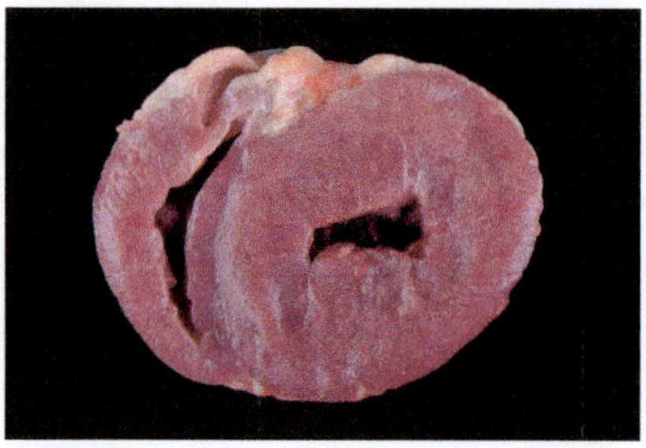

Les fonctions de relation

- Ce qui est spontanément reconnu comme ce qui définit la vie est le mouvement. Demandez à un enfant si l'animal qui est devant lui est vivant, vous avez de grandes chances qu'il vous réponde : « Oui, parce qu'il bouge. » Par contre, si vous avez choisi un contre-exemple comme l'éponge, il vous répondra : « Non, ce n'est pas vivant. Ça ne bouge pas. »
- En fait, les animaux fixés, de même que les champignons et les végétaux, assurent leur dissémination à l'aide de larves mobiles (exemple : les huitres), de spores (exemple : la girolle) ou de graines (exemple : le peuplier). Cela permet la pérennité de leur espèce.
- Se déplacer (sous quelque forme que ce soit) permet donc de coloniser un autre territoire et/ou d'aller chercher sa nourriture, un partenaire sexuel, etc. Le mouvement permet donc bel et bien d'établir des relations avec son environnement. Chez les animaux, cela nécessite que ceux-ci perçoivent leur milieu, ce qu'ils font à l'aide de fonctions sensorielles. Nous étudierons dans un premier temps ces fonctions chez l'être humain puis, dans un deuxième temps, comment le déplacement peut se réaliser.

En maternelle, les élèves enrichissent et développent leurs **aptitudes sensorielles** et observent différents modes de **déplacement** des animaux. Tandis qu'en cycle 3, ils apprennent comment se réalise un **mouvement corporel humain**.

LE COURS

1 Les fonctions sensorielles

On appelle **sens** la fonction par laquelle l'organisme reçoit les informations du milieu extérieur selon le schéma fonctionnel ci-contre.

Les **organes sensoriels** sont excités par les **stimuli** qui leur sont propres et émettent un **message nerveux sensitif** transmis au **cerveau** *via* le **nerf sensitif**. Ce **centre nerveux** traite l'ensemble des messages perçus et émet à son tour un **message nerveux** appelé **message moteur**. Il engendre une réaction de l'organisme correspondant le plus souvent à un mouvement ; on parle d'**intégration**. Il est à l'origine d'une réponse adaptée comme un mouvement, une mémorisation, etc.

Classiquement, on distingue **cinq sens principaux**.

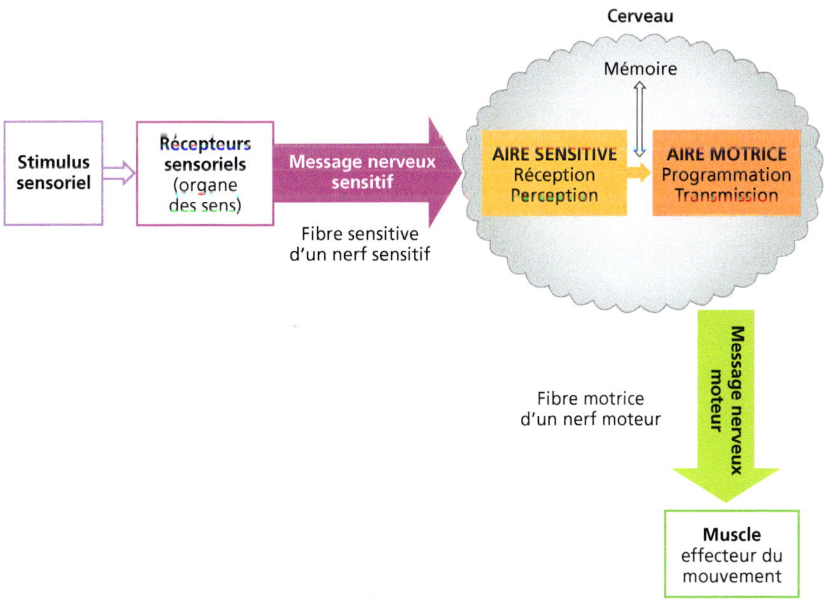

Schéma fonctionnel des sens

1. L'odorat

Le nez capte les odeurs, molécules chimiques volatiles. Les cellules sensorielles qui y sont sensibles sont appelées des chémorécepteurs[1]. Ils sont situés dans les **fosses nasales** tapissées d'une muqueuse qui sécrète un liquide épais ou **mucus**.

Les molécules odorantes se dissolvent dans le mucus nasal et stimulent les cellules olfactives. Les **récepteurs olfactifs** transmettent alors les informations au cerveau *via* le **nerf olfactif**.

1. **Un chémorécepteur** est une cellule nerveuse capable de détecter des substances chimiques. Elle engendre alors un message nerveux transmis au cerveau. Il en existe dans le nez, la langue et dans certaines artères de notre organisme.

Confusion courante

Toutes les substances gazeuses ne sont pas odorantes : O_2, N_2, CO_2 et le monoxyde de carbone (CO) ne le sont pas. Si leur présence dans notre environnement ne nous pose aucun problème, voire nous est indispensable comme dans le cas du dioxygène, il n'en est pas de même pour le CO dégagé par des appareils de chauffage à combustion de gaz qui sont défectueux. Les premiers signes de l'intoxication à ce gaz sont des maux de tête, des nausées et des vomissements. Aussi faut-il, par mesure de précaution, arrêter cet ou ces appareil(s), aérer les locaux, les évacuer et appeler les secours.

2. Le gout

Les molécules gustatives sont dissoutes à partir de nos aliments par la salive et sont alors perçues par les 5 000 **papilles gustatives** situées sur la langue. Chaque papille est composée de divers chémorécepteurs sensibles essentiellement à l'amer, l'acide, le sucré et le salé. Trois nerfs gustatifs (facial, glossopharyngien et trijumeau) transmettent les messages au cerveau.

Le gout est également dû à l'excitation des **papilles olfactives** des fosses nasales, l'odeur remontant par l'arrière-gorge. C'est pour cette raison que l'on perd le gout lorsque l'on est enrhumé.

Il est nécessaire d'éduquer au gout, et ce dès le plus jeune âge. En effet, le bébé préfère le sucre. Au travers de ses expériences gustatives variées, il apprendra par la suite à apprécier les autres saveurs et à manger une diversité d'aliments recommandée par les nutritionnistes.

3. Le toucher

La perception du toucher se fait par des **récepteurs tactiles** dans le **derme**, couche située sous la couche superficielle de notre peau, appelée épiderme. La répartition corporelle de ces récepteurs sensoriels est très variable.

On distingue trois types de récepteurs :
- les nocirécepteurs des terminaisons nerveuses libres sensibles à la **douleur** ;
- les thermorécepteurs, sensibles au **chaud** et d'autres au **froid** ;
- les mécanorécepteurs, sensibles à la **pression forte** et d'autres à la **pression légère**.

4. L'audition

Le **son** correspond à des **vibrations** transmises par l'air. L'oreille interne est dotée de cellules ciliées qui y sont sensibles et qui transmettent un message sensitif au cerveau *via* le **nerf auditif**.

À force d'écouter de la musique ou tout autre son trop fort, notre ouïe se détériore. Aussi faut-il éduquer au plaisir d'entendre des sons de faible intensité comme le bruissement des feuilles agitées par le vent, le ressac de la mer, le chant des oiseaux, etc., et sensibiliser au danger du bruit intense et d'une durée trop importante.

Pour en savoir plus consulter le site www.ecoute-ton-oreille.com

1 5. La vision

La lumière traverse quatre **milieux transparents** des yeux :
– la **cornée**, membrane externe de l'œil située à l'avant ;
– l'**humeur aqueuse**, liquide fluide ;
– le **cristallin**, lentille qui, en modifiant sa courbure en fonction de la distance de l'objet, permet une vision nette ; c'est l'**accommodation** ;
– **le corps vitré**, liquide gélatineux.

La structure de l'œil humain

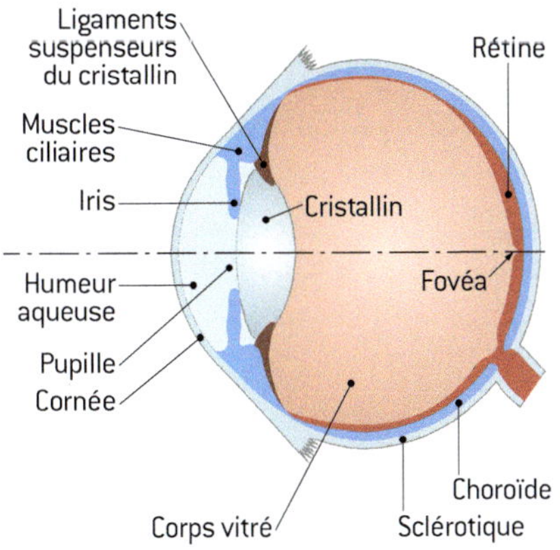

La lumière atteint alors la **rétine**, tissu nerveux constitué notamment des **cellules photoréceptrices** (sensibles à la lumière) : les **cônes** (peu sensibles à la lumière, permettent la vision des couleurs) et les **bâtonnets** (très sensibles, permettent la vision crépusculaire en niveaux de gris).

Il existe trois types de cônes selon leur sensibilité maximale à une couleur (rouge, bleu et vert). À partir de cette vision **trichromatique**, il nous est possible de distinguer des milliers de couleurs.

La paroi de l'œil est constituée de **trois membranes** :
– la **sclérotique**, blanche et épaisse ;
– la **choroïde**, fine et noire, permettant la réflexion de la lumière sur la troisième membrane ; la **rétine**.

L'**iris**, muscle coloré situé à l'avant de l'œil, est ouvert au centre au niveau de la **pupille**. Celle-ci se dilate quand la lumière est faible et se contracte quand la lumière est forte. Cette adaptation à la quantité de lumière s'appelle la **diaphragmation**.

La **vision binoculaire** (avec deux yeux), ou **stéréoscopique**, nous permet de voir en relief et d'apprécier les distances des objets.

Notre cerveau intègre les messages nerveux transmis par les deux nerfs optiques et élabore une image en la corrélant avec des images mémorisées.

Il est nécessaire de faire contrôler sa vue régulièrement afin de corriger tout trouble de la vision au risque qu'il s'aggrave. De plus, nous sollicitons de plus en plus notre vision de près en utilisant notamment nos tablettes et ordinateurs. Il est recommandé de faire une pause toutes les 20 minutes et de s'attacher à observer quelque chose qui soit le plus éloigné possible afin de ne pas générer de fatigue visuelle (caractérisée par une baisse de l'acuité et un déséquilibre binoculaire qui se manifestent par un dédoublement de l'image et/ou sa perception trouble).

À retenir

Les organes des sens permettent de transmettre à notre cerveau des informations diverses concernant le milieu extérieur. On peut ajouter à ces cinq sens trois autres, sensibles aux informations internes : la kinesthésie (perception de la posture), l'équilibre (grâce à des structures particulières de l'oreille interne mais aussi à des récepteurs tendino-musculaires) et la perception de la température et de la douleur au niveau viscéral.

2 Le déplacement chez l'être humain et les animaux

L'être humain et les animaux se déplacent pour chercher de la nourriture, se protéger ou se reproduire. Ils disposent pour cela d'un **appareil locomoteur** adapté à leur mode de déplacement et au milieu dans lequel ils vivent. Nous étudierons dans un premier temps le cas de l'être humain et dans un deuxième temps les différents modes de déplacement observés dans le monde animal.

2 1. Squelette et mouvement chez l'être humain

• Le squelette humain

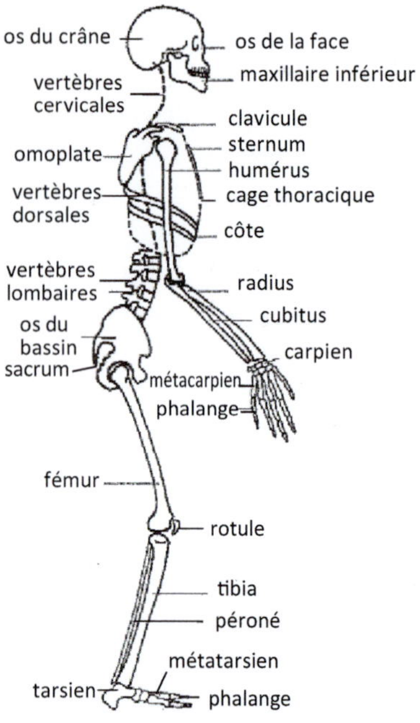

Le squelette confère au corps sa forme et le soutient. Chez l'être humain, il est constitué de 206 os.

On distingue trois types d'os :

– les **os longs**, tels que ceux des membres et des côtes. Ils sont constitués d'un corps cylindrique, ou **diaphyse**, et de deux têtes renflées, les **épiphyses**, composées de moelle rouge où se forment les cellules sanguines ;

– les **os courts**, situés dans les mains, les pieds, la colonne vertébrale et l'oreille moyenne ;

– les **os plats**, ceux du crâne, les omoplates, le sternum et le bassin.

Notre **colonne vertébrale** possède quatre courbures caractéristiques de la bipédie située à différents niveaux : au milieu du cou, entre les omoplates, en bas du dos et entre le sacrum et le coccyx.

Chaque vertèbre est percée d'un trou dans lequel se loge la moelle épinière d'où partent les différents nerfs. Entre chacune d'elles, se trouvent les disques intervertébraux à l'origine de la souplesse de la colonne vertébrale.

Les **déformations** de la colonne vertébrale peuvent être aggravées par une mauvaise posture (se tenir courbé, être assis de biais…), comme dans le cas d'une scoliose.

Les membres

Les membres supérieurs et inférieurs possèdent trois segments (voir le schéma précédent) :

- le premier, constitué d'un os (l'humérus pour le **bras** et le fémur pour la **cuisse**) attaché au squelette par une **ceinture scapulaire** formée de l'omoplate et de la clavicule ou **pelvienne**, le bassin ;
- le deuxième, formé de deux os (radius et cubitus pour l'**avant-bras**, tibia et péroné pour la **jambe**) ;
- le troisième, formé de plusieurs os :

– carpes du **poignet** et métacarpes et phalanges de la **main** ;
– tarses de la **cheville** et métatarses et phalanges du **pied**.

Ce plan d'organisation est commun à tous les vertébrés.

Les os, en particulier les os longs peuvent présenter des lésions plus ou moins importantes : **fêlures, fractures.**

Les articulations

On distingue trois types d'articulations selon les mouvements qu'elles permettent ou non :
– les **articulations fixes** entre les os du crâne ;
– les **articulations semi-mobiles**, entre les vertèbres par exemple ;
– les **articulations mobiles**. Elles peuvent être comme une charnière (coude et genou) ou permettre des rotations complètes (épaule et hanche).

Dans l'articulation, on trouve une cavité articulaire tapissée d'une membrane sécrétant un liquide huileux, la **synovie** permettant le mouvement. Dans les articulations charnières, on trouve également du tissu cartilagineux (**ménisque**) qui assure la cohésion des surfaces articulaires. Les **ligaments** unissent les os entre eux.

L'articulation du genou

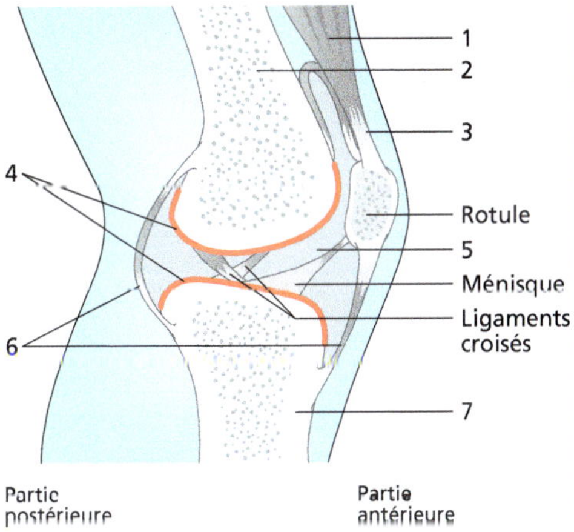

1 - Muscle en avant de la cuisse
2 - Fémur
3 - Tendon
4 - Cartilage articulaire
5 - Liquide synovial ou synovie
6 - Ligaments
7 - Tibia

Différents accidents peuvent affecter les articulations :
– **entorse** : étirement ou déchirure des ligaments ;
– **luxation** : les surfaces articulaires sont séparées et les ligaments souvent déchirés ;
– **épanchement de synovie** : rupture de la poche synoviale avec fuite de la synovie.

Les muscles : organes actifs du mouvement

Il existe deux types de muscles : les muscles dits rouges et les muscles dits blancs (ces derniers sont présents au niveau de la paroi des viscères, du cœur, de la vessie et des voies respiratoires). Seuls les **muscles rouges** ou **muscles squelettiques** permettent les mouvements du squelette.

Deux os rigides reliés par des ligaments se déplacent au niveau des articulations.

Le mouvement s'effectue grâce à une action coordonnée de deux **muscles antagonistes** (d'action opposée) reliés aux os par des **tendons**.

Leur **contraction** est provoquée par des messages nerveux moteurs émis par les centres nerveux. Elle se caractérise par un raccourcissement et l'épaississement musculaire. Elle nécessite l'énergie chimique apportée par la respiration cellulaire.

Lors du **relâchement**, le muscle se rallonge et devient fin.

Flexion du membre supérieur

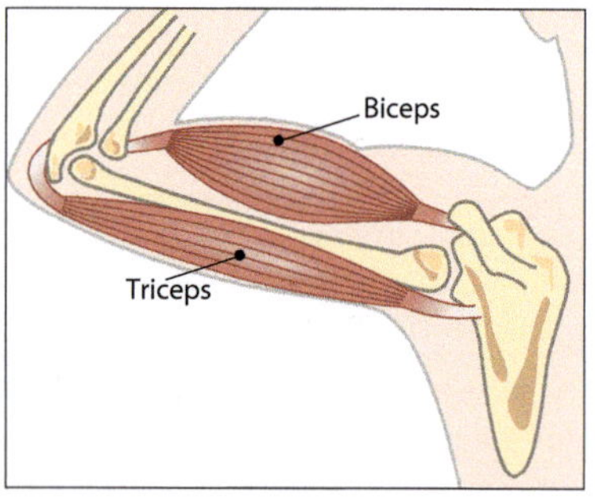

• Le **fléchisseur** (le biceps) est contracté tandis que l'**extenseur** (le triceps) est relâché. Le tendon du biceps tire sur l'avant-bras qui se rapproche alors du bras.

Extension du membre supérieur

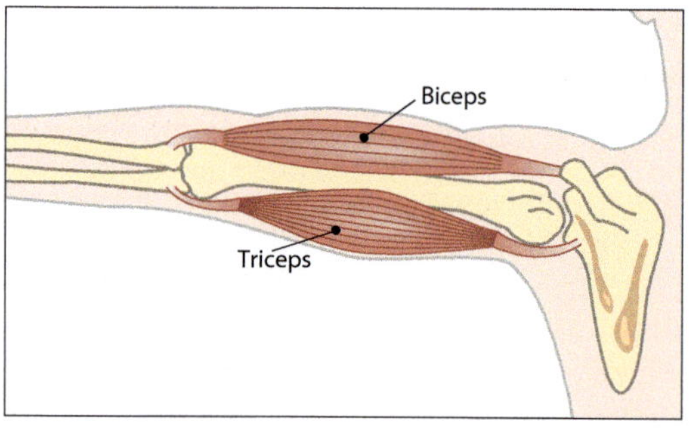

• Le **fléchisseur** est relâché et l'**extenseur** contracté.

❷ 2. Les modes de déplacement des animaux

• De la marche à la course

Les insectes, les araignées et les crabes sont des animaux très stables en raison de leur grand nombre de membres locomoteurs. La marche des mammifères quadrupèdes ou bipèdes est une succession d'équilibres et de déséquilibres. L'appui au sol est varié.

On distingue :

– les **plantigrades** (ours, grands singes et êtres humains) qui marchent ou courent sur la plante de leurs pieds ;

– les **digitigrades** qui ne prennent appui que sur leurs doigts (chien, chat...) ;

– les **onguligrades** qui ne reposent au sol que l'extrémité de leurs dernières phalanges recouvertes de sabot (porcins, ovins, équidés...).

L'adaptation à la course s'accompagne d'un appui au sol de moins en moins important (le membre postérieur est agrandi notamment par un redressement du pied) et d'une musculature plus puissante.

• Le saut

Le membre postérieur des animaux se déplaçant par sauts est plus long notamment par l'allongement du dernier segment et est **replié en Z**. Les muscles de la cuisse sont très développés. La réception au sol se fait par leurs membres antérieurs (grenouille) ou postérieurs (kangourou).

• La reptation

Le ver de terre contracte et allonge successivement les différents segments du corps en s'accrochant avec des soies locomotrices.

Le serpent, pour ramper, réalise des **ondulations** transversales plus ou moins importantes de son corps. Il dispose d'une colonne vertébrale très souple et d'écailles qui, lorsqu'elles sont dressées, lui permettent de s'accrocher au sol.

• La nage

Chez les poissons ou les cétacés (dauphins, baleines…) le corps est **hydrodynamique**, en forme de fuseau.

Leur nage se fait par :
– **ondulations latérales du corps** et de la nageoire de la queue (dite caudale) chez les poissons, les nageoires latérales ayant un rôle directionnel. Les poissons osseux disposent d'une **vessie natatoire** (poche de gaz) leur permettant de flotter à des profondeurs plus ou moins importantes. Leurs écailles sont recouvertes d'un mucus qui facilite le glissement dans l'eau ;
– **ondulations verticales du corps** chez les cétacés. Leurs membres antérieurs sont transformés en nageoires ;
– **mouvements des pattes** adaptés à la propulsion dans l'eau chez les animaux aquatiques tels que les amphibiens, certains oiseaux et certains insectes. Les mammifères aquatiques (exemple : otaries) et les oiseaux (exemples : pingouins, canards…) disposent de poils ou de plumes recouverts d'un mucus.

• Le vol

Les ailes constituent une large surface d'appui sur l'air. Il en existe trois types :
– chez les insectes, elles correspondent à des extensions de leur carapace. Le vol est permis grâce à des mouvements rapides de battements et de rotations ;
– chez les oiseaux, les **rémiges** (longues plumes) sont insérées sur le bras, l'avant-bras et les doigts. De puissants muscles sont fixés sur le bréchet, expansion particulière du sternum. Leur corps est aérodynamique. Les **os creux** et remplis d'air confèrent à l'animal sa légèreté mais aussi une plus grande réserve en dioxygène afin de fournir la grande quantité d'énergie nécessaire à ce mode de déplacement. Il existe deux types de vols : le **vol battu** (ou ramé) qui s'accompagne de vigoureux battements d'ailes, et le **vol plané** qui s'effectue en utilisant les courants aériens ascendants ;
– l'aile des chauves-souris, mammifères volants, est différente de celle des oiseaux. Elle correspond à une peau tendue entre les doigts écartés, les membres et le corps.

À retenir

Le mouvement est permis grâce à l'action coordonnée de muscles antagonistes fixés sur un squelette chez tous les Vertébrés. Il existe différentes adaptations du mode de déplacement selon la morphologie de l'animal et le milieu. Sur le sol, il s'agit de vaincre le frottement et la pesanteur ; dans l'air, il faut une musculature puissante pour se maintenir ; dans l'eau, la résistance est plus forte mais l'animal se maintient avec un moindre effort (poussée d'Archimède[2] et dans certains cas poche de gaz).

2. **La poussée d'Archimède** est la force verticale dirigée vers le haut que subit tout corps plongé dans un fluide (liquide ou gaz).

TEST D'AUTO-ÉVALUATION 3

1 Questions à réponse courte

Corrigé p. 118

a. Quels sont les cinq organes sensoriels humains ?

b. À quoi servent les nerfs sensitifs ?

c. Pourquoi percevons-nous moins la saveur de nos aliments lorsque nous sommes enrhumés ?

d. Citez les cinq modes de déplacement des animaux.

2 QCM (plusieurs bonnes réponses possibles)

1. Le squelette est constitué :

a. d'os de trois types : plats, longs et courts

b. d'os reliés entre eux par des tendons

c. de membres constitués de trois segments

d. de zones articulaires sécrétant toujours de la synovie

2. La nage des animaux :

a. est toujours associée à la présence de nageoires

b. se fait toujours dans l'eau

c. se fait toujours par ondulations latérales du corps

d. est permise notamment grâce à l'aérodynamisme du corps de l'animal

3. L'adaptation au saut chez les animaux se manifeste par :

a. la forme en Z des membres postérieurs

b. les membres postérieurs plus longs que les membres antérieurs

c. une musculature plus importante des membres antérieurs

d. un corps aérodynamique

4. Les ailes des animaux :

a. sont toujours couvertes de plumes

b. n'existent que chez les oiseaux et les insectes

c. permettent le vol et/ou la nage

d. sont composées d'os creux chez les Vertébrés

3 Interpréter un schéma par le biais d'un QCM

1. Sur le schéma ci-contre, on peut identifier :

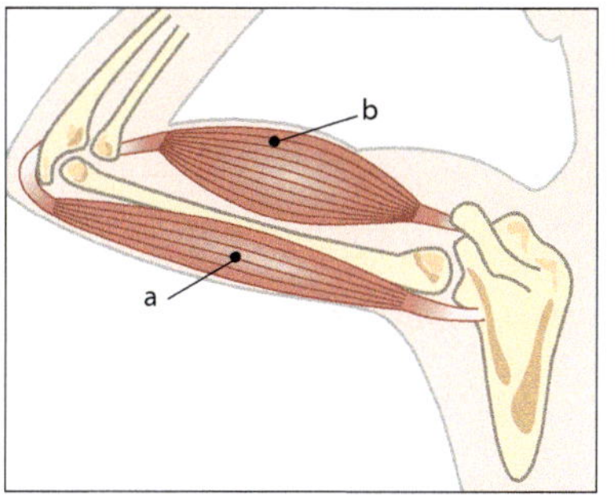

a. deux articulations : le coude et la cheville

b. deux articulations : l'épaule et le coude

c. une multitude d'articulations

2. Sur le schéma ci-dessus, les muscles sont :

a. antagonistes

b. protagonistes

c. composés d'un extenseur (a) et d'un fléchisseur (b)

d. composés d'un fléchisseur (a) et d'un extenseur (b)

3. Pour permettre la flexion de ce membre :

a. les deux muscles se contractent

b. le biceps se contracte et exerce une force sur les tendons faisant jouer l'articulation

c. le biceps se raccourcit et grossit provoquant, *via* le tendon, le rapprochement de l'avant-bras

d. le triceps se relâche, il s'allonge

CHAPITRE 4

Sciences de la vie et de la Terre

La reproduction dans le règne animal

• Les êtres vivants se reproduisent, c'est-à-dire donnent naissance à des individus de la même espèce. Nous verrons que cette fonction présente une grande variété dans le règne animal et que cette diversité est amplifiée par les différents développements qui y font suite. Nous aborderons ensuite les particularités de la reproduction humaine.

Dès la maternelle, les élèves apprennent ce qu'est la **reproduction** et à reconnaitre les principales étapes du développement d'un animal ou d'un végétal. Cela est approfondi dans les cycles suivants. Si la croissance humaine est abordée dès la maternelle, l'acquisition de l'aptitude à se reproduire des êtres humains n'est appréhendée qu'en cycle 3.

LE COURS

1 Les différents modes de reproduction et les stades de développement des animaux

La reproduction est une des fonctions fondamentales qui caractérisent les êtres vivants. Elle assure la multiplication du nombre d'individus et la pérennité de l'espèce. Nous verrons dans une première partie que la reproduction animale est très diverse et, dans une deuxième partie, nous étudierons les cycles de développement qui en découlent.

1 1. La diversité des modes de reproduction animale

• **La reproduction non sexuée (ou asexuée)** permet de produire de nouveaux individus à partir d'un seul parent. Tous les descendants sont génétiquement identiques, on parle de **clone**. Elle est rare, et les animaux qui la réalisent peuvent également se reproduire de façon sexuée. Elle se fait essentiellement selon trois modes :

– la **scission** au cours de laquelle un organisme se coupe en deux. Exemples : anémone de mer, étoile de mer et certains annélides (ver de terre et ténia par exemple) ;

– le **bourgeonnement,** qui produit à partir de cellules non reproductrices un bourgeon qui donnera un nouvel individu. Exemples : hydre d'eau douce, méduse, éponge et corail ;

– la **parthénogenèse,** qui est la formation d'un nouvel individu à partir de la multiplication d'un gamète femelle ou ovule non fécondé. Elle existe essentiellement chez quelques insectes comme par exemple l'abeille, la fourmi, le puceron et le phasme.

• **La reproduction sexuée** résulte de la **fécondation**, union d'un spermatozoïde (gamète mâle) et d'un ovule (gamète femelle). Chaque gamète, lors de sa formation, a subi la **méiose**, division cellulaire particulière qui permet la réduction de moitié du nombre de chromosomes. Elle s'accompagne d'un brassage génétique important qui rend les gamètes quasiment uniques d'un point de vue génétique. Leur union aléatoire aboutit donc à la formation d'une **cellule-œuf** ou **zygote** possédant le même nombre de chromosomes que ses parents et ayant un patrimoine génétique qui lui est propre.

L'**hermaphrodisme** est un cas de reproduction sexuée particulier, puisque les deux individus sont des deux sexes simultanément, comme dans le cas des escargots ou des vers de terre ou successivement comme certains poissons.

- **On distingue deux types de fécondation.**

- **La fécondation externe**

Elle se réalise exclusivement en milieu aquatique.

Chez les oursins par exemple, les gamètes sont rejetés dans l'eau de mer sans que les deux individus de sexe opposé ne se rapprochent l'un de l'autre. La fécondation est donc hasardeuse mais optimisée par les fortes quantités de produits génitaux émis.

Dans certains cas, comme chez des poissons tels les épinoches ou les saumons, le mâle, lors de la **parade nuptiale**, entraine la femelle vers le « nid » qu'il a construit afin qu'elle y dépose ses ovules et qu'il puisse les féconder après son départ.

Chez les grenouilles, il y a **accouplement**. Le mâle et la femelle rejettent simultanément leurs gamètes dans l'eau douce dans laquelle les larves se développeront.

Dans tous les cas, les nombreux descendants obtenus sont livrés à eux-mêmes et font l'objet d'une importante perte, notamment par prédation.

L'accouplement ne signifie pas pénétration par un mâle mais rapprochement d'un mâle et d'une femelle à des fins de reproduction.

- **La fécondation interne**

Elle est la règle en milieu terrestre.

Elle est précédée nécessairement d'un accouplement et donc d'une parade nuptiale. Les spermatozoïdes sont déposés dans les voies génitales de la femelle.

Il existe deux types de développement du zygote :
– l'**oviparité** : l'embryon se développe dans un œuf en utilisant les réserves nutritives qui s'y trouvent. Les œufs sont ensuite, selon les espèces, plus ou moins protégés par un ou les deux parent(s). Exemples d'ovipares : la plupart des insectes, les tortues, les oiseaux, etc. Il existe un cas particulier d'oviparité. En ce cas, l'œuf éclot dans les voies génitales de la femelle avant que cette dernière ne le mette au monde. On parle alors d'ovoviviparité. La vipère, l'orvet et quelques poissons sont ovovivipares ;
– la **viviparité** : les petits se développent dans l'utérus de la femelle. Ils se nourrissent à l'aide de l'organisme maternel grâce à un organe d'échange, le **placenta**. Dans les deux cas, après la **gestation**, il y a la **mise bas** du ou des petit(s). La viviparité est la règle chez les mammifères, exceptés des marsupiaux dépourvus de cet organe. Les petits se développent dans une poche ventrale de la mère.

Chez les animaux, la reproduction est liée à une saison particulière et à la quantité et/ou à la qualité de la nourriture disponible dans le milieu.

1 2. Les cycles de développement

Le **cycle de développement** ou **cycle de vie** correspond à l'ensemble des phases de développement des organismes, de l'œuf à l'état adulte, et à la formation d'une nouvelle génération par reproduction sexuée.

Le cycle de développement

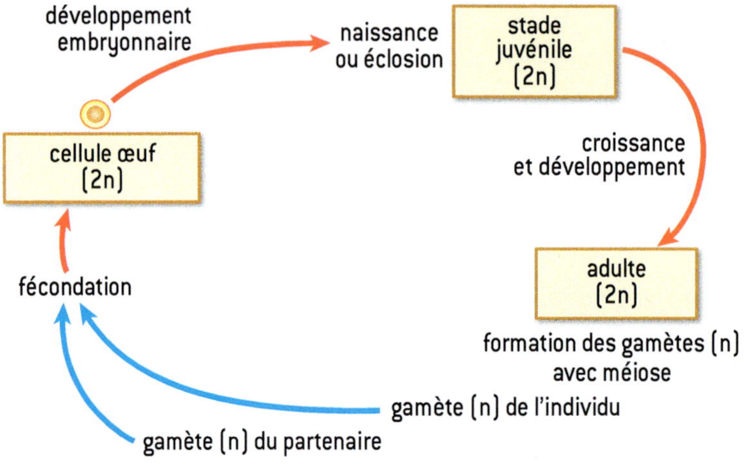

Les chromosomes chez les animaux sont par paires, on les note 2n.
Dans leurs gamètes, leur nombre a été divisé par 2 par la méiose. Il est noté n.
Le nombre de chromosomes est donc conservé au cours des générations successives.

Deux grands types de développement existent, étroitement liés à l'anatomie de l'animal et/ou à son milieu de vie.

• Le développement indirect

Le **jeune** insecte **dissemblable de l'adulte** subit des transformations au cours de ce **développement indirect**.

La **métamorphose** est l'ensemble des transformations qui permettent le passage d'un stade juvénile au stade adulte. Elle est dite **complète** chez la plupart des insectes et des crustacés, les mollusques tels que les moules, les huitres, etc. lorsque l'ensemble des transformations se réalisent au cours du stade **pupe** ou **nymphe** (appelé chrysalide chez les papillons).

À l'éclosion, les jeunes très différents de l'adulte (ou **imago**) s'appellent des **larves**.

Cycle de développement de la coccinelle

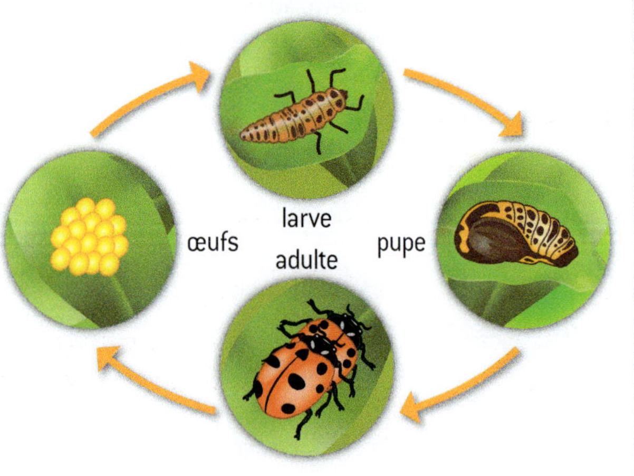

Parfois, ce développement s'accompagne d'un changement de milieu, comme dans le cas de la libellule dont la larve est aquatique.

Chez les huitres ou les moules, les larves microscopiques correspondent à une phase libre qui permet la **dissémination** de la colonie.

La **métamorphose** est **progressive** chez les amphibiens comme la grenouille. Elle change morphologiquement et physiologiquement : de phytophage nageur à respiration branchiale (têtard), elle devient progressivement carnivore sauteur à respiration pulmonaire et cutanée.

Cycle de développement de la grenouille

1. Les œufs
2. Le têtard
3. Apparition des membres postérieurs
4. Apparition des membres antérieurs
5. Grenouille

Le développement direct

Le **développement direct** se caractérise par la naissance ou l'éclosion d'un **jeune** qui **ressemble à l'adulte**. Chez les mammifères, les petits naissent parfois dépourvus de poils et ont leurs yeux fermés. Ils sont allaités.

Ce développement correspond essentiellement à l'augmentation en taille et en masse au cours du stade juvénile et à l'acquisition de la maturité sexuelle (c'est-à-dire au moment où il devient apte à se reproduire), lors de l'entrée dans l'âge adulte.

Chez les mammifères, le développement de l'embryon se fait dans l'utérus. La gestation est de durée variable : 3 semaines chez les petits rongeurs (souris, gerbilles), 2 mois chez le chat et 22 mois chez l'éléphant.

Croissances continue et discontinue

Tous les arthropodes (crustacés, insectes, acariens, araignées et mille-pattes) possèdent un exosquelette rigide qui protège leur corps. Celui-ci représente un obstacle à la croissance. Les jeunes « grandissent » à l'étroit dans cette carapace et la quittent régulièrement. Ces **mues** successives permettent la croissance par paliers, on parle de **croissance discontinue**. Chez tous les autres animaux, la **croissance est continue** et se réalise essentiellement aux stades embryonnaire et juvénile.

À retenir

Quel que soit le mode de reproduction, la perpétuation de l'espèce est assurée. La fécondation externe, plus aléatoire, est optimisée par un nombre considérable de cellules-œufs produites ou par le rapprochement des deux sexes. La fécondation interne concourt à la rencontre des gamètes. Elle aboutit à des œufs (oviparité) produits en nombre d'autant plus faible qu'ils sont protégés ou à des jeunes à la naissance (viviparité). Le développement est par la suite direct ou indirect, avec ou sans mues. Dans le cas de métamorphoses, les transformations anatomiques, morphologiques et physiologiques sont souvent très importantes.

❷ La procréation et la croissance humaines

Le terme de procréation signifie, au sens strict, le fait d'engendrer une nouvelle vie. Il n'est classiquement attribué qu'à l'être humain alors qu'il correspond à toutes les reproductions sexuées. Nous verrons dans une première partie la façon dont elle se réalise chez l'être humain, et comment, dans une deuxième partie, on atteint l'âge de maturité sexuelle.

❷ 1. La procréation

• Le fonctionnement cyclique de l'appareil génital féminin

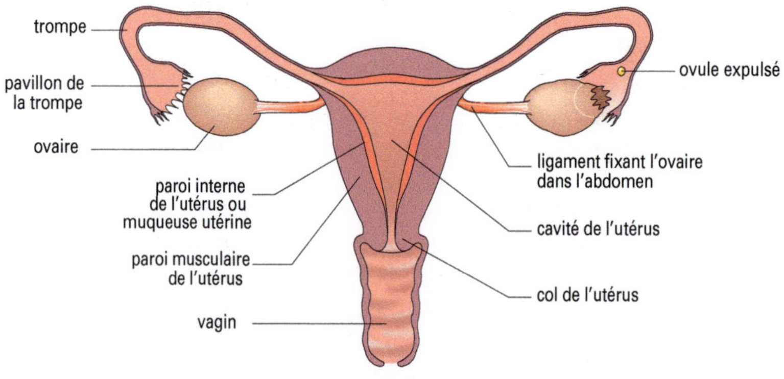

L'appareil sexuel féminin est essentiellement **interne**. Il est constitué de :

– **deux glandes sexuelles endocrines,** les **ovaires,** qui produisent deux types d'**hormones** (les **œstrogènes** et la **progestérone**) et un **ovule** par mois ;

– deux **trompes,** ou oviductes, conduisant les ovules de l'ovaire vers l'extérieur ou l'embryon à l'utérus éventuellement ;

– l'**utérus,** formé d'une muqueuse interne, l'**endomètre,** et d'un muscle périphérique, le **myomètre.** Il est fermé par le **col de l'utérus,** qui est l'organe destiné à recevoir l'embryon qui s'implante dans l'endomètre ;

– le **vagin,** débouchant à l'**orifice génital** et enserré dans la **vulve** (partie externe protectrice et érectile de cet appareil composé des petites et grandes lèvres et du clitoris).

Il fonctionne selon deux cycles de **28 jours** en moyenne synchronisés par les hormones :

– Le **cycle utérin** correspond à l'évolution de l'endomètre. Il se déchire les premiers jours du cycle : ce sont les **règles** ; et il se reconstitue ensuite. Il est prêt à accueillir un éventuel embryon à partir du 14e jour. Le 28e jour, s'il n'y a pas eu fécondation, la chute de sécrétion hormonale provoque le commencement d'un nouveau cycle.

– Le **cycle ovarien** correspond à la formation d'un ovule à la surface d'un des deux ovaires. Il est expulsé le 14e jour et est recueilli par une trompe : c'est l'**ovulation.** Il s'accompagne de la sécrétion d'œstrogènes à l'origine du développement de la muqueuse utérine.

Cet appareil est fonctionnel de la puberté (10,5 ans)[1] jusqu'à la ménopause (50 ans)[1].

1. Ce sont **les âges moyens** de ces phénomènes.

Le fonctionnement continu de l'appareil génital masculin

L'appareil masculin est en grande partie **externe.** Il est constitué de :
– **deux glandes sexuelles endocrines,** les **testicules,** qui produisent une hormone – la testostérone – et environ 200 millions de **spermatozoïdes** par jour ;
– **deux canaux déférents,** ou spermiductes, conduisant les spermatozoïdes à l'urètre ;
– **deux** types de **glandes annexes**, deux **vésicules séminales** et la **prostate** reliées à l'appareil génital au carrefour avec l'appareil urinaire, sous la vessie (poche de stockage de l'urine). Ces deux types de glandes sécrètent le liquide séminal qui contient des substances fournissant de l'énergie aux spermatozoïdes, ce qui permet d'optimiser leur mobilité, et des hormones qui provoquent les contractions utérines facilitant le cheminement de ces gamètes vers l'ovule ;
– le **pénis,** contenant le conduit urinaire et génital : l'**urètre.** L'érection de cet organe copulateur (qui permet l'acte sexuel) assure le dépôt des spermatozoïdes dans le vagin. Il se termine au niveau de l'**orifice urino-génital.**

La production de spermatozoïdes débute à la puberté (d'âge moyen 11,5 ans) et persiste jusqu'à la mort. Ils sont stockés jusqu'à leur **éjaculation** ou leur dégénérescence dans la coiffe des testicules, l'**épididyme,** où ils acquièrent leur mobilité.

Le **sperme** est constitué d'environ 300 millions de spermatozoïdes et du **liquide séminal** produit par les vésicules séminales et la prostate.

La fécondation et la grossesse

Six à sept jours après la fécondation qui a lieu dans la trompe utérine, l'embryon qui s'est développé s'implante dans l'endomètre. C'est la **nidation.**

On distingue deux stades embryonnaires particuliers :
– le stade **morula** : formé d'une centaine de cellules, l'embryon ressemble à une petite mure (*morula* en latin) ;
– le stade **blastocyste** (ou *blastula*) : l'embryon est alors formé d'une cavité remplie de liquide et d'un ensemble de cellules à l'origine notamment du futur bébé.

Développement de l'embryon, de la fécondation à la nidification

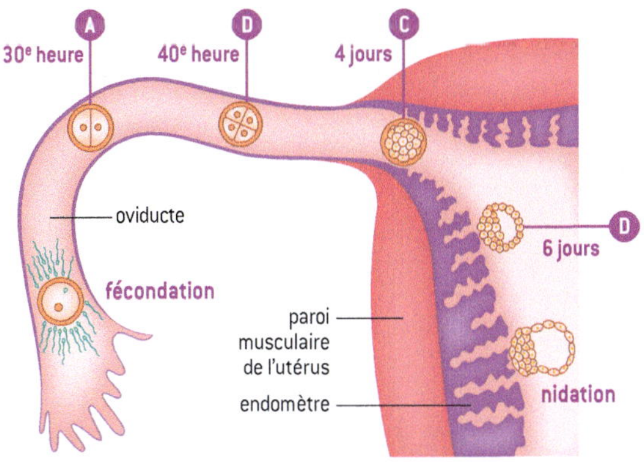

A « Embryon » humain à 2 cellules (30 heures) – diamètre 120 μm.
B « Embryon » humain à 4 cellules (40 heures) – diamètre 120 μm.
C « Embryon » humain à 8-12 cellules : stade morula (4 jours) – diamètre 120 μm.
D Blastocyste humain complètement sorti de la zone pellucide avant nidation (7 jours) – diamètre 150 μm.

L'**embryon**, tout en continuant son développement, fabrique l'**amnios** (enveloppe se constituant autour de l'embryon) qui contient la **cavité amniotique** remplie de liquide. L'embryon prend forme humaine à partir de la 12e semaine de **grossesse**, on parle de **fœtus**.

Échanges entre le fœtus et la mère

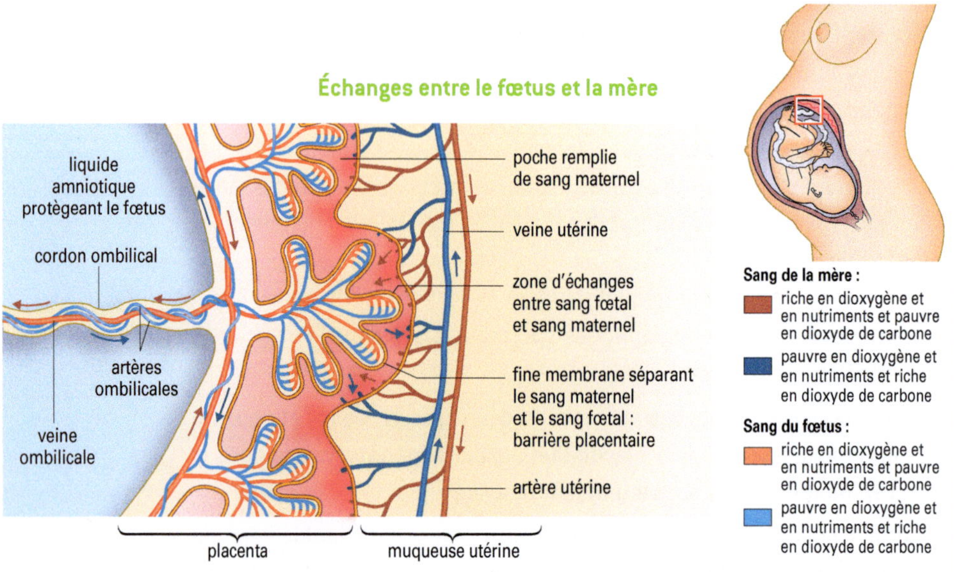

L'embryon (à partir de sa 3e semaine) puis le fœtus réalisent des échanges par le biais du **placenta**, reliés par le **cordon ombilical**. La mère fournit du dioxygène et des nutriments, ils se débarrassent du dioxyde de carbone et de ses déchets. La barrière placentaire peut toutefois être traversée par certaines substances toxiques et certains virus.

À 9 mois (ou 41e semaine d'absence de règles ou d'aménorrhée), le bébé pèse en moyenne 3,5 kg et mesure 50 cm.

Les **contractions** du myomètre facilitent son expulsion lors de l'**accouchement**. Le sac amniotique se déchire ; on parle de **rupture de la poche des eaux**. Quelques instants plus tard, intervient la **naissance** du bébé puis l'expulsion du placenta, appelée la délivrance.

2. La croissance et le développement

La croissance est particulièrement intense lors du développement embryonnaire. Elle se poursuit de l'enfance à l'âge adulte pour atteindre en moyenne une taille comprise entre 1,50 m et 1,80 m, avec deux pics de croissance : l'un vers l'âge de 6 ans, l'autre en début de puberté vers 10-12 ans. Elle est conditionnée par la production d'hormones produites par deux glandes : l'hypophyse et la thyroïde. Cette sécrétion est plus importante pendant le sommeil.

• Les caractères sexuels

Dès la naissance, il est possible de distinguer une fille d'un garçon par l'observation des **caractères sexuels primaires,** les organes génitaux. À l'**adolescence**, qui débute vers 10 ans chez la fille et 12 ans chez le garçon, le corps subit certaines modifications ; il y a acquisition des **caractères sexuels secondaires** qui rendent possible la procréation.

	Caractères sexuels secondaires
Garçon	Développement des testicules et du pénis Développement de la pilosité Élargissement des épaules et du bassin Pic de croissance Mue de la voix
Fille	Développement des seins Développement de la pilosité Élargissement du bassin, la taille devient plus fine Pic de croissance

• Les os

Les os sont constitués de cellules vivantes et sont richement vascularisés. Ils grandissent selon deux modes :

– **croissance en épaisseur**. L'os est entouré d'une membrane appelée **périoste**. Celle-ci, au cours de la croissance, produit des couches successives ;

– **croissance en longueur** (des os longs). Au début du stade fœtal, les os ne sont constitués que de cartilage. Au cours du développement, apparaissent des **points d'ossification** au niveau des épiphyses et de la diaphyse, le cartilage fait alors place à de l'os spongieux. Il apparait également du cartilage de conjugaison dit de croissance. Celui-ci disparait à l'arrêt de la croissance de l'adolescent.

La croissance des os

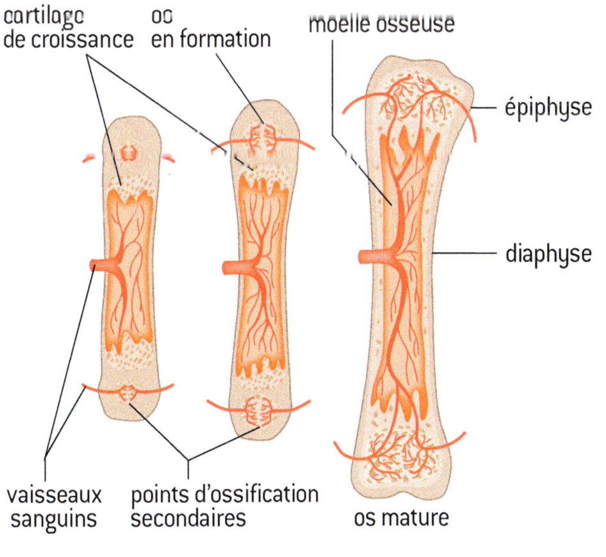

• Les dents

Le nombre de dents ou **denture** évolue également au cours du développement.

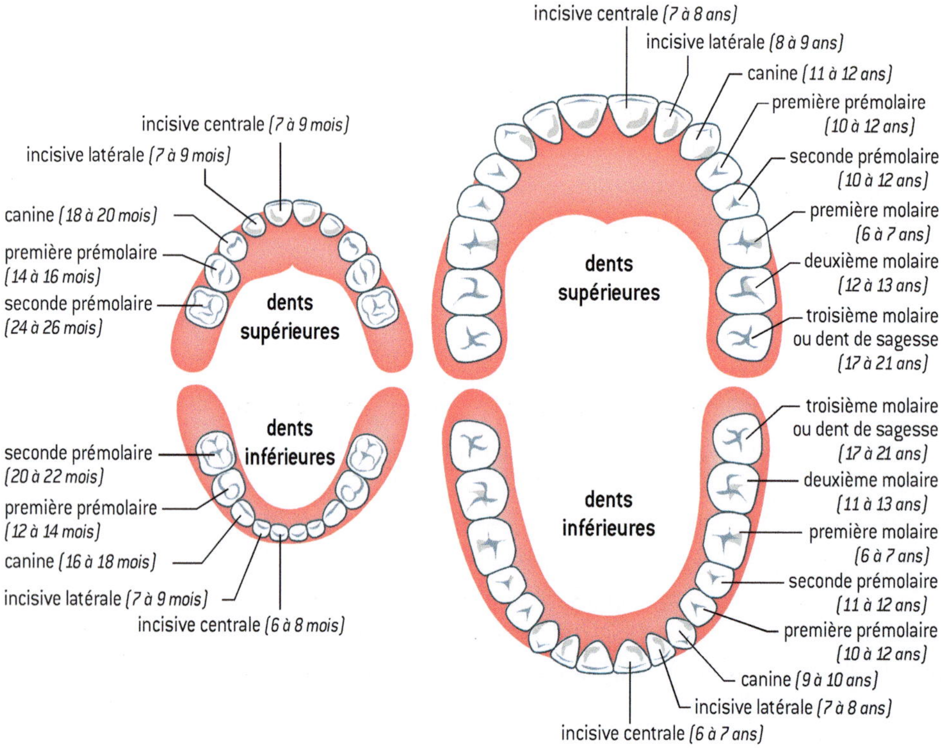

La **dentition** est la formation et la mise en place des dents. Les **dents de lait** apparaissent en général les premiers mois puis sont remplacées par des **dents définitives** à partir de 6 ans. Entre 10 et 12 ans apparaissent les deux premières paires de molaires sur chaque demi-mâchoire puis, à partir de 17-25 ans, se forment les **dents de sagesse,** troisièmes molaires. Les êtres humains possèdent alors 32 dents.

À retenir

Les êtres humains deviennent aptes à procréer à partir de la puberté. Au terme de neuf mois de grossesse, un enfant peut naitre. Sa croissance se poursuit en général jusqu'à l'âge de 20 ans. Issu de gamètes ayant leur patrimoine génétique propre, il est unique.

TEST D'AUTO-ÉVALUATION 4

Corrigé p. 118

1 Questions à réponse courte

a. Expliquez pourquoi la reproduction asexuée donne des animaux tous identiques d'un point de vue génétique.

b. Quelle différence y a-t-il entre un œuf et une cellule-œuf ?

c. Quelles sont les différentes fonctions du placenta ?

d. Donnez les deux fonctions des ovaires et des testicules.

e. À quoi correspondent les règles chez la femme ?

2 Vrai ou faux ?

Identifiez la ou les proposition(s) juste(s) et corrigez celle(s) qui présente(nt) une ou des erreur(s).

a. La fécondation externe se fait essentiellement en milieu terrestre.

b. Le développement de l'œuf des ovipares se fait à l'intérieur de l'utérus de la femelle.

c. Chez l'homme, l'urètre permet l'élimination du sperme et de l'urine.

d. Dans le placenta, le sang du fœtus se mélange au sang de la mère.

e. Le cordon ombilical relie l'embryon (puis le fœtus) à l'endomètre maternel.

3 QCM (plusieurs réponses possibles)

1. La puberté :

a. commence à des âges différents chez les filles et les garçons

b. est l'acquisition des caractères sexuels primaires

c. s'accompagne notamment du développement de la pilosité

2. La croissance humaine :

a. est permise par la croissance en épaisseur des os

b. commence à la naissance et s'achève à l'âge adulte

c. est particulièrement rapide lors de deux périodes : la période de vie intra-utérine et la puberté

d. s'accompagne de la substitution de cartilage par du tissu osseux

3. La denture :

a. correspond à la formation et à la mise en place des dents

b. évolue au cours de la vie

c. d'un jeune enfant se caractérise par la présence de dents de lait

d. est constituée de trois types de dents : les incisives, les prémolaires et les molaires

CHAPITRE 5

Sciences de la vie et de la Terre

La nutrition des végétaux chlorophylliens

• Les végétaux, au même titre que tous les autres êtres vivants, présentent des fonctions de nutrition. Ils prélèvent dans leur environnement (air et sol) des éléments nutritifs qu'ils assimilent afin de croitre et se développer. Les végétaux sont des organismes **autotrophes**.

• Ils produisent par **photosynthèse** les matières organiques nécessaires à leur croissance au niveau d'organes spécialisés à partir de matières minérales (eau, sels minéraux et CO_2) et d'une source d'énergie, la lumière.

Les besoins, la croissance et le développement des végétaux sont progressivement étudiés au cours des trois cycles de l'école primaire notamment au travers de plantations ou cultures

LE COURS

1 L'absorption de l'eau et des sels minéraux

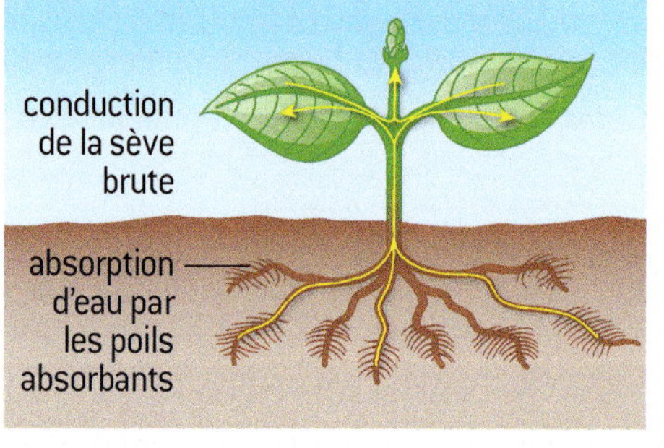

Les végétaux puisent l'eau et les sels minéraux au niveau :

– d'organes spécialisés, les **poils absorbants** des racines. Le liquide absorbé constitue la **sève brute** qui gagne l'ensemble des cellules du végétal par des **vaisseaux conducteurs** (dont l'ensemble est appelé **xylème**). Ces végétaux sont les plantes herbacées ou les arbres. La montée des eaux est assurée par la **transpiration des feuilles** qui provoque un phénomène de pompage et, dans une moindre mesure, la **poussée racinaire** ;

– de toute leur surface. Cela concerne les algues, les mousses et les lichens (associations d'algues et de champignons).

Confusion courante

Il ne faut pas confondre poussée racinaire et croissance des racines. Cette poussée, encore appelée pression racinaire, est une force qui permet de faire circuler l'eau uniquement à la base de la plante. Elle est due à l'accumulation d'ions dans les racines qui provoque l'absorption d'eau par les poils absorbants.

Les sels minéraux les plus essentiels à la nutrition des végétaux sont : les nitrates (à base d'azote), les phosphates (à base de phosphore), les sulfates (à base de soufre), et des sels de potassium.

Dans la nature, les sols régénèrent leur stock de sels minéraux par **décomposition** de matières organiques. Par exemple, dans la forêt, les bactéries, les champignons mais aussi certains animaux tels que les vers de terre, les cloportes et les mille-pattes vont digérer tous les débris animaux et végétaux et restituer au niveau du sol cette matière sous forme minérale : on parle d'**humus**. En milieu agricole ou horticole, les végétaux n'en trouvent pas assez dans le sol naturellement, et ils sont alors apportés sous forme d'**engrais** chimiques ou biologiques.

2 Les feuilles, lieu de synthèse de la matière organique

2 1. L'entrée du dioxyde de carbone

Le CO_2 est absorbé au niveau des feuilles par de petits orifices appelés **stomates** constitués de deux cellules stomatiques et d'un espace entre celles-ci appelé **ostiole**. On les trouve entre les cellules épidermiques des feuilles (voir la microphotographie ci-contre).

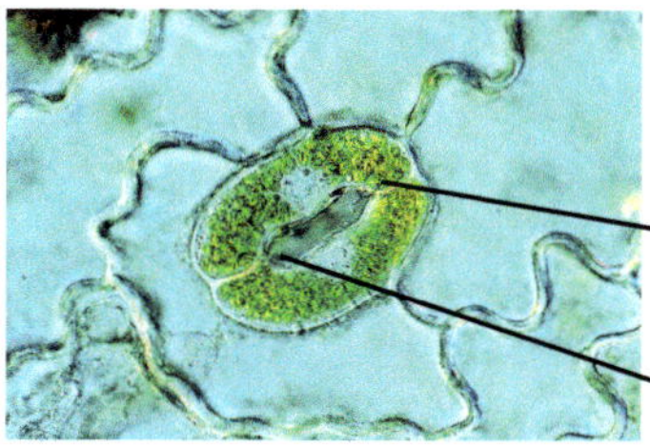

2 2. Conversion de l'énergie lumineuse en énergie chimique par les chloroplastes

Lors de la **photosynthèse**[1], les cellules chlorophylliennes (contenant de la chlorophylle, pigment localisé au niveau des chloroplastes) captent la lumière. Elles fabriquent alors du glucose à partir de l'eau puisée par les racines et du CO_2 de l'air lors de la réaction suivante :

$$6\ CO_2 + 6\ H_2O + \text{énergie lumineuse} \rightarrow C_6H_{12}O_6 + 6\ O_2$$

Le dioxygène est rejeté par les stomates. C'est à partir des sels minéraux et du glucose que le végétal produit ensuite l'ensemble de la matière organique. Celle-ci circule sous forme de **sève élaborée** et rejoint, par des vaisseaux (dont l'ensemble constitue le phloème), les zones de croissance et les zones de stockage (fruit, bulbe, tubercule...).

1. **La photosynthèse** est la synthèse de matière organique à partir de matière minérale (CO_2, H_2O, nitrate, etc.) et d'énergie lumineuse.

Confusion courante

Une fausse bonne idée : une expérience dont l'interprétation est plus compliquée qu'il n'y parait

Pour vérifier l'hypothèse du besoin d'air, la fausse bonne idée, que l'on rencontre malheureusement dans diverses publications, est de penser que de mettre une plante dans un sac plastique permet de le vérifier. En effet, la plante réalise deux types d'échanges gazeux : absorption de dioxygène et rejet de dioxyde de carbone lors de la respiration et, le jour, les échanges inverses de façon plus intense (consommation de dioxyde de carbone et rejet de dioxygène). La seule chose que vous mettrez en évidence avec cette expérience de tentative d'asphyxie, si la plante ne pourrit pas, est la transpiration de celle-ci suite à l'observation de la condensation de gouttelettes d'eau à l'intérieur du sac !

③ La croissance des végétaux

La croissance des végétaux se réalise toute la vie, contrairement à celle des animaux. Ils grandissent grâce à deux phénomènes : la multiplication cellulaire et l'élongation cellulaire. Ces phénomènes ont lieu dans des structures localisées aux extrémités des tiges (bourgeons) et des racines (coiffe racinaire).

Coupe transversale d'un arbre

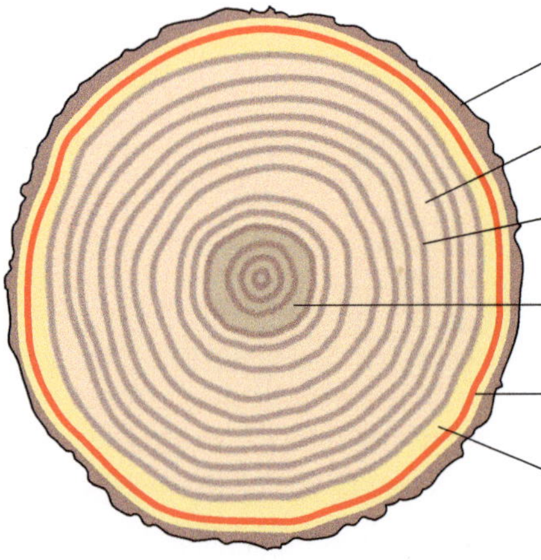

Les végétaux grandissent en longueur comme en largeur. Il est alors possible de déterminer l'âge d'un arbre en comptant les anneaux annuels de croissance appelés **cernes**.

La respiration cellulaire

En plus de la photosynthèse, qui se produit à la lumière, les végétaux **respirent** (absorption d'O_2 et rejet de CO_2 par les stomates) le jour comme la nuit. Mais, le jour, les échanges gazeux liés à la photosynthèse sont plus importants que ceux liés à la respiration, donc les végétaux produisent beaucoup plus de dioxygène qu'ils n'en utilisent pour respirer. Cette fonction se réalise dans toutes les cellules végétales, qu'elles soient chlorophylliennes ou non. Elle permet, comme chez les animaux, de produire de l'énergie utilisable par les cellules.

À retenir

Il y a coopération de toutes les parties végétales : les racines pompent l'eau, les feuilles le CO_2, les vaisseaux présents notamment dans les tiges permettent la circulation de la sève et les feuilles produisent la matière organique grâce à la photosynthèse. Cette matière organique permet au végétal d'assurer son développement. Le dioxygène et la matière organique ainsi produits lui confèrent une place fondamentale au sein des écosystèmes (voir chapitre 7 p. 93). Nous verrons dans la leçon suivante que le germe (ou embryon végétal) a une nutrition différente de la plante.

TEST D'AUTO-ÉVALUATION 5

Corrigé p. 119

1 Questions à réponse courte

a. Expliquez pourquoi une plante qui perd ses feuilles entre en vie ralentie ou meurt.

b. Expliquez ce qui permet à la sève brute de gagner toutes les parties du végétal.

c. Pourquoi dit-on que, sous nos latitudes, la croissance des arbres est saisonnière et discontinue ?

2 QCM (plusieurs bonnes réponses possibles)

1. Les végétaux chlorophylliens sont :

a. microtrophes
b. macrotrophes
c. autotrophes
d. hétérotrophes

2. L'eau est absorbée par la plante au niveau :

a. de toute sa surface
b. du système pileux des racines
c. des stomates
d. des poils absorbants de la racine

3. Chez les végétaux la matière organique est produite à partir de :

a. l'eau
b. des sels minéraux
c. du dioxygène
d. du dioxyde de carbone
e. du glucose

3 Vrai ou faux ?

Identifiez la ou les proposition(s) juste(s) et corrigez celle(s) qui présente(nt) une ou des erreur(s).

a. Les végétaux chlorophylliens ont besoin de lumière.

b. Les végétaux absorbent du dioxygène et rejettent du dioxyde de carbone lors de la photosynthèse et absorbent du dioxyde de carbone et rejettent du dioxygène lors de la respiration.

c. Les végétaux, comme tous les êtres vivants, respirent le jour comme la nuit.

d. La photosynthèse ne se réalise que si le végétal est éclairé.

e. Les échanges gazeux se réalisent au niveau de stomates présents sur toute la surface du végétal.

CHAPITRE 6

Sciences de la vie et de la Terre

La reproduction dans le règne végétal

- Les végétaux, comme les animaux, se reproduisent afin d'assurer la pérennité de leur espèce mais à deux fins différentes : la production de nouveaux individus, mais aussi, selon le cas, la résistance, par le biais de graines, aux mauvaises conditions climatiques fatales à certaines plantes. Cela permet aussi à ces êtres vivants fixés (excepté le plancton végétal qui ne sera pas évoqué ici) de se disséminer.
- Si chez les animaux la reproduction se fait essentiellement par le biais de cellules sexuelles ou gamètes (voir chapitre 4, p. 73), chez les végétaux, elle se fait aussi, et de façon importante, sans l'intervention de telles cellules. La plupart d'entre eux se reproduisent des deux manières.

La reproduction des plantes à fleurs fait l'objet de découverte puis progressivement d'investigation au cours des trois cycles de l'école.

LE COURS

1 La reproduction sexuée des végétaux

Les végétaux peuvent coloniser les milieux par deux moyens : la reproduction sexuée (par fécondation des cellules sexuelles mâles et femelles) et la reproduction asexuée (ne faisant pas intervenir de gamètes mais des parties de la plante). Dans ce premier paragraphe, après avoir étudié l'organisation de la fleur, nous verrons comment on passe de la fleur au fruit, puis ce qu'est une graine et quel est son développement. Nous terminerons par la présentation des différents modes de dissémination des semences.

1 1. L'organisation de la fleur

La fleur est constituée de deux parties :

– une partie externe, protectrice et stérile formée du **calice** (ensemble des **sépales**) et de la **corolle** (ensemble des **pétales**) fixés sur le réceptacle. Les sépales, souvent verts, ferment le bouton floral lorsque la fleur n'est pas encore épanouie. Cette partie sécrète souvent du nectar et des substances olfactives qui attirent les animaux pollinisateurs ;

– une partie centrale constituée des pièces reproductrices.

Schéma d'une fleur

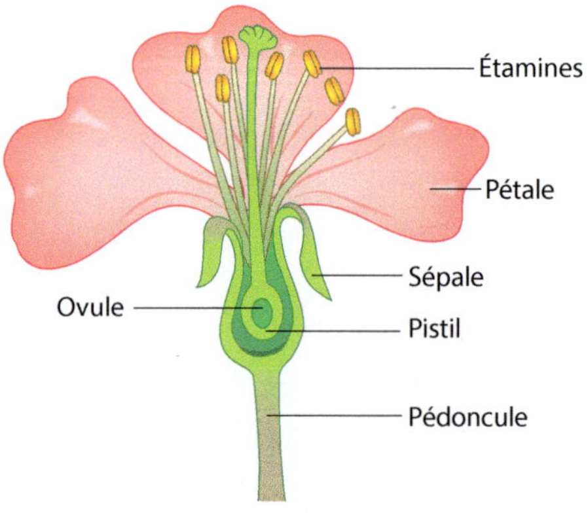

Les pièces reproductrices mâles sont appelées **étamines.** L'androcée correspond à leur ensemble.

Chaque étamine est composée de (voir schéma p. 87) :

– un filet (a) ;

– une anthère (b), constituée de deux loges dans lesquelles sont produits des milliers de **grains de pollen.**

Les pièces reproductrices femelles sont appelées **pistils**. Ils peuvent être uniques ou multiples. Le ou l'ensemble des pistil(s) correspond au gynécée.

Le pistil est composé de trois parties : le stigmate (c), le style (d) et l'ovaire (e). Son ovaire contient un ou plusieurs ovules[1].

1. **L'ovule** du végétal est différent de celui des animaux. Il correspond à un organe composé notamment du gamète et de cellules nutritives. Le gamète femelle est appelé l'oosphère.

Schéma des étamines et du pistil du lys

Il existe des fleurs qui ne possèdent pas les deux types de pièces ; elles sont alors unisexuées. Soit les fleurs mâles et femelles sont sur le même pied (châtaignier, noisetier, maïs…), soit elles sont sur des pieds différents (saule, peuplier, ortie…).

1 2. De la fleur au fruit

Lorsque la fleur s'épanouit, les étamines murissent, s'ouvrent et libèrent les grains de pollen. Leur transport jusqu'au pistil s'appelle la **pollinisation**. Elle se réalise suivant deux modalités selon les plantes.

Autopollinisation ou pollinisation directe (autogamie) — **Pollinisation croisée (allogamie)**

La pollinisation peut être réalisée par des animaux dits **pollinisateurs** (insectes comme l'abeille par exemple, oiseaux-mouches, certaines chauves-souris…), le vent (chez les graminées, les noisetiers, les conifères…) ou l'eau (chez quelques rares espèces aquatiques).

Les grains de pollen sont fixés sur le stigmate du pistil où ils germent et forment un **tube pollinique** qui croît dans le style et l'ovaire, ce qui permet aux spermatozoïdes d'aller féconder les ovules.

Le pistil ainsi fécondé se transforme en fruit qui accumule des substances organiques. On parle de **fructification**. Les ovules fécondés deviennent des **graines**.

Schéma de la fécondation de la fleur

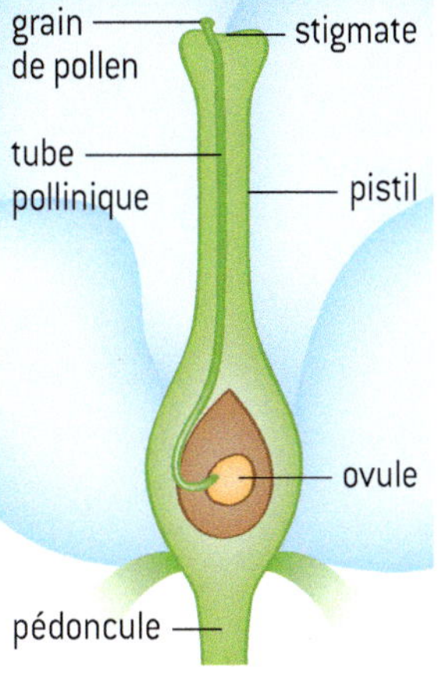

Il existe différents types de fruits récapitulés dans le tableau ci-dessous.

		Nom	Exemples
Fruits secs…	à une seule graine : le fruit ne s'ouvre pas	Akène	Gland, châtaigne, orme, pissenlit
	à plusieurs graines : le fruit s'ouvre	Gousse, capsule	Pois, lupin, coquelicot
Fruits charnus…	à un seul noyau (l'amande = la graine)	Drupe	Cerise, pêche, prune, avocat, olive, noix, amande
	à plusieurs pépins (graines)	Baie	Orange, pomme, poire, raisin, gui, sureau, tomate

1 3. La graine et son devenir

La graine est issue de la reproduction sexuée des plantes à fleurs. Elle est constituée d'une **plantule** formée de deux premières **feuilles**, d'une **tigelle** et d'une **radicule**. Cette plante miniature est entourée de sacs de réserves nutritives, un ou deux **cotylédon(s)**, et est protégée par une enveloppe, le **tégument**.

Certaines graines diffèrent par leur nombre de téguments, les zones où sont emmagasinées des réserves et la nature de celles-ci :
– glucides (haricot, blé, maïs, riz…) ;
– lipides (noix, tournesol, ricin, arachide…) ;
– protides (soja, haricot, pois…).

La graine est fortement déshydratée (18 % d'eau dans l'orge, 16 % dans la fève, 11 à 14 % dans le blé, 5 à 6 % dans l'arachide). Les échanges nutritifs et gazeux sont quasiment nuls. Elle est en **vie ralentie,** ce qui lui confère une grande résistance aux mauvaises conditions.

Photographie de la germination du haricot

La **germination** est un retour à la vie active. Elle nécessite une réhydratation, une bonne oxygénation et une température douce. Si un seul de ces facteurs manque, la germination n'a pas lieu. En revanche, au début, elle n'a besoin ni de lumière ni d'apport de sels minéraux.

La toute jeune plantule puise dans ses réserves (**hétérotrophie**[2]) ; au fur et à mesure de sa croissance, les cotylédons seront digérés et flétriront.

La germination débute par la déchirure du tégument par la jeune racine où se développent des racines secondaires. La plantule puise alors de l'eau et des sels minéraux dans le sol. Lorsque les jeunes feuilles sont bien développées et chlorophylliennes, elles assurent la photosynthèse (**autotrophie**[3]).

La jeune plante a désormais besoin de lumière.

2. **L'hétérotrophie** (abordée dans le chapitre 1) est le fait de ne pouvoir élaborer sa matière qu'à partir de matière organique préexistante. La toute jeune plantule a donc alors un comportement identique à un animal ou à un champignon.

3. Une plante est **autotrophe** (voir chapitres 1 et 5) à partir du moment où elle ne produit sa matière qu'à partir de matière minérale (H_2O, sels minéraux et CO_2) grâce à l'énergie lumineuse.

REMARQUE
On constate que, malgré un printemps doux et humide, toutes les graines ne germent pas. En effet, la plupart des graines sont en dormance. La levée de celle-ci est conditionnée par l'exposition plus ou moins prolongée au froid au cours de l'hiver qui précède. Après de telles conditions, ces graines germeront comme les autres dès l'arrivée de conditions thermiques et hydriques favorables (entre 8 et 20 °C selon les espèces, exemples : 8 °C pour la betterave et 20 °C pour la pomme de terre).

1 4. Dissémination des semences

La semence correspond à la graine si le fruit s'ouvre, au fruit s'il ne s'ouvre pas. Elle est dispersée selon quatre modes :
– par projection : le fruit éclate et disperse les graines qu'il renferme. Exemples : balsamine, genêt à balai ;
– par le vent : la semence possède un dispositif qui accroit sa surface (poils, ailes). Exemples : érable, frêne, orme, charme, tilleul, pin, pissenlit, saule, salsifis, laitue, séneçon ;
– par les animaux : les semences se fixent aux animaux à l'aide de substances collantes ou de crochets. Exemples : bardane, aigremoine, gratteron, ou les fruits sont consommés sans que leurs graines soient digérées. Exemple : gui ;
– par l'eau, pour les plantes dont la base se développe dans l'eau. Exemples : nénuphar, sagittaire, iris d'eau.

À retenir

La reproduction sexuée des végétaux fait intervenir des pièces florales. Le pistil contient des ovules qui, à la suite de la pollinisation, peuvent être fécondés par les spermatozoïdes transportés par les grains de pollen produits par les étamines. Les fruits et les graines assurent la conservation des espèces et la dissémination des plantes à fleurs. La reproduction conduit, comme chez les animaux, à de nouveaux organismes au patrimoine génétique diversifié.

2 La reproduction asexuée ou multiplication végétative des végétaux

Ce mode de reproduction se fait à partir d'une partie d'une seule plante. Elle ne produit donc que des êtres vivants ayant hérité du même patrimoine génétique du parent unique ; il s'agit de **clone.** Nous verrons dans une première partie les différentes modalités naturelles de celle-ci et, dans une deuxième partie, les multiplications végétatives réalisées par l'être humain.

❷ 1. La reproduction asexuée naturelle des végétaux

• La multiplication par bulbe

Un **bulbe** (ou oignon) est un ensemble d'écailles chargées de réserves nutritives entourant un bourgeon. Chaque année, le bulbe développe des racines et une tige feuilletée terminée par une fleur. Il se vide de ses réserves pour développer la fleur. Après la floraison, un petit bourgeon niché au cœur du bulbe apparait et grossit en se remplissant de réserves fabriquées par la plante, il y a apparition d'un nouveau bulbe. Exemples de plantes à bulbe : tulipe, jacinthe, dahlia, crocus...

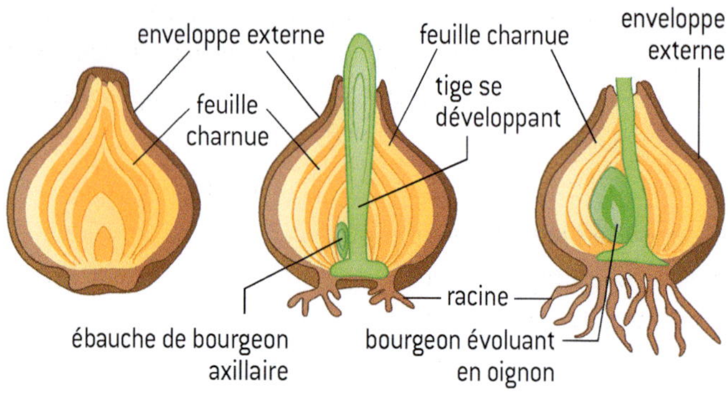

Coupe d'un oignon de tulipe en développement

• La multiplication par tubercule

Un **tubercule** est le renflement d'une tige souterraine gorgé de réserves. Il porte des bourgeons (appelés yeux) qui peuvent donner des feuilles au printemps suivant. La nouvelle plante se développe à l'aide des réserves du tubercule qui se flétrit. Ensuite, la plante produit de nouveaux tubercules gorgés de réserves (amidon).
Exemples de plantes à tubercules : pomme de terre, orchidée...

• La multiplication par marcottage

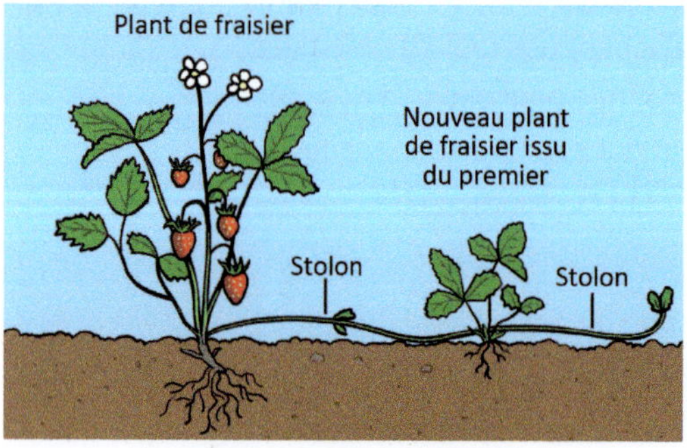

Schéma de la stolonisation d'un plant de fraisier

Une plante mère produit de longues tiges rampantes, les **stolons**, on parle de stolonisation. De jeunes pieds se forment le long du stolon. Ils ne deviennent indépendants nutritionnellement de la plante mère que lorsqu'ils se sont bien enracinés. Le stolon se dessèche alors. On parle de **marcottage** naturel.
Exemples de plantes à stolons : fraisier, chlorophytum, saxifrage...

• La multiplication par rhizome

Les **rhizomes** sont des tiges souterraines pouvant s'enraciner et donner de nouvelles plantes. Exemples de plantes à rhizomes : polypode, iris, muguet, bambou, gingembre...

2. La reproduction asexuée artificielle des végétaux

• Le bouturage

Les jardiniers pratiquent la multiplication végétative artificielle depuis longtemps. Cette technique du bouturage permet d'obtenir un grand nombre de plantes identiques, notamment celles qui présentent des qualités gustatives ou horticoles appréciées.

La **bouture** est un petit morceau de branche saine. La section doit être faite obliquement avec un outil stérilisé. On place la bouture dans de l'eau ou un substrat tel que du terreau par exemple afin que s'y développent des racines.

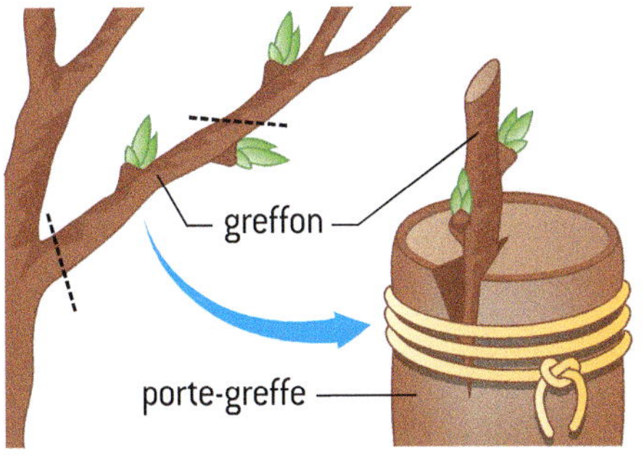

On peut également, par bouturage particulier, prélever un fragment d'un végétal et implanter ce greffon sur une autre plante appelée porte-greffe. Cette technique, dite de **greffage**, est particulièrement employée dans la culture d'arbres fruitiers. Elle permet, contrairement au bouturage classique, d'associer les caractéristiques des deux espèces concernées : celles du porte-greffe à celles du greffon. Par exemple, on peut greffer un cerisier à cerises particulièrement savoureuses sur un cerisier plus rustique et plus résistant à diverses pathologies et/ou à certaines conditions climatiques pour obtenir un cerisier robuste et producteur de meilleurs fruits.

• La culture *in vitro*

La culture *in vitro* est également une multiplication artificielle. Des **méristèmes** (cellules non spécialisées, dites indifférenciées, prélevées sur des bourgeons ou des feuilles) sont mis en culture dans des tubes à essai (*in vitro*) dans un milieu de culture stérile approprié composé de substances nutritives et d'hormones. Ils développent des racines, des tiges et des feuilles. Cette technique, à partir d'une plante sélectionnée pour ses qualités, permet d'obtenir des milliers, voire des millions de plantes identiques à la plante d'origine.

À retenir

La multiplication végétative permet de produire une multitude d'organismes tous identiques entre eux à partir de structures végétales non sexuelles. L'être humain exploite ce mode de reproduction afin de produire une grande quantité de plantes dont il a besoin pour se nourrir. Par exemple, en agriculture, on ne sème pas des graines, mais on met en terre des tubercules de pommes de terre afin d'en produire de nouvelles en conservant le patrimoine génétique de celles-ci, et donc les caractéristiques de la variété cultivée. Dans le même but, les horticulteurs multiplient les espèces florales ou arbustives intéressantes sur le plan décoratif et/ou commercial.

TEST D'AUTO-ÉVALUATION 6

Corrigé p. 120

1 Questions à réponse courte

a. Qu'est-ce qu'une graine ?

b. Quelles sont la place et l'importance de la graine dans la vie d'une plante ?

2 Vrai ou faux ?

Identifiez la ou les proposition(s) juste(s) et corrigez celle(s) qui présente(nt) une ou des erreur(s).

a. La corolle est l'ensemble des sépales.

b. Le pistil correspond à l'organe mâle de la fleur.

c. Le grain de pollen est produit par les anthères des étamines.

d. Chez les fleurs unisexuées, la pollinisation est croisée.

e. La lumière est nécessaire à la germination.

f. La reproduction asexuée donne naissance à des organismes génétiquement identiques.

3 Remettre dans l'ordre

Remettez les propositions données ci-dessous dans l'ordre chronologique afin de reconstituer le déroulement de la germination.

a. développement de la racine

b. imbibition d'eau par la graine

c. chute des cotylédons

d. croissance de la tigelle et des futures feuilles

e. reprise de la vie active

4 QCM (plusieurs bonnes réponses possibles)

1. Pour germer, la graine a besoin :

a. d'eau

b. de lumière

c. de dioxyde de carbone

d. de dioxygène

2. Le bulbe :

a. est un organe permettant la reproduction végétative de certains végétaux

b. correspond à une racine

c. se développe deux fois par an

d. est constitué d'écailles nutritives et d'un bourgeon

3. Le bouturage est :

a. un mode de reproduction asexuée naturelle chez les végétaux

b. obtenu à partir de diverses parties du végétal selon celui-ci

c. un moyen de produire une forte quantité d'une même plante

d. une méthode qui ne se fait qu'*in vitro*

Les êtres vivants dans leur milieu

• Tout être vivant est interdépendant d'autres êtres vivants et de son milieu. Il y a entre eux un équilibre, non pas stable, puisqu'il est sujet à évolution, mais dynamique. L'écologie, non pas au sens politique du terme mais au sens scientifique, s'intéresse à cela et a également montré que cet ensemble est fragile. Nous devons donc apprendre à connaitre notre milieu pour mieux l'apprécier et pour le préserver. Nous commencerons donc par étudier les unités écologiques que les écologues appellent écosystèmes puis nous nous sensibiliserons à l'impact que l'être humain exerce sur ceux-ci.

Les attendus de fin de cycle correspondent en cycle 1 à l'adoption d'une attitude responsable en matière de **protection du vivant**. En cycle 2, il s'agit d'étudier les interactions notamment d'ordre nutritif entre êtres vivants afin que les élèves comprennent leur **interdépendance**. Ces points sont approfondis en cycle 3 et ce au sein d'un **réseau trophique**.

LE COURS

1 Les écosystèmes, des structures riches en interactions

Un **écosystème** est l'ensemble constitué :
– d'un **biotope**, milieu de vie (habitat) caractérisé par des facteurs physico-chimiques (température, hygrométrie, teneurs en éléments minéraux, éclairement…) ;
– d'une **biocénose**, ensemble des êtres vivants (bactéries, champignons, végétaux et animaux) vivant en équilibre entre eux.

Confusion courante

Il ne faut pas confondre hygrométrie et hydrométrie. La première est la quantité d'eau gazeuse présente dans l'air alors que la seconde est la science qui s'intéresse aux mesures du débit des eaux superficielles ou souterraines.

Nous étudierons dans une première partie quelles sont les interactions entre les êtres vivants au sein de leur milieu de vie. Dans une deuxième partie, nous montrerons rapidement en quoi on peut dire que les êtres vivants sont adaptés à leur milieu. Dans une troisième partie, nous verrons qu'un écosystème n'est pas une structure figée mais qu'au contraire, il évolue.

1 1. Les relations entre les êtres vivants au sein des écosystèmes

Les êtres vivants d'un même milieu établissent des interactions variées au sein d'une même espèce comme entre espèces :
– des relations trophiques (alimentaires) : prédation, symbiose (association à bénéfice réciproque entre deux organismes) ou parasitisme (vie d'un organisme aux dépens d'un autre) ;
– des relations liées à la reproduction ou la participation à la reproduction entre espèces (exemple : lors de la pollinisation) ;
– des relations de compétition liées à l'habitat telles que la recherche de la lumière.

L'interdépendance trophique est illustrée par les **chaines alimentaires** interconnectées en **réseau alimentaire**.

SCIENCES DE LA VIE ET DE LA TERRE

Réseau trophique simplifié de l'écosystème forestier

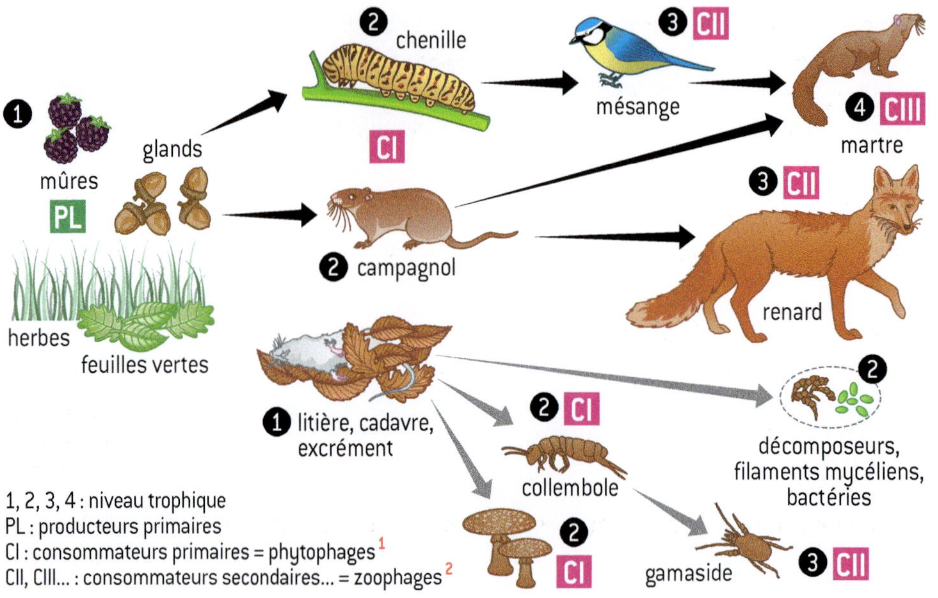

La flèche signifie « est mangé par ». Elle correspond au transfert de matière d'énergie chimique entre les maillons des chaines alimentaires.

Toute chaine alimentaire débute par un **producteur**, organisme autotrophe (voir p. 88) (exemple : le végétal chlorophyllien). Les maillons suivants correspondent aux **consommateurs** (animaux herbivores, carnivores et omnivores). Les **détritivores** (dont le plus abondant en milieu terrestre, le lombric ou ver de terre) et les **décomposeurs** (bactéries et champignons) en sont les derniers maillons. Ils transforment la matière organique en matière minérale.

1. **Les phytophages** sont des animaux qui consomment des végétaux ou des substances produites par des végétaux (exemple : sève).

2. **Les zoophages** sont des animaux qui en mangent d'autres ou des substances que d'autres produisent (exemple : sang).

Schéma du cycle de la matière

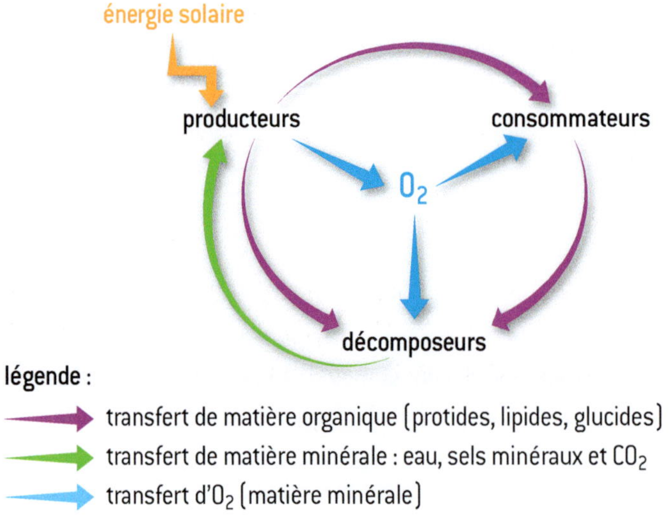

2. L'adaptation des êtres vivants à leur milieu

On appelle **peuplement** l'ensemble des individus, toutes espèces confondues, occupant un territoire à un moment donné. Il est caractérisé par des **adaptations** particulières liées par exemple à la respiration ou à la locomotion. Ainsi va-t-on trouver dans l'eau des animaux à corps souvent hydrodynamique et à respiration branchiale (quand ce n'est pas le cas, tels les dauphins, ils vont remonter à la surface pour renouveler l'air contenu dans leurs poumons) et des végétaux dépourvus de racines, l'eau étant absorbée par toute leur surface et présentant des pigments adaptés à la qualité de la lumière qu'ils reçoivent.

Chaque **espèce**[3] occupe une **niche écologique** qui lui est propre, distincte de celle d'une autre. Cette notion définit aussi bien l'habitat que l'ensemble des fonctions assurées par cette espèce.

Par exemple, la niche écologique de la grenouille est le fait :
– qu'elle vive dans une mare et à proximité, excepté l'hiver où elle s'en éloigne pour se protéger du gel en s'enfouissant sous les feuilles ou dans la terre selon son espèce. Elle entre alors en hibernation ;
– qu'elle mange des insectes ;
– qu'elle puise du dioxygène dans l'air *via* ses poumons mais aussi dans l'eau *via* sa peau ;
– qu'elle se reproduise au printemps pour donner des œufs aboutissant à des larves qui sont exclusivement aquatiques.

Certaines espèces changent d'ailleurs de milieu au cours des saisons. L'hirondelle, par exemple, vit en Europe d'avril à fin septembre et parcourt jusqu'à 10 000 kilomètres pour quitter notre hiver et se réfugier en Afrique où elle se reproduit.

3. **Une espèce** est un ensemble d'individus présentant des caractéristiques communes et pouvant donner une descendance fertile. On parle d'**interfécondité**.

3. L'évolution des écosystèmes au cours du temps

L'évolution d'un écosystème dépend de son âge, de la migration de certaines espèces (comme la cigogne), des perturbations naturelles (inondations, feux...) et artificielles (feux intentionnels, constructions de barrages...) qui l'affectent. Il évolue vers un état appelé **climax** qui lui confère une relative résistance aux évènements extérieurs. Une biodiversité élevée est un élément primordial de cette stabilité.

Un écosystème est voué à disparaitre au bout de quelques milliers d'années ou plus rapidement de par des actions humaines.

À retenir

Les écosystèmes constituent des structures en équilibre fragile du fait des nombreuses interactions entre leurs différentes composantes. Il s'agit d'un équilibre dynamique sans cesse en évolution. Si le déséquilibre peut être naturel, il est souvent causé par l'être humain.

2 L'impact de l'être humain sur l'environnement

Concilier une population mondiale croissante (environ 7,8 milliards en 2020), l'émergence économique de nombreux pays et le respect de l'environnement est devenu depuis le XXIe siècle une préoccupation internationale. Nous allons voir dans une première partie comment, pour assurer ses besoins de manière pas toujours raisonnée et responsable, l'être humain déséquilibre les écosystèmes et, dans une seconde partie, ce qu'il entreprend pour tenter de le protéger afin de le rendre durable.

2 1. L'être humain déséquilibre les écosystèmes

Pour satisfaire ses besoins d'urbanisme (constructions, circulation), l'être humain **aménage son territoire** au détriment d'écosystèmes. Il est également à l'origine de diverses **pollutions** biochimiques, physiques ou thermiques de l'air, de l'eau et du sol.

Tableau relatif aux conséquences de quelques pollutions engendrées par l'être humain

Polluants	Sources de pollution	Conséquences
Hydrocarbures	Dégazages des bateaux, naufrages de pétroliers…	Marées noires tuant faune et flore marines
Gaz à effet de serre (voir chapitre 10 p. 132)	Industries chimiques, énergétiques ou agricoles	Dérèglement climatique
Pesticides (herbicides, insecticides, fongicides, raticides…)	Secteurs agricoles, domestiques, urbains et industriels	Les non biodégradables provoquent une **bioconcentration**[4]
Engrais chimiques ou biologiques tel le lisier d'animaux d'élevage (nitrates et phosphates)	Essentiellement en agriculture et en élevage	Pollution des nappes phréatiques et **eutrophisation** des cours d'eau
Radionucléides d'origine anthropiques	Centrales nucléaires	Lésions de matériel génétique engendrant leur mort ou leur mutation cancérigène
Eau chaude rejetée dans les cours d'eau	Centrales nucléaires et industries ayant besoin d'un système de refroidissement	Réduction de la quantité d'O_2 dans les milieux aquatiques et donc disparition d'organismes par asphyxie
Médicaments tels les anxiolytiques, les substances contraceptives, les antibiotiques…	Consommation humaine de produits issus de l'industrie pharmaceutique	Troubles de comportements alimentaires et/ou sexuels d'animaux aquatiques et résistance aux antibiotiques

4. **La bioconcentration** est le fait qu'une substance s'accumule en quantité croissante d'un maillon à l'autre d'une chaine alimentaire.

REMARQUE
L'eutrophisation est l'augmentation des eaux en certains éléments minéraux, notamment les phosphates et les nitrates. Cela provoque une prolifération des algues et des plantes aquatiques à la surface de ces eaux. Après leur mort, ils sont décomposés très lentement par d'importantes colonies de bactéries. Celles-ci vont consommer une très grande quantité de dioxygène, réduisant de façon considérable la teneur en O_2 dissous de l'eau. Cela entraine donc la disparition des animaux et, à long terme, le comblement du milieu par dépôt des matières végétales mortes.

L'être humain peut également être à l'origine de la **surexploitation** de milieux :
– surpêche, déforestation à des fins agricoles ou industrielles ;
– prélèvement de matières premières (minerais, énergies fossiles, bois, eau douce...).

L'**introduction d'espèces** par l'être humain (involontaire, par échanges commerciaux, ou volontaire) entraine la destruction de maillons ou le remplacement d'un maillon de chaine, fragilisant ainsi l'écosystème. On connait par exemple le cas de l'invasion de la Méditerranée par *Caulerpa taxifolia*. Appelée l'« algue tueuse » en raison de sa toxicité pour la faune et de son impact négatif sur la biodiversité (voir chapitre 1, p. 43), elle se développe de manière extrêmement rapide au détriment de toutes les autres algues avec qui elle entre en concurrence. Plus récemment, en 2013, un ver plat originaire de l'hémisphère Sud, le plathelminthe terrestre, a été détecté en France dans le Finistère, les Alpes-Maritimes et la Corse ; il parasite de façon inquiétante les escargots et les lombrics. Or les vers de terre notamment jouent un rôle fondamental dans la nature, du fait du brassage des matières minérales qu'ils effectuent dans le sol. Le risque est donc d'engendrer des déséquilibres écologiques.

❷ 2. L'être humain protège son environnement

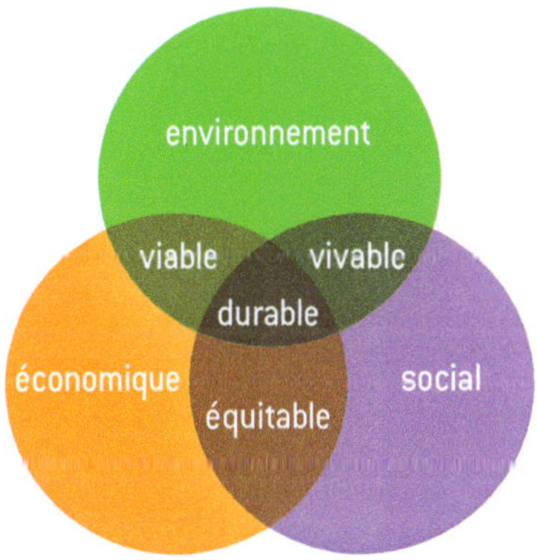

En 1972, lors de la conférence de Stockholm, les pays membres de l'Organisation des nations unies (ONU) élaborent un programme pour le respect de l'environnement. C'est en 1987 que l'ONU met en avant la notion de **développement durable** (rapport Brundtland). L'objectif de ce dernier est de définir des schémas viables qui concilient les trois aspects, économique, social et écologique des activités humaines : « trois piliers » à prendre en compte par les collectivités comme par les entreprises et les individus. La finalité du développement durable est de trouver un équilibre cohérent et viable à long terme entre ces trois enjeux.

Depuis, diverses actions en faveur de l'environnement sont entreprises :
– lutte contre les pollutions ;
– constructions de station d'épuration des eaux ;
– sensibilisation de la population aux démarches écocitoyennes (tri sélectif, développement du transport collectif, prêt de vélo dans certaines villes, journée annuelle de nettoyage de la nature...) ;
– reboisement ;
– création de zones protégées (aménagement de tunnels à crapauds, ponts à gibier, réserves naturelles, parcs régionaux et nationaux...) ;
– établissement de quotas de pêche ou de chasse ;
– protection des espèces en voie de disparition, etc.

À retenir

Les écosystèmes sont fragiles, l'impact de l'être humain peut avoir des conséquences irréversibles. La prise de conscience actuelle, à l'origine d'actions de développement durable, devrait garantir aux générations futures des conditions favorables à leur existence et à la satisfaction de leurs besoins socio-économiques. C'est pourquoi l'EDD ou éducation au développement durable est désormais prescrite par les programmes scolaires.

TEST D'AUTO-ÉVALUATION 7

Corrigé p. 120

1 Questions à réponse courte

a. Quelles sont les différentes composantes d'un écosystème ?

b. Que deviennent les feuilles et les branches qui tombent au pied des arbres ?

c. Quelle différence y a-t-il entre chaine et réseau alimentaires ?

d. Quels sont les trois piliers du développement durable ?

2 Vrai ou faux ?

Identifiez la ou les proposition(s) juste(s) et corrigez celle(s) qui présente(nt) une ou des erreur(s).

a. Les êtres vivants d'un milieu y sont adaptés.

b. Tous les biotopes ne possèdent pas de décomposeurs.

c. La minéralisation est la transformation de la matière minérale en matière organique.

d. L'être humain n'exerce que des actions défavorables aux milieux naturels.

e. L'eutrophisation est le surdéveloppement de végétaux aquatiques à la suite d'une arrivée massive de nitrates et de phosphates dans les cours d'eau.

3 QCM (plusieurs bonnes réponses possibles)

1. Les différentes relations au sein d'un écosystème sont :

a. la prédation

b. la compétition

c. la symbiose

d. la reproduction

e. le parasitisme

2. Dans les chaines alimentaires, il y a des transferts de :

a. matières minérales

b. matières organiques

c. lumière

d. énergie

3. L'être humain déséquilibre les écosystèmes en :

a. rejetant dans ceux-ci diverses substances modifiant les conditions physicochimiques et/ou perturbant les fonctions des organismes qui y vivent

b. implantant dans un milieu des espèces qui lui sont étrangères

c. utilisant de manière raisonnée les moyens de transport

d. imposant des quotas de pêche ou de chasse

4 Réaliser une représentation scientifique

À partir du tableau ci-dessous, proposez le schéma légendé d'une partie du réseau alimentaire de l'Atlantique. (Dans votre légende devront apparaitre notamment les niveaux trophiques.)

Nourritures consommées par des êtres vivants évoluant dans l'océan Atlantique Nord

Êtres vivants	Nourriture consommée préférentiellement
Sardine	Zooplancton
Thon rouge	Maquereau, sardine
Maquereau	Zooplancton
Zooplancton	Phytoplancton
Dauphin	Maquereau

CHAPITRE 8

Sciences de la vie et de la Terre

Les activités du globe

- Troisième planète du système solaire, située à près de 150 millions de kilomètres du Soleil, la Terre bénéficie de conditions favorables à la vie. N'étant pas une simple structure rocheuse immense sur laquelle nous vivons, elle est notamment constituée de trois couches fondamentales. Le schéma ci-contre en montre la structure.
- Elle n'est pas non plus inerte, mais présente une certaine dynamique à l'origine de manifestations externes qui peuvent être dangereuses pour nous : les volcans et les séismes.

Vue schématique de la structure du globe

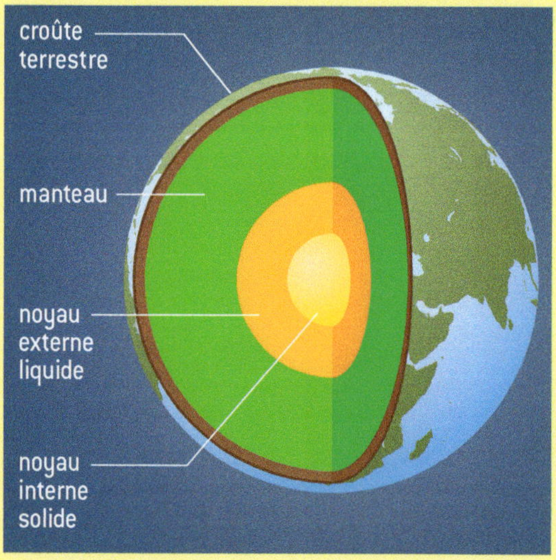

Les diverses activités de **notre planète** ne sont appréhendées qu'en cycle 3 et ce afin que les élèves identifient les enjeux liés à l'environnement.

LE COURS

1 Les volcans et les séismes

La Terre manifeste une activité permanente sous la forme d'**éruptions volcaniques** (actuellement, on dénombre plus de 1 000 volcans en activité) et de **séismes** ou tremblements de terre (plus d'un million de séismes se produisent chaque année). La carte ci-dessous permet d'en retrouver la répartition sur notre planète.

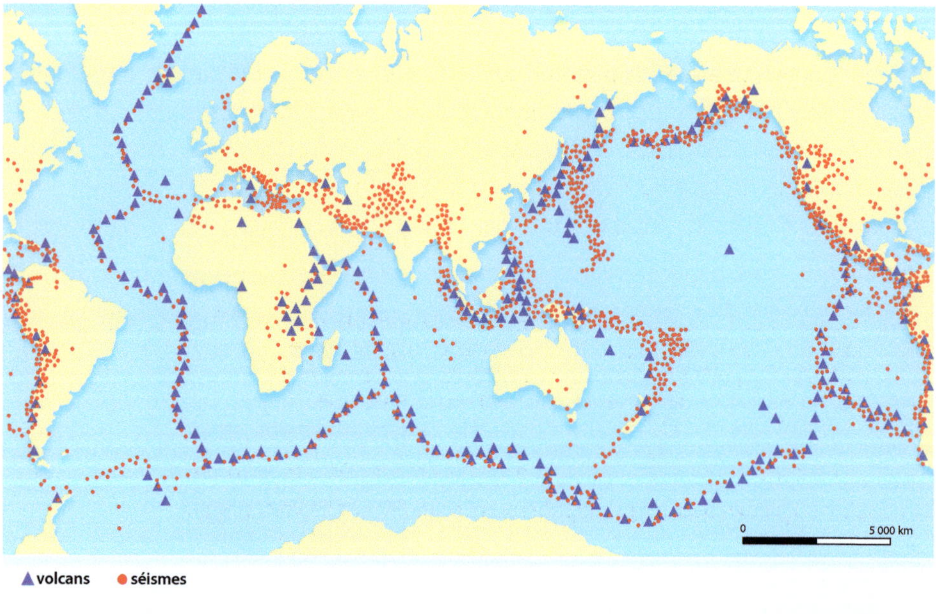

1. Les volcans

• Des reliefs particuliers

Les volcans sont formés de l'accumulation de roches d'origine profonde, essentiellement de la partie superficielle du manteau (entre –30 et –150 km). Leur formation s'effectue en trois phases :

– le **magma** se forme à partir de la fusion partielle de roches avoisinantes. Il correspond donc à de la matière minérale en fusion ; il est riche en gaz ;

– le magma s'accumule dans un **réservoir (ou chambre) magmatique.** Les gaz qu'il contient poussent le magma vers la surface par le biais de fissures dont l'ensemble constitue une **cheminée** ;

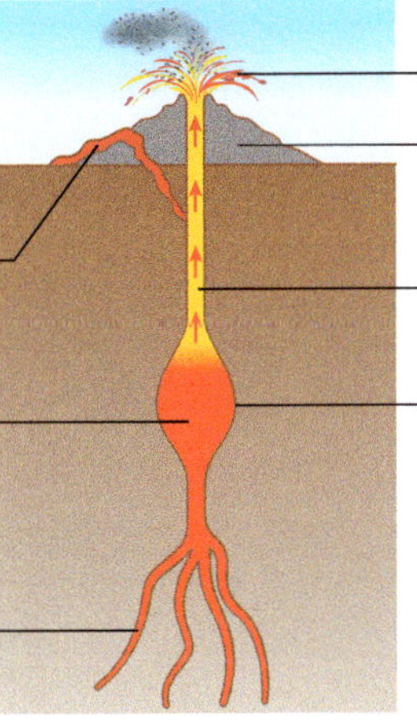

Schéma général d'un volcan

– l'**éruption volcanique** se produit. Plus ou moins violente, par accumulation des différents produits émis, elle est à l'origine des reliefs souvent coniques surmontés parfois d'un **cratère** creusé par les explosions provoquées par les gaz.

Les volcans actifs sont situés dans des zones bien précises du globe (voir la carte p. 100). Au niveau des continents, les édifices volcaniques constituent souvent des alignements le long de zones de fractures de la croute terrestre. Au niveau des océans, l'activité volcanique est principalement localisée au niveau des plus longues chaines de montagnes de notre planète situées dans chacun des océans et appelées dorsales océaniques.

• Deux types de volcans

Il existe deux types de volcans, selon le magma d'origine.

• Les volcans effusifs

Si le magma est basique (pauvre en silice), la **lave** de couleur sombre est très **fluide** et de température comprise entre 900 et 1 200 °C. Les gaz s'en échappent facilement, ne créant pas de surpression sous le volcan. Les explosions sont minimes. Les laves sont expulsées sous forme de **coulées.** Ce type de volcanisme se localise au niveau des points chauds (comme à Hawaii ou à La Réunion par exemple) ou au niveau des dorsales.

> **REMARQUE**
> En géologie, un **point chaud** est un volcan à activité régulière et dont le matériel a une origine exceptionnellement profonde. Certains géologues pensent que le magma remonte depuis le manteau (vers 700 km de profondeur), d'autres émettent l'hypothèse qu'il proviendrait de l'interface du manteau et du noyau située à 2 900 km de profondeur.

Lorsque la lave se trouve en contact avec l'eau de mer, elle se refroidit très vite et forme alors de la **lave en coussins** ou *pillow-lava*. La principale roche produite par ce volcanisme s'appelle le **basalte**.

- **Les volcans explosifs**

Si le magma est acide (riche en silice), la lave qui en est issue a une température de 900 °C en moyenne et est **visqueuse**. Les gaz s'échappant très difficilement créent des pressions considérables à l'origine d'explosions très violentes sous forme de **nuées ardentes** (mélange de gaz, de cendres et de blocs). Les blocs dévalent les pentes du volcan à grande vitesse (200 à 500 km/h) tandis que les panaches de gaz peuvent s'élever à plus de 20 km d'altitude.

Voir le logiciel accessible en ligne sur : www.fondation-lamap.org/sites/default/files/upload/media/minisites/projet_risques/animations-html/volcans.html

L'activité explosive est souvent à l'origine d'un dôme. La montagne Pelée, en Martinique, en est un exemple. En 1902, la ville de Saint-Pierre fut détruite par une nuée de ce volcan qui fit 28 000 victimes.

Ce type de volcanisme se produit au niveau des zones de subduction (voir p. 106). La roche caractéristique de ce type de volcanisme est l'**andésite**.

La prévision des risques volcaniques

L'ascension du magma déclenche des modifications en surface :
– une activité sismique sous constante vigilance ; on surveille la moindre secousse du sol au niveau du volcan et on alerte s'il s'avère que leur fréquence et leur intensité augmentent ;
– des déformations du sol : variations de pente du volcan (mesurées par des inclinomètres), gonflement du volcan, signes de remontée magmatique ;
– émissions de gaz, de cendres et mini-explosions analysées ou filmées par des caméras sur place et des satellites de surveillance.

Ces signes précurseurs d'une éruption volcanique font l'objet d'observations et d'études scientifiques de plus en plus précises, mais la prévision reste délicate. Les vulcanologues ne peuvent pas encore à l'heure actuelle déterminer le moment de l'éruption ni la nature de celle-ci. En effet, un volcan ne présente pas toujours le même type d'éruption (cela dépend de la nature du magma produit et de la pression de gaz dans celui-ci) et n'a pas une activité régulière.

Pour aller plus loin, consultez le site : www.assemblee-nationale.fr/rap-oecst/risque/R1540-05.asp.

1 2. Les séismes

Une origine liée à la rigidité de la couche superficielle terrestre

La partie superficielle de notre planète est rigide. Or des forces de compression et de distension s'exercent en permanence sur elle. Les matériaux qui la composent accumulent de l'énergie qui se libère brutalement quand la résistance des matériaux est devenue insuffisante en provoquant une rupture au **foyer** ou hypocentre du séisme. Cela génère des trains d'**ondes sismiques** qui se propagent dans toutes les directions et sont à l'origine de vibrations et de déformations perceptibles en surface, d'autant plus que l'on se trouve à l'aplomb du foyer, au niveau de l'**épicentre**.

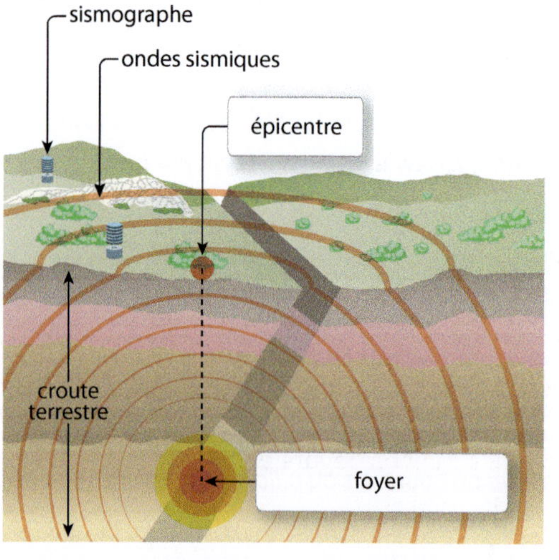

Lorsque le séisme se produit en mer, il peut générer une vague géante, ou **tsunami**. Les séismes importants sont la plupart du temps suivis de secousses de moindre amplitude, les **répliques**. La répartition des séismes sur le globe est également particulière (voir p. 100).

• La mesure des séismes

L'**échelle de Mercalli** ou l'**échelle MSK** (en référence à ses auteurs : Medvedev, Sponheuer et Karnik), plus récente, sont graduées de 1 à 12 selon les dégâts croissants occasionnés sur les constructions par les vibrations du sol. Or les conséquences matérielles ne se font bien sûr sentir que dans les zones construites et dépendent aussi de l'intensité des secousses et de la résistance des matériaux. Ces échelles ne sont donc pas souvent employées.

Logiciel accessible en ligne : www.fondation-lamap.org/sites/default/files/upload/media/minisites/projet_risques/animations-html/seismes.html

Les vibrations du sol sont enregistrées par des appareils appelés **sismomètres** ou **sismographes**. Leurs enregistrements portent le nom de sismogrammes (voir schéma ci-contre d'un séisme enregistré par quatre stations différentes).

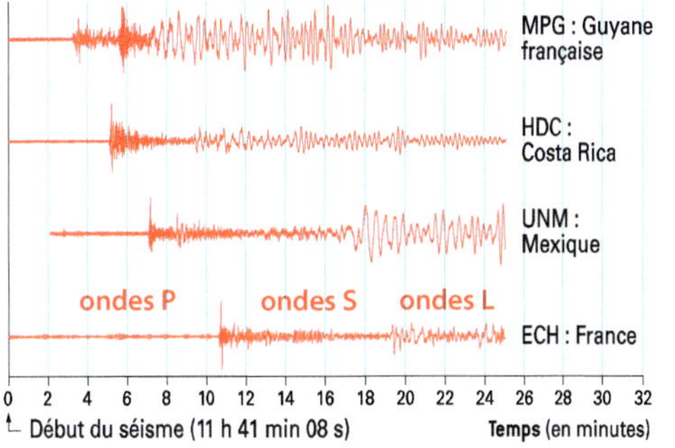

Sismogramme

On distingue trois types d'ondes sismiques sur ces enregistrements :
– les **ondes P**, qui arrivent les premières ; elles correspondent aux vibrations longitudinales en compression ;
– les **ondes S**, qui arrivent les secondes ; elles correspondent aux vibrations transversales de cisaillement ;
– les **ondes L** ou ondes longues, plus lentes.

Ces enregistrements permettent de déterminer :
– la position du foyer et celle de l'épicentre.
– la **magnitude** (= énergie libérée par le séisme au niveau du foyer). Celle-ci est mesurée par l'**échelle de Richter**.

L'échelle de Richter, beaucoup plus précise que la précédente, est *a priori* ouverte (non limitée), mais on a rarement observé de valeur supérieure à 9. Le passage d'un degré au degré supérieur indique une multiplication par 10 de l'amplitude du mouvement.

• La prévention des risques sismiques

Le **risque sismique** est la combinaison d'un aléa sismique (probabilité que se produise un séisme important) et d'un enjeu (personnes et biens menacés par le séisme).

Les moyens modernes : satellites et capteurs, permettent de connaitre les failles actives et de mesurer les moindres mouvements de terrain afin de chercher à prévoir les séismes. Toutefois, actuellement, cela reste très incertain. En effet, un séisme de même magnitude n'a pas les mêmes conséquences en termes d'intensité de secousses selon la nature des terrains traversés par les ondes sismiques. Et à intensité de secousses égale, il ne fera pas non plus les mêmes dégâts en fonction de la densité de population et de la nature des bâtiments.

Pour aller plus loin, voir : www.ecologie.gouv.fr/tremblements-terre-et-seismes-en-france

Dans les zones à risques, les constructions sont de nos jours soumises à des règles strictes de construction parasismique mais que seuls les pays les plus riches ont les moyens de suivre. L'information et l'éducation des populations ainsi que l'organisation de dispositifs de secours restent fondamentaux.

À retenir

Les volcans et les séismes sont de natures variées mais de localisation déterminée (voir carte p. 100) : on constate une certaine superposition. Aucune méthode actuelle ne permet de répondre de façon certaine à leur survenue ni de s'en protéger. Cependant, la prévision de ces catastrophes naturelles s'améliore et permet de sauver de plus en plus de vies humaines.

2 La géodynamique interne et la tectonique globale

L'existence de séismes et de volcans actifs sur notre planète est le reflet de son activité interne. Les mouvements constatés lors des séismes, la complémentarité des formes de certains continents et les mesures effectuées grâce à des satellites suggèrent que toute la partie externe de la Terre est animée de mouvements.

Nous verrons, dans une première partie, comment il est possible de connaitre la structure du globe et qu'elle n'est pas aussi simple que celle présentée dans l'introduction générale de ce chapitre. Notre planète a en son centre une centrale thermique, ce qui génère des déplacements de matière en son sein, eux-mêmes responsables des différents mouvements à sa surface que nous aborderons en deuxième partie.

2 1. La structure de la Terre

Le forage le plus profond réalisé est de 12 km, distance insignifiante au regard des 6 370 km de rayon de notre planète. On a donc recours à des méthodes indirectes telles que l'étude de la vitesse de propagation des ondes sismiques pour connaitre la structure du globe.

Des expériences en laboratoire ont permis de savoir que :
– les ondes sismiques P et S (voir paragraphe « La mesure des séismes », p. 103) se propagent d'autant plus vite que les matériaux qu'elles traversent sont solides ;
– les ondes S ne peuvent pas se propager dans un milieu liquide ;
– il y a correspondance entre une vitesse donnée de propagation des ondes P et les matériaux (roches ou métaux) traversés.

Une variation brutale de leur vitesse de propagation indique une limite (ou discontinuité) entre deux couches de nature différente. Exemple : la discontinuité de Mohorovicic, appelée le Moho, située entre les deux premières couches.

Toutes ces caractéristiques ont permis de mettre en évidence que la Terre est constituée de trois couches de composition différente :

1. La croute est la couche superficielle. La **croute océanique,** essentiellement composée de basalte, a une épaisseur comprise entre 5 et 10 km ; la **croute continentale** est composée de granite est d'une épaisseur comprise entre 30 et 70 km.

2. Le manteau comporte deux parties : le **manteau supérieur** et le **manteau inférieur,** de profondeur comprise entre 700 et 2 900 km. Il est composé d'une roche particulière appelée péridotite. Ce n'est pas une couche de magma, malgré une température comprise entre 1 200 et 3 000 °C en raison des très fortes pressions qui y règnent.

3. Le **noyau,** liquide dans sa partie externe et solide dans sa partie interne (ou **graine**), est composé essentiellement de fer et de nickel. Les courants qui brassent le métal fondu du noyau externe créent en outre une force magnétique à l'origine du magnétisme terrestre.

Schéma de la structure du globe terrestre

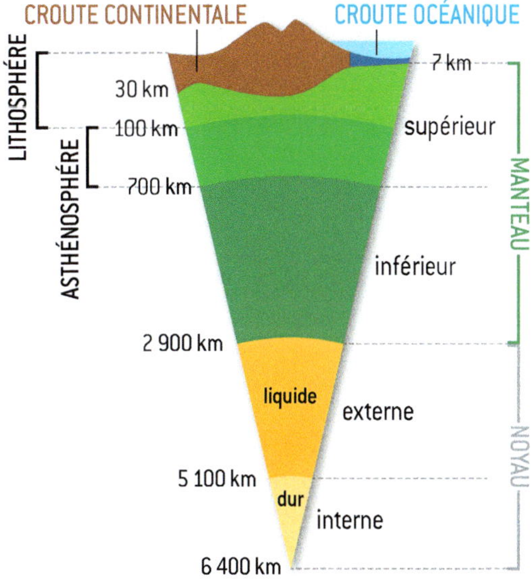

Les 100 premiers kilomètres constitués de la croute et de la partie supérieure du manteau supérieur sont rigides et cassants. Ils correspondent à la **lithosphère**. Celle-ci repose sur une enveloppe solide mais plus malléable et plastique que la précédente, l'**asthénosphère**, dont la profondeur est comprise entre 100 et 700 km. Elle est constituée de tout le reste du manteau supérieur.

2. Des plaques lithosphériques en mouvement

• La lithosphère est découpée en plaques

La lithosphère est découpée en une douzaine de structures appelées **plaques lithosphériques**, animées de mouvements (voir schéma ci-dessous).

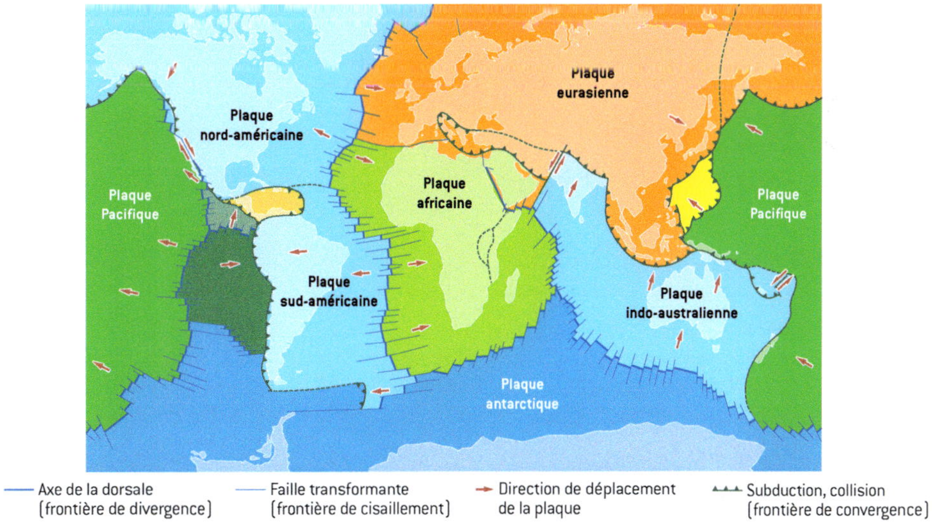

On distingue trois types de mouvements relatifs :

1. Par **convergence**, deux plaques se rapprochent l'une de l'autre. Lorsqu'il s'agit de deux continents, on parle de **collision,** à l'origine de la formation d'une chaine de montagnes. Quand une plaque continentale et une plaque océanique convergent, la seconde plonge sous la première. C'est la **subduction**. Par exemple, la plaque de Nazca plonge sous la plaque sud-américaine, la plaque pacifique glisse en dessous de la plaque eurasiatique (ou eurasienne).
2. Par **divergence**, deux plaques s'écartent l'une de l'autre. Cela se réalise au niveau des chaines de volcans situées dans les océans, les **dorsales** (la dorsale située au centre de l'Atlantique ou la dorsale du Pacifique oriental par exemple). La croute océanique s'y forme, on parle d'**expansion océanique**.
3. Par **coulissage**, elles glissent l'une par rapport à l'autre comme par exemple au niveau de la faille de San Andreas en Californie, entre la plaque pacifique et la plaque nord-américaine.

Ces mouvements s'accompagnent de déformations des terrains géologiques appelés plis ou failles.

La théorie selon laquelle les plaques lithosphériques se déplacent sur l'asthénosphère (voir paragraphe « La structure de la Terre » p. 104) moins rigide mais plus dense est la **tectonique des plaques**.

• La convection, moteur du déplacement des plaques

La Terre évacue la chaleur qu'elle produit par réactions nucléaires au niveau du noyau par des mouvements lents (quelques cm/an) de matière. On parle de courants de **convection**, représentés en rouge sur le schéma ci-contre. Les matières chauffées au contact de cette « centrale thermique » remontent du fait de leur moindre densité, engendrant les dorsales à la surface. Une fois remontées, ces matières refroidissent, deviennent plus denses et descendent. En surface, cela se traduit par de la subduction ou de la collision.

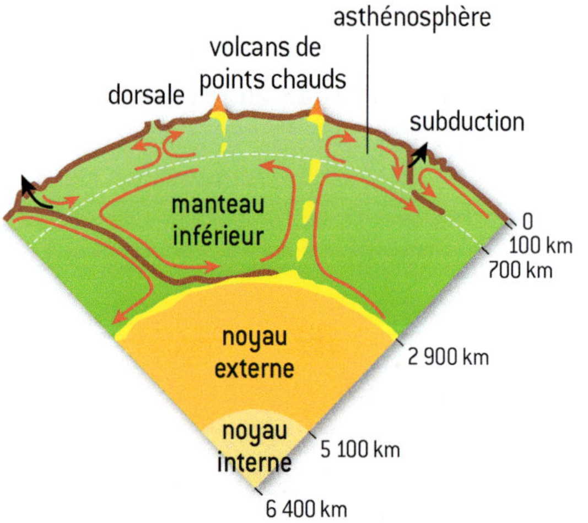

À retenir

Notre planète est constituée de couches concentriques. La lithosphère, qui forme la surface de la Terre, est divisée en plaques qui se déplacent les unes par rapport aux autres selon trois mouvements relatifs. Elle se forme au niveau des dorsales par activité volcanique, disparait au niveau des zones de subduction ou se réduit en longueur au niveau des chaines de montagnes. Le déplacement des plaques est dû à une libération de chaleur.

TEST D'AUTO-ÉVALUATION 8

Corrigé p. 122

1 Questions à réponse courte

a. Quelle est l'origine d'un séisme ?

b. Comment limiter les risques sismiques ?

c. Donnez les caractères essentiels de chacun des deux grands types de volcans.

d. Quels sont les mouvements relatifs des plaques lithosphériques ?

2 Vrai ou faux ?

Identifiez la ou les proposition(s) juste(s) et corrigez celle(s) qui présente(nt) une ou des erreur(s).

a. L'épicentre est le point situé à la surface du globe au-dessus de l'hypocentre.

b. Les sismogrammes peuvent enregistrer des secousses sismiques à des points très éloignés de l'épicentre.

c. L'éruption volcanique est due à la surpression des gaz inclus dans le magma.

d. La répartition des volcans et des séismes présente beaucoup de similitudes.

e. Le mouvement de matière au sein de notre planète s'appelle mouvement de conduction de la chaleur produite. Il engendre la mobilité des plaques.

3 QCM (plusieurs bonnes réponses possibles)

1. Le magma est :

a. l'ensemble de la lave produite par un volcan

b. plus ou moins visqueux selon sa teneur en silice

c. produit au centre de la Terre

d. provient d'une couche située sous la lithosphère

2. Il existe différents types d'ondes sismiques :

a. les ondes A, B et C

b. les ondes P, S et T

c. les ondes P, S et L

d. les ondes L, M, N et P

3. La magnitude est :

a. mesurée par les échelles de Mercalli et MSK

b. l'énergie libérée par un volcan

c. l'énergie libérée par le foyer sismique

d. liée au magnétisme terrestre

Des étapes de la vie sur Terre

• Quel âge a notre planète ? Cette question a depuis longtemps interpellé les êtres humains, au point d'engendrer de nombreux débats entre croyances et savoirs. L'un des premiers à chercher à y répondre de façon précise est l'archevêque anglican James Ussher (1581-1656). Ses calculs l'amènent à affirmer que notre planète a été créée par Dieu le 23 octobre 4004 avant J.-C. Cette datation est inscrite dans un courant de pensée longtemps incontesté, le créationnisme.

• Georges Louis Leclerc, comte de Buffon (1707-1788) rejette cette idée[1] et calcule empiriquement un tout autre âge. En se basant sur la vitesse de refroidissement de sphères métalliques de différents diamètres, il l'estime à 10 millions d'années environ bien qu'il l'ait annoncé à 74 000 ans. C'est la première ébauche de datation absolue.

• En 1896, la découverte de la radioactivité sera à l'origine du développement de la radiochronologie qui permettra une vingtaine d'années plus tard d'évaluer l'âge de minéraux et de roches. Les plus vieilles roches terrestres ont été trouvées au nord-ouest du Canada. D'après cette méthode de datation, elles auraient 4,4 milliards d'années. Or, la tectonique des plaques[2] entraine le renouvellement de la surface de la Terre et donc avec lui la disparition des roches accessibles. Notre planète est donc plus âgée. On se fonde désormais sur la **datation de ses matériaux originels, les météorites**. Clair Patterson, un géochimiste américain (1922-1995) a ainsi estimé l'âge de la Terre à **4,55 milliards d'années**.

• **Les dates et modalités d'apparition de la vie sont encore sujettes à polémique** mais les scientifiques s'accordent à penser qu'elle a eu lieu alors que notre planète avait plus de **500 millions d'années, sous la forme unicellulaire**. Aucune trace de ces premières formes de vie n'a encore été avérée. Les biologistes ont recours au concept de LUCA (Last Universal Common Ancestor) pour évoquer l'ancêtre commun à tous les organismes de notre planète.

• Ce chapitre se propose d'étudier **les grandes lignes de la vie sur Terre** avec, tout d'abord l'apport de **l'étude des fossiles**, puis se focalisera sur les **traces passées de la lignée des êtres humains**.

Les étapes de la vie sur Terre sont étudiées en cycle 3 dans le thème « Le vivant, sa diversité et les fonctions qui le caractérisent ». Les élèves apprennent alors à identifier des liens de parenté entre les êtres vivants et à comprendre les grandes lignes de l'évolution.

1. Voir son ouvrage *Les Époques de la nature*, 1778.

2. Voir la leçon 2 du chapitre 8 p. 104.

Pour en savoir plus, voir l'article de l'IFÉ (Institut français de l'éducation) accessible à l'adresse : http://acces.ens-lyon.fr/evolution/biodiversite/dossiers-thematiques/origine-de-la-vie/introduction

LE COURS

1 Les fossiles, traces du passé de la Terre

Il existe trois grands types de roches sur notre planète :

– les **roches magmatiques**[3] **provenant de la fusion partielle de roches** ;

– les **roches métamorphiques** issues de la transformation de roches à l'état solide suite à de nouvelles conditions de pression et/ou de température ;

– les **roches sédimentaires**, qui sont issues du dépôt de produits d'érosion de roches préexistantes. Par enfouissement, les sédiments se compactent et donnent une roche sédimentaire. Le grès, l'argile et la craie en sont des exemples. Or ce type de roche peut contenir des fossiles.

3. Quand celles-ci cristallisent en profondeur, on parle de roches plutoniques, quand elles le font en surface, il s'agit de roches volcaniques (voir leçon 1 du chapitre 8 p. 100).

Un **fossile** est un reste ou l'empreinte d'un être vivant conservés dans une roche à la suite d'un processus d'enfouissement. Les parties molles ne sont qu'exceptionnellement conservées. Or tous les êtres vivants ne possèdent pas de coquille, de carapace, de squelette ou d'autres parties dures.

La **fossilisation** nécessite des conditions environnementales très particulières. À sa mort, l'être vivant doit échapper à sa complète décomposition. Cela ne peut se faire qu'à la suite d'un enfouissement rapide qui le met à l'abri du dioxygène. C'est dans des sédiments, dans des milieux humides comme la mer ou les marais par exemple, que la fossilisation se réalise le plus souvent.

On estime que seul 1 % des êtres vivants se fossilise. Comme on ne les retrouve pas tous, il est très difficile de connaitre l'ensemble des êtres vivants ayant peuplé notre planète et donc de reconstituer leur évolution. Ceux qui les étudient sont des **paléontologues**.

Selon le **principe de l'actualisme**, on peut reconstituer un paysage passé. Cette théorie postule « que les lois régissant les phénomènes géologiques actuels étaient également valables dans le passé[4] ». Ainsi, quand on retrouve divers fossiles dont les représentants actuels vivent dans un milieu précis comme une mer tropicale peu profonde, on en déduit qu'à l'époque correspondante à l'âge de la strate sédimentaire ce type de milieu existait à cet endroit.

4. *Dictionnaire de géologie*, A. Foucault et J.-F. Raoult, Masson, 1980.

2 Les grandes lignes de l'évolution

Les conditions qui régnaient sur Terre il y a environ 4 milliards d'années étaient défavorables à la vie. Non protégée par une couche d'ozone, la surface de la planète était irradiée par les ultraviolets, de même que les 10 premiers mètres de profondeur d'eau. On suppose donc que la vie est apparue au-delà de cette profondeur. Les êtres vivants sont alors unicellulaires et leur matériel génétique n'est pas dans un noyau mais baigne directement dans le cytoplasme (on parle de **procaryotes**).

Il y a 3 milliards d'années apparaissent des **bactéries** particulières (les cyanobactéries) qui, par photosynthèse[5], produisent alors un nouveau gaz, le **dioxygène** qui après avoir été présent à l'état dissous en milieu océanique enrichit progressivement l'atmosphère. Cet événement est à l'origine de la formation de la couche d'**ozone** mais aussi de l'apparition de nouveaux êtres vivants capables de vivre en aérobie.

5. Voir p. 83.

Les plus vieux fossiles de cellules à véritables noyaux (les **eucaryotes**) sont datés de 2 milliards d'années. Puis, apparaissent les organismes pluricellulaires. Deux sites dont les roches sont datées respectivement de 600[6] et de 525[7] Ma (millions d'années) témoignent d'une grande diversité des formes de vie, en particulier des animaux sans squelette. La plupart de ces animaux ont disparu.

6. Site d'Ediacara en Australie méridionale.
7. Site de Burgess au Canada.

Les plus anciens **végétaux continentaux** sont datés d'environ 470 Ma. Ils acquièrent des structures de soutien, des racines et des vaisseaux permettant la conduction de la sève. Puis apparaissent les premières plantes à fleurs (il y a environ 200 Ma).

Les premiers **animaux continentaux** sont estimés à – 410 Ma après que soient apparus les premiers Vertébrés (les Poissons vers 450 Ma, les Amphibiens vers 360 Ma et les Reptiles vers 300 Ma). Les Dinosaures, les Mammifères puis les Oiseaux se manifestent respectivement il y a 230 Ma, 170 Ma et 150 Ma.

Histoire de la vie au cours des temps géologiques

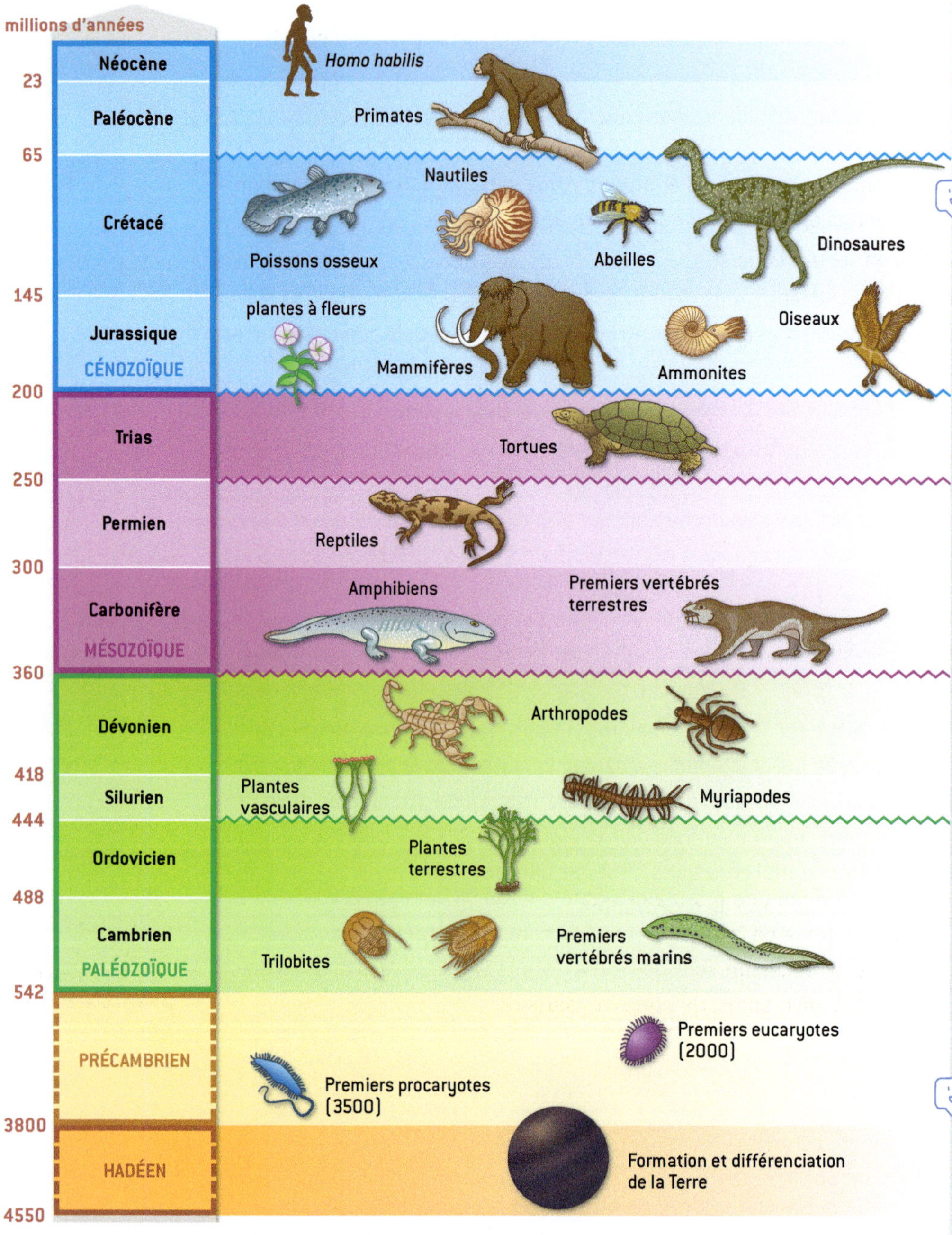

Les crises ayant provoqué des extinctions massives sont représentées par une ligne fracturée.

La différenciation se caractérise dans un premier temps par la formation des enveloppes internes de la Terre (croute, manteau et noyau – voir chapitre 8 p. 105), puis, dans un deuxième temps, par la formation des enveloppes externes (hydrosphère et atmosphère).

3 Crises et temps géologiques

En 1840, Alcide d'Orbigny, naturaliste français, définit les 28 couches sédimentaires ou « étages stratigraphiques » encore valides aujourd'hui. La Terre aurait subi 28 « créations » de diverses formes de vie et 27 catastrophes (dont le Déluge) détruisant toutes vies.

Aujourd'hui, on ne définit que cinq crises ayant provoqué des extinctions plus ou moins massives, mais jamais totale, des différents êtres vivants :

– à la fin de l'Ordovicien (– 444 Ma) ;
– à la fin du Dévonien (– 360 Ma) ;
– à la limite du Permien-Trias (– 251 Ma), la plus grande extinction. Elle a affecté 90 % des êtres vivants ;
– à la fin du Trias (– 200 Ma) ;
– à la fin du Crétacé (– 65 Ma), ayant entrainé, entre autres, la disparition des Dinosaures.

À ces extinctions massives dues à des **bombardements météoritiques** ou des **activités géologiques intenses** (formation de chaines de montagne ou volcanisme), ont succédé des périodes de **diversification** des espèces ayant survécu.

Les géologues se servent notamment de ces crises pour établir des **coupures des temps géologiques**. Ils distinguent ainsi quatre **ères** de durée variable subdivisées en systèmes (ou **périodes**) eux-mêmes subdivisés en sous-systèmes (ou **époques**). La dernière subdivision correspond aux **étages** de durée moyenne de 5 à 6 Ma.

Les géologues ont ainsi établi l'échelle des temps géologiques représentée ci-après.

À retenir

À partir d'une origine commune une grande diversité d'êtres vivants est apparue lors de grandes phases de l'histoire de la Terre. Les événements géologiques ont influencé l'évolution du monde vivant. Plusieurs fois, des êtres vivants ont disparu et laissé place à d'autres qui se sont alors diversifiés. On parle d'évolution[8].

8. Les mécanismes de l'évolution sont présentés dans le paragraphe 2.3 du chapitre 1 p. 45.

4 Une page récente de l'histoire de la Terre, l'évolution de l'être humain

La dernière crise que notre planète a connue, appelée crise Crétacé-Tertiaire a fait disparaitre les Dinosaures il y a 65 Ma. On attribue à cet événement l'opportunité de la diversification des Mammifères dont font partie les Primates. Nous devrions donc notre présence, quelques millions d'années plus tard, à cette crise. Après avoir placé l'être humain parmi les animaux, nous présenterons l'histoire de notre lignée.

❹ 1. La place de l'être humain dans le règne animal

Depuis Darwin, placer l'être humain parmi les animaux ne pose plus de problème pour un biologiste ou un paléoanthropologiste. Par les caractères que nous possédons en commun avec d'autres animaux, nous nous classons[9] parmi les **Primates**. Ces derniers sont en effet les seuls à posséder des mamelles, des ongles et des pouces opposables (voir ci-dessous).

9. Voir le chapitre 1, paragraphe 2.2 : La classification du vivant p. 44.

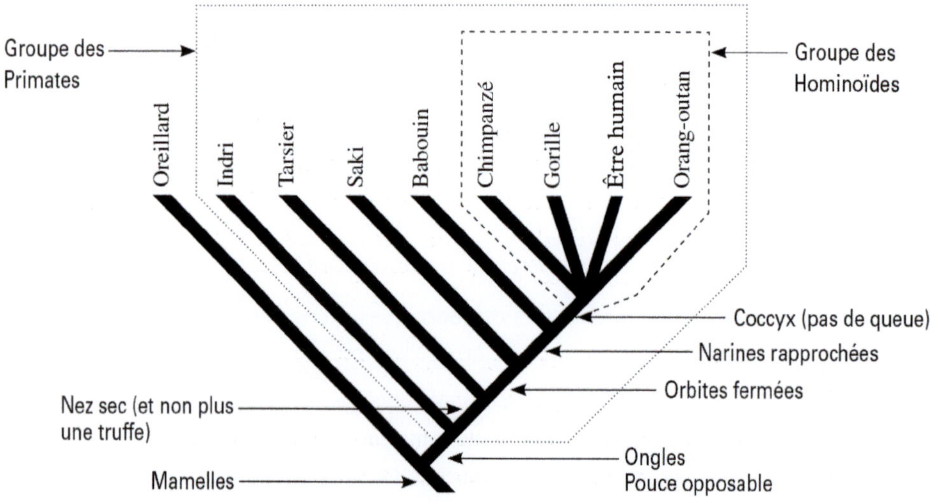

Les données génétiques permettent d'affirmer que l'**Hominoïde**[10] le plus proche de nous est le Chimpanzé. Nous avons avec lui un **ancêtre commun exclusif** daté à – 7 Ma. Nous ne descendons pas de lui.

10. Famille de Primates avec coccyx au lieu d'une queue.

❹ 2. Les critères d'appartenance à la lignée humaine

Le document ci-après présente les squelettes du Chimpanzé et de l'être humain. La bipédie de l'être humain est marquée, entre autres critères, par la présence de quatre courbures à la colonne vertébrale, d'un bassin court et évasé et de fémurs convergents. Par ailleurs, le volume crânien maximal du chimpanzé est de 450 cm^3 alors que celui de l'être humain est d'environ 1 500 cm^3.

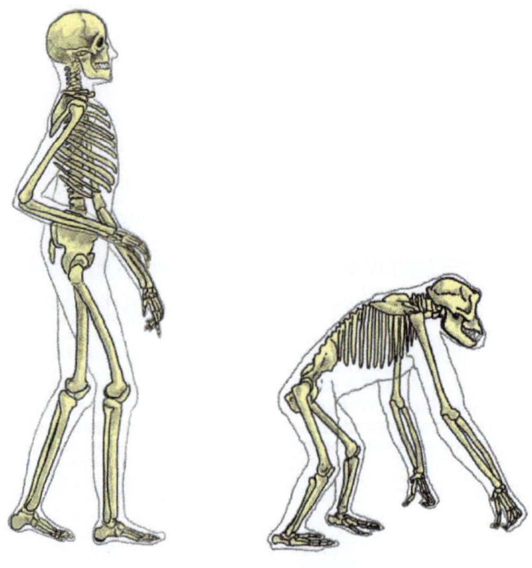

Depuis 8 millions d'années plusieurs genres (dont les Australopithèques et les *Homo*) et espèces d'êtres humains ont existé parfois simultanément. Aujourd'hui, il n'en reste plus qu'une, la nôtre, appelée *Homo sapiens*.

Ce qui caractérise la lignée humaine est :
– l'acquisition d'une **bipédie** permanente marquée par une station verticale ;
– l'augmentation du **volume crânien** ;
– les **activités culturelles** (outils, arts, culte des morts).

Le peu de fossiles trouvés ne permet pas d'établir de façon sûre l'histoire de notre évolution. D'autant qu'ils sont souvent très incomplets.

Un an après la découverte au Kenya de fragments osseux d'un primate appelé Orrorin (– 6 Ma), était découvert au Tchad, le crâne du fossile appelé Toumaï (*Sahelanthropus tchadensis*) daté de – 7 à – 6 Ma. Si leur appartenance au groupe des Hominoïdes ne fait aucun doute, on ne sait toujours pas avec certitude s'ils pourraient être considérés comme nos ancêtres ou ceux des Chimpanzés. Ils possèdent des caractères communs aux deux lignées.

Les plus anciens fossiles de notre lignée (– 4 Ma) correspondent à un groupe disparu il y a environ 1,5 Ma sans laisser de descendants, les **Australopithèques**. Ils ont tous été découverts dans la zone du rift africain. De taille comprise entre 1 m et 1,40 m environ, ils se caractérisaient par un volume crânien de 350 à 400 cm^3. Leur squelette atteste d'une bipédie occasionnelle.

L'un des plus anciens représentants du genre *Homo* est appelé ***Homo habilis***, apparu en Afrique vers – 2,5 Ma. D'une capacité cérébrale un peu plus élevée que les précédents, il semblerait que ce soit le premier à avoir su fabriquer des outils.

Un autre individu du genre *Homo* a marqué l'évolution de l'être humain en acquérant une très bonne bipédie qui a permis à certains de quitter l'Afrique, il s'agit d'***Homo erectus***.

Un autre *Homo* a été provisoirement sur la liste des prétendants de nos ancêtres, l'**Homme de Néandertal** découvert en Allemagne. Il a vécu il y a environ 35 000 ans.

L'***Homo sapiens***, ou l'être humain moderne, serait apparu il y a seulement 0,2 Ma soit il y a 200 000 ans, et aurait connu l'Homme de Néandertal.

Nous n'avons donc pour l'instant qu'une idée très partielle de notre histoire, comme l'illustre le document ci-dessous.

Quelques espèces du groupe des Homininés

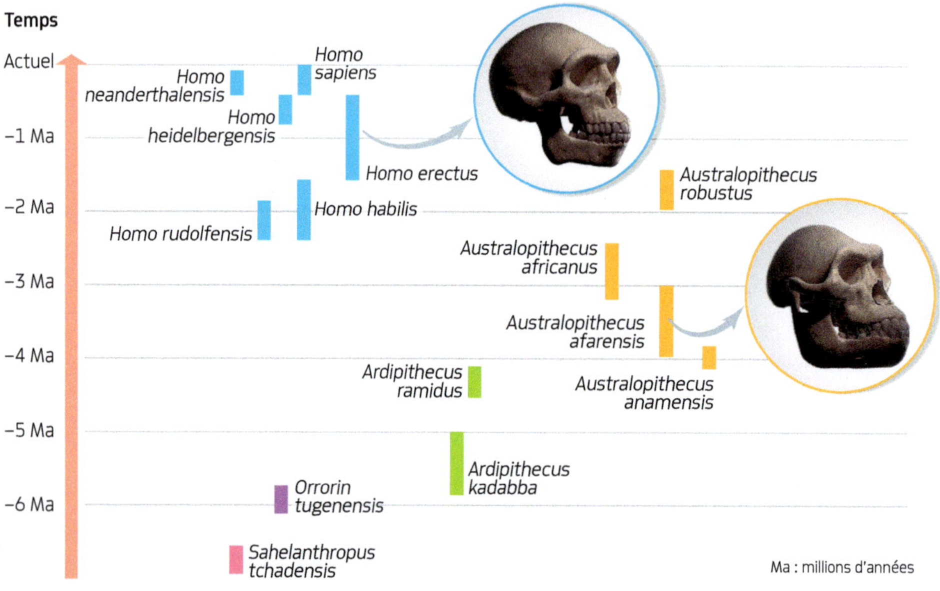

À retenir

L'évolution de l'être humain est donc une page très récente de l'histoire de la Terre. La divergence de la lignée des Chimpanzés et de la nôtre peut être située il y a environ 7 millions d'années. L'être humain moderne, le dernier et seul représentant de notre lignée, ne serait apparu qu'il y a 200 000 ans dans l'histoire de la vie terrestre, âgée de 4 milliards d'années. Pourtant celui-ci ne cesse déjà de marquer profondément l'ensemble des écosystèmes de notre planète.

TEST D'AUTO-ÉVALUATION 9

Corrigé p. 122

1 QCM (plusieurs bonnes réponses possibles)

1. Les fossiles :

a. peuvent être trouvés dans un seul type de roches, les sédimentaires

b. conservent tous les éléments d'un être vivant par fossilisation

c. de toutes les espèces ont été découverts

2. La vie sur Terre :

a. est apparue dans l'océan il y a 3 milliards d'années, soit 1,5 milliard d'années après sa formation

b. s'est installée progressivement et régulièrement

c. a alterné phases de diversification et phases d'extinction

3. Selon l'ordre chronologique :

a. les eucaryotes sont apparus avant les procaryotes

b. les végétaux ont été les premiers à coloniser les continents

c. les premiers mammifères sont plus anciens que les premiers oiseaux

2 Exploiter des documents

À partir d'informations prélevées dans les documents ci-dessous, émettez une hypothèse quant aux caractéristiques du milieu de vie des ammonites évoquées. Argumentez votre réponse.

Document 1

À 1,5 km au nord de Digne-les-Bains (Alpes-de-Haute-Provence), se trouve un site géologique particulier appelé « dalle à ammonites ». Ces fossiles ont un diamètre pouvant atteindre 70 cm de diamètre (voir document 1). La strate de calcaire dans laquelle se trouvent ces mollusques céphalopodes date du Sinémurien (étage inférieur du Jurassique, – 200 à – 190 Ma environ). Toutes les ammonites ont disparu. On y trouve aussi d'autres bivalves tels que des *pectens* ressemblant aux coquilles Saint-Jacques actuelles.

Photographie de la dalle à ammonites

Photographie d'un nautile

Document 2

Les êtres vivants actuellement les plus proches des ammonites sont les nautiles. Cet animal marin plonge la nuit pour échapper à ses prédateurs et remonte en surface pour attraper ses proies à l'aide de ses tentacules.

La coquille des nautiles est cloisonnée en plusieurs loges de taille croissante leur permettant de flotter.

On les trouve autour d'iles du Pacifique et au large des côtes australiennes.

3 Vrai ou faux ?

Identifiez la ou les proposition(s) juste(s) et corrigez celle(s) qui présentent une ou des erreur(s).

a. L'être humain descend du singe.

b. L'acquisition de la bipédie dans la lignée humaine est apparue chez *Homo erectus*.

c. Les premiers outils fabriqués sont attribués aux *Homo habilis*.

d. On peut savoir si le primate dont on a retrouvé le fossile était bipède en observant sa colonne vertébrale.

e. L'Homme de Néandertal a coexisté avec *Homo sapiens*.

f. *Homo sapiens* est le premier groupe à avoir quitté l'Afrique.

Corrigés

TEST D'AUTO-ÉVALUATION 1

Énoncé p. 46

1 Légender un document

1.a. Photographie d'une cellule observée au microscope optique.

1.b. Il s'agit d'une cellule appartenant à un animal. Elle n'est délimitée que par une membrane plasmique (ou : elle ne possède pas de paroi).

1.c. a : membrane plasmique ; b : noyau ; c : cytoplasme.

2 QCM

Les bonnes réponses sont :
1.a et **1.b** ; **2.a** ; **3.a** et **3.c**.

3 Réaliser une représentation scientifique

Classification emboitée des sept animaux proposés

- bouche-yeux
  - squelette externe 6 pattes
    - LIBELLULE
    - MOUSTIQUE
  - squelette interne osseux
    - 4 pattes
      - poils - mamelles
        - CAMPAGNOL
        - RAT MUSQUÉ
      - plumes
        - POULE D'EAU
        - CANARD COLVERT
    - nageoires avec rayons
      - CARPE
      - POISSON-CHAT

TEST D'AUTO-ÉVALUATION 2

Énoncé p. 61

1 Interpréter une illustration

1a est un crâne de carnivore, il possède tous les types de dents et celles-ci sont pointues. **1b** est un crâne d'herbivore reconnaissable à l'absence de canines et la barre (espace entre les incisives et les molaires).

2 Compléter un tableau

Enzymes	Lieu(x) d'action dans l'organisme	Molécules sur lesquelles elles agissent	Résultats de la digestion
Glucidases (exemples : amylase, saccharase, lactase, maltase…)	Bouche	Glucides complexes : amidon et glycogène	Maltose
	Intestin grêle	Autres glucides (saccharose, lactose maltose…)	Glucose
Protéases	Estomac	Protéines	Polypeptides
	Intestin grêle	Polypeptides et oligopeptides	Acides aminés
Lipases	Intestin grêle	Lipides	Acides gras et glycérol

3 QCM

Les bonnes réponses sont :

1.b ; **2.b** et **2.c** ; **3.a** et **3.c** ; **4.b** et **4.d**.

4 Reconnaitre des organes

La première photographie (a) correspond à une coupe transversale d'un poumon, identifiable par sa forme mais surtout par sa structure spongieuse richement vascularisée. On y voit également différentes sections de tubes cartilagineux correspondant à une bronche et des bronchioles.

La deuxième photographie (b) correspond à une coupe transversale d'un cœur. En effet, il s'agit d'un muscle creux. On voit ici deux cavités, le ventricule droit (situé à gauche sur le cliché) et le ventricule gauche caractérisé par un myocarde très épais. À l'endroit de la section, ce dernier correspond au 4/5e du volume de l'organe.

TEST D'AUTO-ÉVALUATION 3

Énoncé p. 70

1 Questions à réponse courte

a. Les cinq organes sensoriels humains sont les fosses nasales, la langue, la peau, les oreilles et les yeux.

b. Les nerfs sensitifs permettent de transmettre au cerveau les informations sensorielles captées par les organes des sens et codées en messages nerveux. L'organisme peut alors réagir à la présence de tels stimuli.

c. Quand nous sommes enrhumés, du mucus très épais encombre nos fosses nasales. Or le gout fait aussi intervenir la perception de l'odeur par notre nez en plus des saveurs par notre langue.

d. La marche (ou la course), le saut, la reptation, la nage et le vol.

2 QCM

Les bonnes réponses sont :

1.a et **1.c** ; **2.b** ; **3.a** et **3.b** ; **4.c** et **4.d**.

3 Interpréter un schéma par le biais d'un QCM

Les bonnes réponses sont :

1.c ; **2.a** et **2.d** ; **3.b**, **3.c** et **3.d**.

TEST D'AUTO-ÉVALUATION 4

Énoncé p. 81

1 Questions à réponse courte

a. La reproduction asexuée ne se fait qu'à partir d'un seul individu. Ses descendants héritent donc tous de son patrimoine génétique.

b. La cellule-œuf est la cellule issue de la fécondation d'un ovule par un spermatozoïde. L'œuf des ovipares est constitué de réserves, d'annexes et de la cellule-œuf qui se développe en embryon, le tout protégé d'une coquille ou d'une membrane. (Remarque : un œuf de poule n'est pas toujours fécondé, il s'agit alors d'un ovule particulier.)

c. Le placenta est une surface d'échange qui permet d'apporter des nutriments organiques et du dioxygène à l'embryon, et qui lui permet de se débarrasser de ses divers déchets (le CO_2 par exemple). De plus, il fixe l'embryon à l'utérus.

d. Les ovaires et les testicules sécrètent des hormones sexuelles (progestérone et œstrogènes pour les premiers et testostérone pour les seconds) et produisent des cellules reproductrices (ou gamètes).

e. Les règles ou menstruations correspondent à un écoulement sanguin dû à la dilacération de l'endomètre (ou muqueuse utérine). Elles se produisent normalement une fois tous les 28 jours environ s'il n'y a pas eu de nidation d'un embryon.

2 Vrai ou faux ?

La proposition vraie est la c. Les autres propositions sont fausses. En effet :

a. la fécondation interne est inféodée au milieu aquatique (les produits génitaux et les embryons étant très sensibles à la déshydratation) ;

b. c'est le développement de la cellule-œuf puis de l'embryon des vivipares qui se fait à l'intérieur de l'utérus ;

d. il n'y a jamais mélange de sang au niveau de l'utérus. Les échanges se font à travers la paroi des capillaires sanguins ;

e. le cordon ombilical ne relie pas l'embryon (ou fœtus) à l'utérus mais au placenta qui est lui-même fixé à l'endomètre.

3 QCM

Les bonnes réponses sont :

1.a et **1.c** ; **2.c** et **2.d** ; **3.a** et **3.c**.

TEST D'AUTO-ÉVALUATION 5

Énoncé p. 85

1 Questions à réponse courte

a. Une plante qui perd ses feuilles ne peut plus faire monter la sève brute dans son organisme et ne peut plus réaliser la photosynthèse. Elle ne peut donc plus produire la matière organique dont elle a besoin pour croitre et se développer.

b. L'eau et les sels minéraux sont absorbés au niveau des racines où ils forment la sève brute. Cette dernière monte dans la tige car elle est aspirée par les feuilles qui transpirent.

c. Sous nos latitudes, il existe quatre saisons. La croissance en longueur des arbres n'a lieu qu'à l'éclosion des bourgeons et donc au printemps. La croissance en épaisseur des troncs a lieu au printemps et en automne, elle est nulle pendant l'hiver. La croissance des arbres est donc saisonnière et discontinue.

2 QCM

Les bonnes réponses sont :

1.c ; **2.d** ; **3.a**, **3.b** et **3.d**.

3 Vrai ou faux ?

Les propositions vraies sont **a**, **c** et **d**. Les autres propositions sont fausses. En effet :

b. c'est l'inverse : les végétaux absorbent du dioxygène et rejettent du dioxyde de carbone lors de la respiration et absorbent du dioxyde de carbone et rejettent du dioxygène lors de la photosynthèse ;

e. les échanges gazeux ont bien lieu au niveau des stomates mais ceux-ci ne sont présents qu'à la surface des feuilles.

TEST D'AUTO-ÉVALUATION 6

Énoncé p. 92

1 Questions à réponse courte

a. Une graine est le résultat de la fécondation de l'ovule après pollinisation. Elle contient l'embryon et des réserves nutritives, et est protégée par un ou deux téguments.

b. Dans le cycle de vie de la plante, la graine se situe juste après la fécondation. Elle est donc le début de vie de la génération suivante. Qu'elle reste dans le fruit où elle est produite ou qu'elle en sorte, c'est un organe de dissémination qui permet au végétal de coloniser d'autres milieux. C'est aussi un organe de résistance du fait de sa déshydratation et de sa vie ralentie. Elle permet à la plante de résister aux mauvaises saisons. Et enfin, chez certaines plantes, la graine est le seul organe persistant en hiver ; elle assure alors la pérennité de l'espèce.

2 Vrai ou faux ?

Les propositions vraies sont **c**, **d** et **f**. Les autres propositions sont fausses. En effet :

a. la corolle est l'ensemble des pétales. L'ensemble des sépales correspond au calice ;

b. le pistil est l'organe femelle de la fleur, l'organe mâle est l'étamine ;

e. la graine n'a pas besoin de lumière pour germer, elle est hétérotrophe.

3 Remettre dans l'ordre

L'ordre chronologique des phases de la germination est : **b**, **e**, **a**, **d** et **c**.

4 QCM

Les bonnes réponses sont :

1.a et **1.d** ; **2.a** et **2.d** ; **3.b** et **3.c**.

TEST D'AUTO-ÉVALUATION 7

Énoncé p. 98

1 Questions à réponse courte

a. Les deux composantes d'un écosystème sont la biocénose, qui est l'ensemble des êtres vivants d'un milieu, et le biotope, qui est le milieu défini par ses caractères physicochimiques.

b. Les feuilles et les branches qui tombent des arbres sont mortes ou vont le devenir. Elles sont décomposées et transformées en humus puis en substances minérales par divers décomposeurs tels que les champignons et les bactéries.

c. Une chaine alimentaire est une suite d'êtres vivants établissant des relations trophiques. Un réseau alimentaire est l'imbrication de plusieurs chaines alimentaires dans un écosystème.

d. Les trois piliers du développement durable sont : la dimension environnementale, la dimension sociale et la dimension économique.

2 Vrai ou faux ?

Les propositions vraies sont **a** et **e**. Les autres propositions sont fausses. En effet :

b. tous les biotopes possèdent des décomposeurs qui participent au recyclage de la matière et donc au maintien de l'écosystème ;

c. la minéralisation est la transformation de la matière organique en matière minérale ;

d. Les êtres humains n'exercent pas que des actions néfastes à leur environnement, sensibilisés à la protection de celui-ci, certains entreprennent des actions bénéfiques comme la protection des espèces.

3 QCM

Les bonnes réponses sont :

1.a, **1.b**, **1.c**, **1.d** et **1.e** ; **2.a**, **2.b** et **2.d** ; **3.a** et **3.b**.

4 Réaliser une représentation scientifique

Partie du réseau trophique de l'océan Atlantique Nord

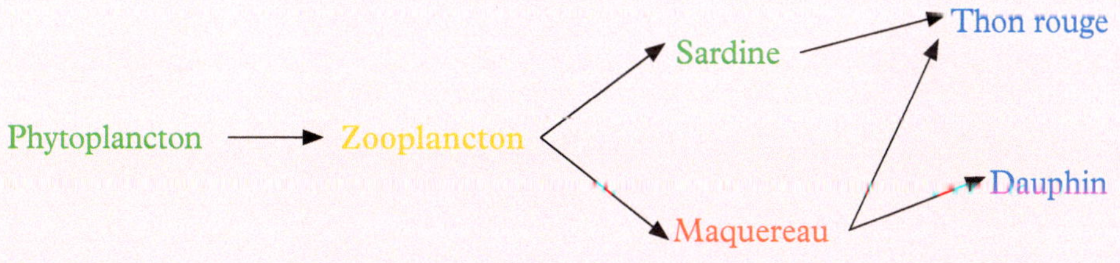

Légende :
Les différents maillons du réseau alimentaires obtenus sont :
En vert : les producteurs primaires
En jaune : les consommateurs primaires (herbivores ou phytophages)
En rouge : les consommateurs secondaires (carnivores ou zoophages)
En bleu : les consommateurs tertiaires (carnivores ou zoophages)
} Producteurs secondaires
——► : est mangé par (réponse du niveau de cycle 3) ou transfert de matière et d'énergie (niveau master)

TEST D'AUTO-ÉVALUATION 8

Énoncé p. 107

1 Questions à réponse courte

a. Un séisme est provoqué par la rupture au foyer situé plus ou moins en profondeur dans la lithosphère. Cette cassure est à l'origine de la propagation concentrique d'ondes jusqu'à la surface du globe.

b. On peut limiter les risques sismiques en apprenant les bons gestes de protection à la population concernée et en construisant selon des normes parasismiques.

c. Il existe deux types fondamentaux de volcans (entre lesquels il y a de nombreux intermédiaires) : le volcan effusif se caractérise par des coulées de lave et l'émission plus ou moins importante de gaz, le volcan explosif est – comme son nom l'indique – caractérisé par la pulvérisation de tout ou partie du cône volcanique et par l'émission de nuées ardentes issues de l'expulsion du magma très visqueux.

d. Il y a trois grands types de mouvements des plaques : des mouvements divergents au niveau des dorsales, des mouvements convergents au niveau des zones de collision et de subduction et des mouvements de coulissage le long de failles particulières dont la plus connue est la faille de San Andreas en Californie.

2 Vrai ou faux ?

Les propositions vraies sont **a**, **c** et **d**. Les autres propositions sont. En effet :

b. les sismogrammes sont les enregistrements obtenus par les appareils dits sismographes (ou séismographes). Ces derniers sont capables de détecter des séismes très éloignés de l'épicentre ;

e. le mouvement de matière au sein de notre planète s'appelle mouvement de convection.

3 QCM

Les bonnes réponses sont :

1.b ; **2.c** ; **3.c**.

TEST D'AUTO-ÉVALUATION 9

Énoncé p. 115

1 QCM

Les bonnes réponses sont :

1.a ; **2.c** ; **3.b** et **3.c**.

2 Exploiter des documents

Selon le principe de l'actualisme, en se basant sur le milieu de vie des animaux actuels proches des fossiles retrouvés, on peut supposer que celui qui correspondra à la région de Digne-les-Bains 200 millions d'années plus tard était une mer chaude.

3 Vrai ou faux ?

Les propositions vraies sont **c**, **d** et **e**. Les autres sont fausses, en effet :

a. L'être humain ne descend pas du singe mais fait partie du groupe des Singes. Les Chimpanzés sont ses plus proches parents, ils ont un ancêtre commun exclusif.

b. Les premiers êtres humains à avoir marché ne sont pas les *Homo erectus* mais probablement les Australopithèques qui les ont précédés de 2 Ma environ.

f. L'émigration hors de l'Afrique a commencé avant les *Homo sapiens*, probablement par des *Homo erectus*.

CHAPITRE 10

Sciences physiques et Technologie

La matière

- Toute la matière est constituée d'atomes qui se composent d'un noyau autour duquel des électrons sont en mouvement. Les atomes sont symbolisés par une ou deux lettres comme par exemple : C (carbone), O (oxygène), H (hydrogène), N (azote), Fe (fer)... Chaque atome peut être représenté par une sphère de couleur différente. Par exemple : C (sphère noire), O (sphère rouge), H (sphère blanche) et N (sphère bleue).
- Les molécules sont des assemblages d'atomes. Elles sont représentées par une formule chimique. Par exemple, la formule chimique de l'eau est H_2O.

H_2O

2 atomes d'hydrogène → H_2 ; 1 atome d'oxygène → O

Modèle moléculaire de l'eau

La matière est étudiée du cycle 1 au cycle 3 en abordant des phénomènes de plus en plus complexes.

LE COURS

1 L'eau

1 1. Les états de l'eau

La matière possède trois états : l'état solide, l'état liquide et l'état gazeux. Pour illustrer ces états, nous allons étudier les trois états de l'eau. Il existe de l'eau à l'état liquide (buée, rosée, pluie...), de l'eau à l'état gazeux (uniquement la vapeur d'eau) et de l'eau à l'état solide (neige, glace, givre...).

	Propriétés macroscopiques	Les molécules sont :
ÉTAT SOLIDE	Un solide (exemple : la glace) possède une forme propre qui ne dépend pas de celle du récipient qui le contient.	compactes ordonnées très fortement liées entre elles
ÉTAT LIQUIDE	Un liquide (exemple : l'eau de pluie) n'a pas de forme propre, il s'adapte au récipient qui le contient. La surface libre d'un liquide est toujours plane et horizontale.	compactes désordonnées peu liées (donc elles peuvent se déplacer les unes par rapport aux autres)
ÉTAT GAZEUX	Un gaz (exemple : la vapeur d'eau) n'a pas de forme propre, il prend la forme du récipient qui le contient et occupe tout l'espace disponible.	dispersées désordonnées très agitées (elles se déplacent jusqu'à rencontrer un obstacle)

Confusion courante

On pense souvent que la vapeur d'eau se voit, mais c'est faux : à la sortie d'un fer à repasser à vapeur, le nuage blanc n'est pas de la vapeur d'eau, c'est de l'eau à l'état liquide (la vapeur d'eau sortant du fer se condense au contact de l'air froid).

Et les nuages ?

Les nuages sont constitués de **fines gouttelettes d'eau** (eau à l'état liquide) et/ou de **petits cristaux de glace** (eau à l'état solide), baignant dans de l'air très riche en vapeur d'eau (eau à l'état gazeux). La présence de ces gouttelettes et cristaux rend le nuage visible. Ces derniers sont maintenus en suspension dans l'air grâce aux forces exercées par les mouvements d'air ascendant. Au contact des couches d'air froid de l'atmosphère, une partie de la vapeur d'eau contenue dans l'air se condense en minuscules gouttelettes d'eau qui, poussées par les vents, se rassemblent et forment des nuages. Les nuages qui se forment au niveau du sol sont appelés brouillard ou brume.

1 2. Les changements d'états

Un changement d'état est le passage d'un état physique à un autre lorsque les conditions de température ou de pression varient. On se limitera à considérer des cas où la pression reste constante et égale à la pression dite normale, soit 1013 hPa.

• Les noms des changements d'états

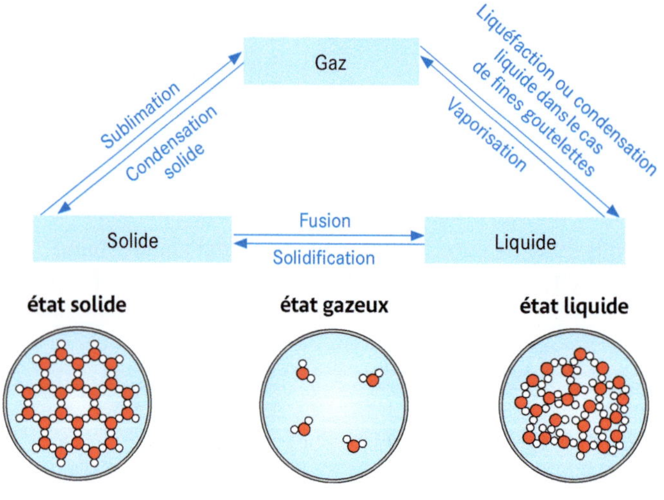

Les différents changements d'état de l'eau

• Les trois changements d'état étudiés à l'école primaire

• La fusion : passage de l'état solide vers l'état liquide

Pour étudier ce phénomène en classe, on peut mettre de l'eau solide dans un récipient et insérer un thermomètre de manière à suivre l'évolution de la température en fonction du temps. On va obtenir un diagramme qui aura l'allure présentée ci-contre.

On observe un **palier de température** où il y a **coexistence de deux états : état solide** et **état liquide.**

Courbe de fusion de l'eau pure

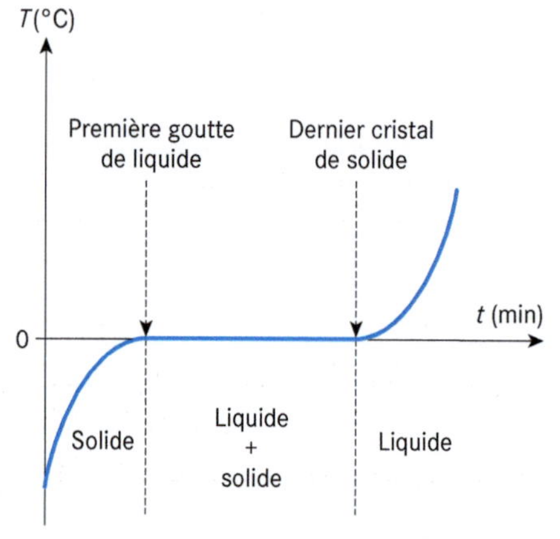

REMARQUE
On observe un palier lors d'un changement d'état uniquement pour des corps purs (c'est-à-dire un corps qui ne contient que des molécules identiques, comme par exemple l'eau distillée).

- **La solidification : passage de l'état liquide à l'état solide**

Pour étudier ce phénomène en classe, on peut mettre de l'eau liquide à une température d'environ 25 °C dans un récipient et insérer un thermomètre de manière à suivre l'évolution de la température en fonction du temps. Ce récipient est ensuite mis dans un mélange dit réfrigérant (constitué d'environ 3/4 de glace pilée et 1/4 de sel), qui a la propriété de se maintenir à une très basse température, de l'ordre de – 20 °C, pendant assez longtemps.

On va obtenir un diagramme qui aura l'allure ci-contre.

Courbe de solidification de l'eau pure

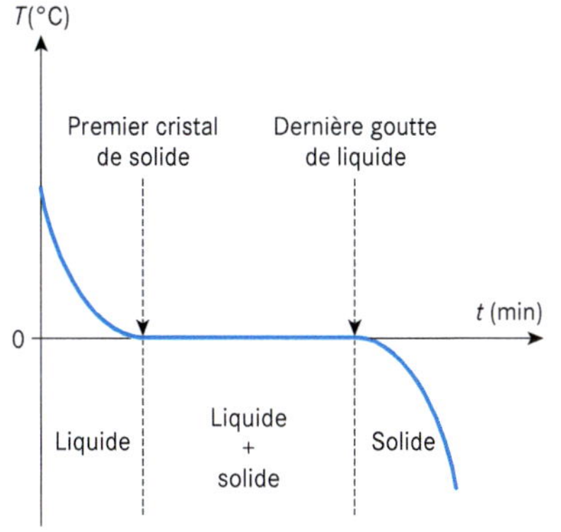

Confusion courante

On pense souvent que l'eau se solidifie en dessous de 0 °C, fond au-dessus de 0 °C et qu'il ne se passe rien à 0 °C, mais c'est faux car il y a coexistence de deux états à 0 °C : l'eau solide se transforme en eau liquide à exactement 0 °C et l'eau liquide se transforme en eau solide à exactement 0 °C.

- **La vaporisation : passage de l'état liquide à l'état gazeux**

La vaporisation se fait par **évaporation** ou **ébullition**.

– L'évaporation

C'est un phénomène de surface où le liquide s'évapore au contact de l'air à température ambiante.

Plusieurs facteurs jouent sur la vitesse d'évaporation :

– **Aire de la surface de contact eau liquide/air** : plus cette surface est grande, donc plus l'eau est « étalée », plus elle s'évapore rapidement (dans la vie courante, on étend son linge pour augmenter la surface de contact entre le linge et l'air et ainsi permettre une meilleure évaporation de l'eau qui l'imprègne).

– **Température** : plus l'eau liquide est chaude, plus ses molécules sont rapides, plus elles s'échappent facilement du liquide et plus l'évaporation est rapide.

– **Ventilation** : un courant d'air au-dessus de la surface du liquide emporte les molécules de vapeur d'eau et les empêche donc de pouvoir revenir dans le liquide : il accélère ainsi fortement l'évaporation.

– **Humidité dans l'air** : la quantité de vapeur d'eau présente dans l'air atmosphérique est très variable selon les conditions (pression, température...). La proportion des molécules de vapeur d'eau dans l'air peut varier de moins de 0,1 % (air très sec) à plus de 5 % (air très humide). Plus l'air est sec, plus l'évaporation est rapide.

– L'ébullition

C'est un phénomène qui se réalise en profondeur. Tout le liquide est chauffé et des bulles de vapeur d'eau se forment à l'intérieur du liquide.

La température d'ébullition de l'eau dépend de la pression qui règne au-dessus de la surface du liquide. Plus cette pression est forte, plus il est difficile pour les bulles de vapeur de se former, plus il faut d'énergie aux molécules pour y parvenir, donc plus la température d'ébullition est élevée.

Chaque substance a une **température d'ébullition** qui lui est propre.

Ainsi, dans une cocotte-minute, la pression est maintenue nettement supérieure (plus de 1,5 fois) à la pression atmosphérique et l'eau bout à plus de 110 °C, ce qui permet aux aliments de cuire plus vite.

Dans l'autre sens, la pression diminue quand on monte en altitude et la température d'ébullition aussi. Au sommet du mont Blanc, par exemple, la pression atmosphérique a presque diminué de moitié par rapport à sa valeur normale, et l'eau bout dès 84 °C.

- **Le cycle de l'eau à l'état naturel**

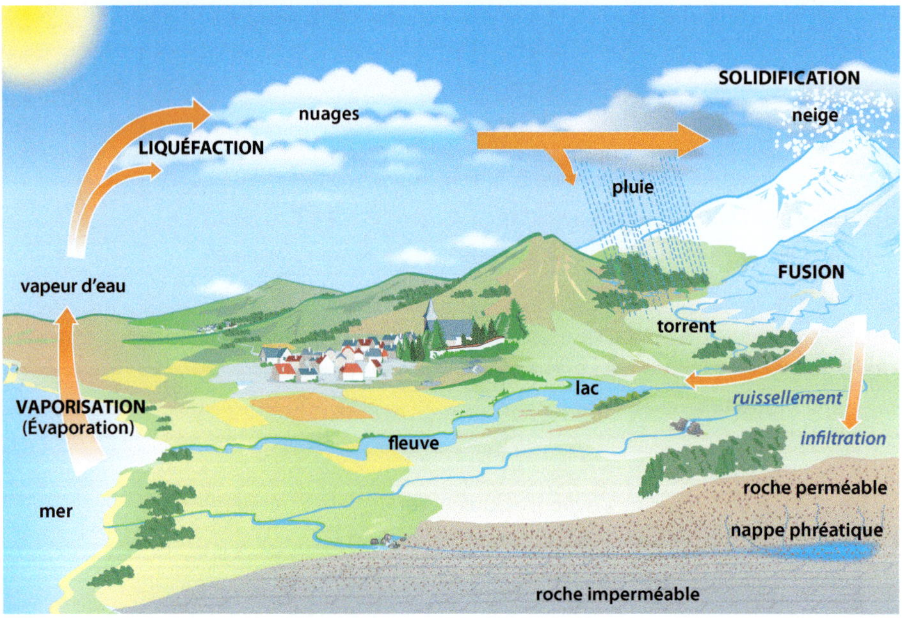

Le cycle de l'eau à l'état naturel

L'eau est partout présente autour de nous et constitue un des éléments fondamentaux de notre planète. Toute cette eau se transforme et circule en permanence dans l'atmosphère, à la surface et dans le sous-sol de la Terre. C'est le cycle de l'eau. Ce phénomène illustre les différents changements d'état.

L'eau est presque aussi ancienne que notre planète : elle est apparue il y a 3 ou 4 milliards d'années. **Depuis, son volume est resté globalement stable. C'est toujours la même eau qui circule et se transforme en permanence à travers le cycle de l'eau.** L'eau des océans, des fleuves, des rivières et autres cours d'eau (liquide) s'évapore sous forme de vapeur d'eau (gaz), la végétation aussi émet de la vapeur d'eau, par le processus d'évapotranspiration. Dans les nuages, cette vapeur se condense en eau liquide. Suivant la température et la pression, due à l'altitude, l'eau peut se solidifier pour former de la neige (solide). Après une certaine accumulation dans les nuages, soumise à leur force poids, des gouttelettes d'eau ou des cristaux de neige vont tomber au sol : ce sont les précipitations. Ces précipitations vont ruisseler dans les cours d'eau. Dans le cas de la neige, elle doit auparavant fondre, c'est la fusion. Ce ruissellement permet à l'eau de retrouver son point initial, elle a formé un cycle.

Confusion courante

On pense souvent que l'eau des précipitations sur les continents vient de l'évaporation des océans, mais c'est faux : au niveau des continents, elle provient essentiellement de l'évapotranspiration des végétaux.

2 Corps purs, mélanges et solutions

Un corps pur est une substance constituée d'une seule espèce chimique, par exemple l'eau pure H_2O, le dioxygène O_2. Lorsque plusieurs espèces chimiques coexistent, on a affaire à un mélange : par exemple l'air, l'eau minérale...

2 1. Le mélange hétérogène

On peut en distinguer les différents constituants à l'œil nu. Par exemple : eau et sable, eau et poivre, eau et huile...

Les constituants d'un mélange hétérogène peuvent être séparés par décantation et filtration.

- La **décantation** consiste à laisser reposer le mélange pendant un certain temps. Dans le cas d'un mélange avec l'eau par exemple, les corps, plus denses que l'eau (densité supérieure à 1), vont se rassembler au fond du récipient et les corps moins denses (densité inférieure à 1) vont venir en surface.

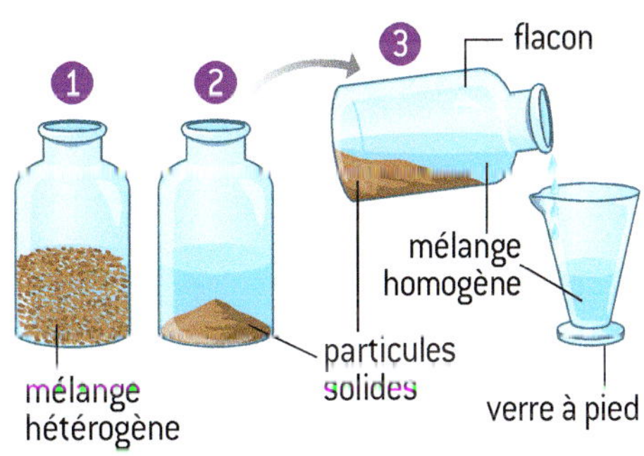

Séparation d'un mélange hétérogène par décantation

- La **filtration** consiste à faire passer le mélange au travers d'une membrane ou d'une substance poreuse. Cette méthode permet de retenir les particules solides. Plus la maille du filtre est fine, plus le filtrat sera limpide.

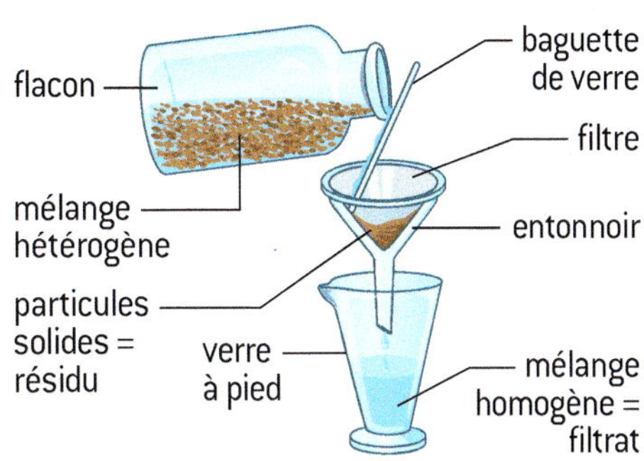

Séparation d'un mélange hétérogène par filtration

❷ 2. Le mélange homogène

Après agitation, on ne distingue plus à l'œil nu les différents constituants du mélange. Par exemple : eau et sel, eau et alcool...

- Dans la plupart des cas, un mélange homogène résulte de la **dissolution** d'un corps dans un autre, généralement liquide : le corps dissous (**soluté**) se mélange au liquide principal (**solvant**). La masse totale se conserve au cours d'une dissolution.

Le mélange obtenu est appelé **solution**. L'eau est un solvant de certains solides et de certains gaz. Le soluté est dit soluble (terme utilisé si c'est un solide ou un gaz) ou miscible (terme utilisé si c'est un liquide). Par exemple : solides solubles (sel, sucre), gaz solubles (CO_2) et liquides miscibles (alcool).

L'eau et certains liquides sont miscibles. Sinon, ils sont dits « non miscibles ».

> **REMARQUE**
> On ne peut pas dissoudre autant de solide que l'on veut dans une quantité de liquide donnée. Par exemple, si l'on ajoute du sel dans un verre d'eau, celui-ci se dissout, puis si l'on continue à en ajouter, il arrive un moment où le sel ne se dissout plus : **la solution est dite saturée**. Exemple : à 10 °C, on ne peut pas dissoudre plus de 36 g de sel dans 100 g d'eau. La température joue un rôle important dans la solubilité. En effet, pour un volume donné, plus la température du solvant est élevée, plus on peut dissoudre de soluté.

- La **distillation** permet de séparer deux liquides d'un mélange homogène en mettant en jeu deux changements d'état successifs : une vaporisation (de type ébullition) suivie d'une liquéfaction.

Ce procédé est utilisable quand les températures d'ébullition des deux liquides sont différentes, comme c'est le cas par exemple pour l'eau et l'alcool (100 °C et 78 °C).

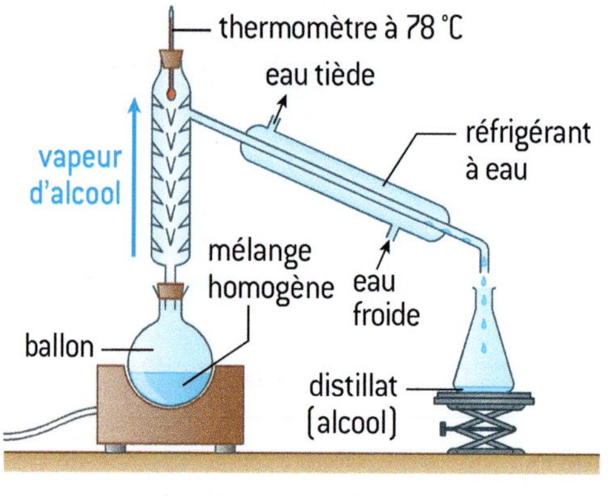

Schéma du principe de distillation d'un mélange homogène eau-alcool

Dans une distillation, le premier liquide à subir une vaporisation est l'alcool, à 78 °C. On peut donc le recueillir à ce moment-là. Dès que le thermomètre recommence à monter, cela veut dire qu'il ne reste que de l'eau dans le ballon. On peut alors arrêter la distillation.

Une eau d'apparence homogène peut contenir des substances autres que l'eau. L'eau minérale contient d'autres substances que l'eau : c'est un mélange homogène. La distillation d'une eau minérale permet d'obtenir de l'eau quasi pure.

❷ 3. Le cycle de l'eau en ville

En France, l'eau qui coule au robinet des maisons est potable. On peut la boire sans danger car elle est l'objet de nombreuses vérifications et analyses chimiques/bactériologiques. C'est le produit de consommation courante le plus contrôlé en France.

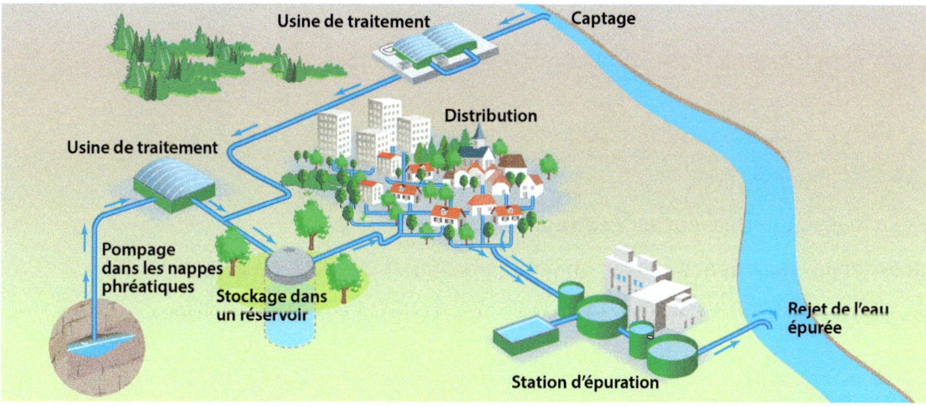

Le cycle de l'eau en ville

• La production d'eau potable

La moitié de l'eau que l'on utilise provient de réservoirs souterrains. Le reste est pompé directement dans les lacs, les fleuves et les rivières. Avant d'arriver au robinet, l'eau doit être rendue potable dans une usine de traitement. L' eau pompée dans la rivière passe par des étapes de décantation, de filtration et de désinfection.

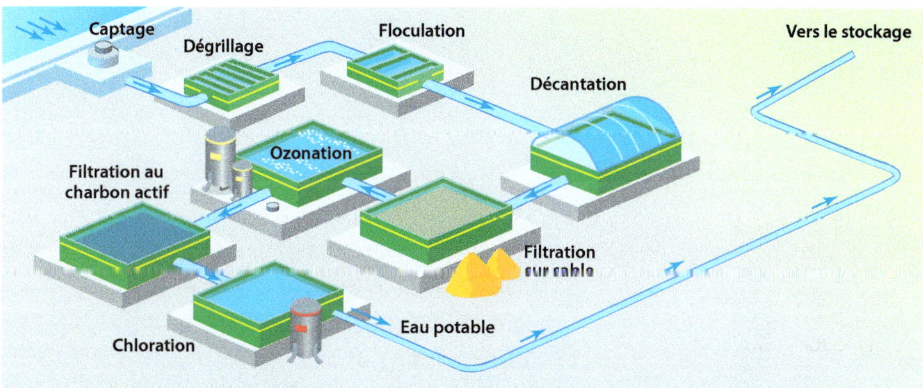

Le dégrillage : permet d'arrêter les débris en suspension jusqu'à des dimensions millimétriques.

La floculation : permet aux particules en suspension de s'agglomérer pour former des sortes de flocons (le floc).

La décantation : permet au floc de se déposer au fond du bassin décanteur et l'eau clarifiée s'écoule par débordement.

L' eau est filtrée en traversant de haut en bas une épaisse couche de **sable. L'ozonation** permet de tuer tous les micro-organismes vivants.

La traversée d'une épaisse couche de **charbon actif** débarrasse l'eau de la matière organique inerte et élimine aussi les substances pouvant générer odeurs et goût désagréables.

Lors de **la chloration**, on ajoute une petite quantité de chlore permettant d'assurer le maintien de la potabilité de l'eau lors de son parcours dans les canalisations.

Usine de traitement

Pour être potable, une eau ne doit présenter aucun danger pour l'être humain, à court comme à long terme : elle ne doit contenir aucun élément biologique pathogène comme les germes ou les bactéries et ne peut pas dépasser des seuils définis par l'Union européenne pour un certain nombre de composés minéraux. Ainsi, une eau n'est déclarée potable que si elle répond à une norme aussi précise qu'exigeante, prenant en compte de très nombreux paramètres.

Pour en savoir plus, consulter : http://www.cieau.com

SCIENCES PHYSIQUES ET TECHNOLOGIE

• La distribution d'eau potable

L'eau rendue potable est stockée en grande quantité dans des réservoirs avant d'être distribuée. Ces réservoirs sont des bassins clos ou des châteaux d'eau souvent situés aux points les plus élevés d'une ville ou d'un village. L'eau arrive ainsi avec une pression régulière dans toutes les habitations.

• Le traitement de l'eau sale dans une station d'épuration

L'objectif de la station d'épuration n'est pas de rendre l'eau **potable** mais **acceptable par la nature**.

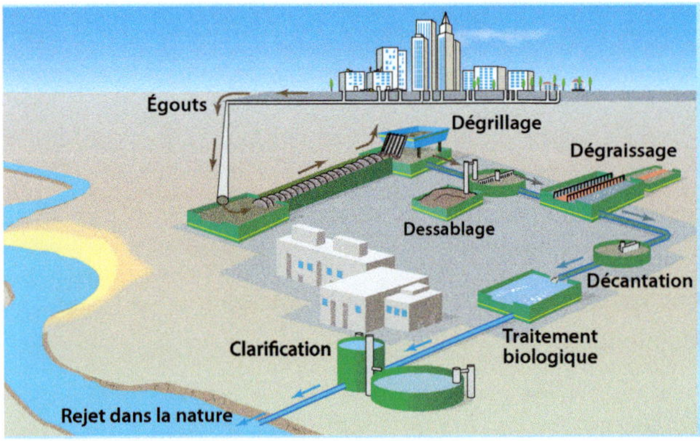

Dégrillage : les plus gros déchets sont retenus par une grille.

Dessablage : le sable tombe au fond du bassin.

Dégraissage : les graisses qui flottent sont éliminées.

Décantation : les particules solides tombent au fond du bassin.

Traitement biologique : des bactéries nettoient l'eau.

Clarification : les plus petits résidus tombent au fond du bassin.

Station d'épuration

3 L'air

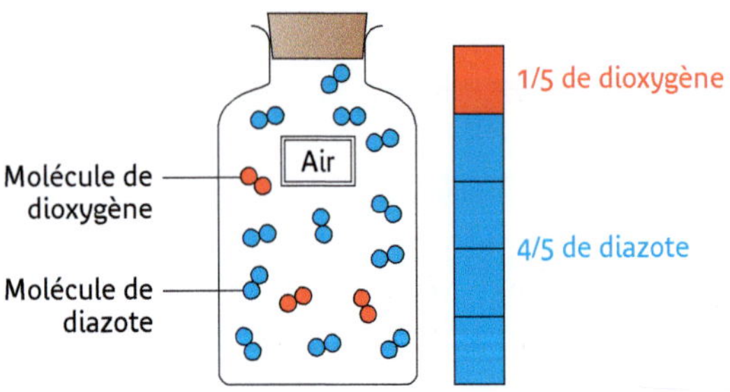

Composition de l'air

L'air n'est pas un corps pur : c'est un mélange de plusieurs gaz : 78 % de diazote, 21 % de dioxygène (nécessaire à la vie) et 1 % d'autres gaz. Dans l'air, il y a donc quatre fois plus de molécules de diazote que de molécules de dioxygène.

Confusions courantes

• On pense souvent que l'air est composé essentiellement de dioxygène mais c'est en fait le diazote qui est majoritaire.

• De même, le langage courant nous induit en erreur en parlant d'oxygène au lieu du dioxygène.

3 1. Les propriétés de l'air

• L'air existe

De nombreuses expériences permettent de mettre en évidence cette propriété comme par exemple plonger verticalement un verre renversé dans une bassine remplie d'eau. L'eau ne monte pas dans le verre, pourquoi ? Car il y a déjà autre chose : de l'air.

L'air est compressible et expansible

Comme tous les gaz, l'air est compressible car il existe des espaces vides entre les molécules.

La compression

Pendant une compression :
– la pression augmente ;
– le volume occupé par l'air diminue.

À l'échelle microscopique, comprimer un gaz revient à rapprocher un peu plus les molécules les unes des autres ; cette diminution de volume s'accompagne d'une augmentation de pression.

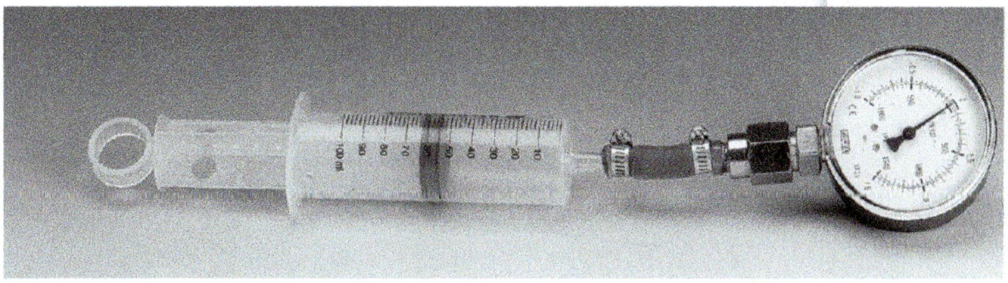

Photographie d'une seringue reliée à un manomètre.
Cas 1, une compression

L'expansion

Pendant une expansion :
– la pression diminue ;
– le volume occupé par l'air augmente.

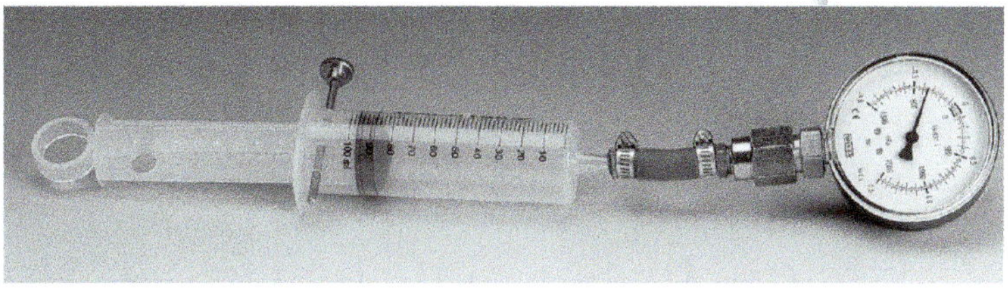

Photographie d'une seringue reliée à un manomètre.
Cas 2, une expansion

L'air est pesant

Des mesures effectuées à pression atmosphérique normale et à 25 °C donnent que la masse de 1 L d'air vaut 1,3 g.

L'air peut changer d'état

Comme tous les corps matériels, l'air peut changer d'état physique. Si on le refroidit jusqu'à une température proche de – 190 °C (à la pression atmosphérique normale), l'air devient un liquide transparent. Si on continue de le refroidir jusqu'à environ – 220 °C, l'air devient un solide ressemblant à de la glace.

L'air est un mélange, il n'y a pas de **palier** de changement d'état.

3 2. Les pollutions de l'air

On peut considérer comme des « polluants » diverses substances, essentiellement produites par les activités humaines, dont la présence dans l'air a des conséquences dommageables pour l'environnement en général et l'humanité en particulier.

Les trois catégories de substances polluantes

Certains gaz non présents naturellement dans l'air, ou en quantité négligeable

Ce sont par exemple les **oxydes d'azote** et de **soufre** responsables des **pluies acides**, qui sont essentiellement d'origine industrielle.

Les chlorofluorocarbones (**CFC**) sont, quant à eux, responsables de ce qu'on a appelé le « **trou de la couche d'ozone** ». Les CFC se trouvent comme propulseurs dans les aérosols, comme liquides réfrigérants dans les réfrigérateurs et les climatiseurs ou comme dissolvants dans les décapants.

- **Certains gaz déjà présents naturellement dans l'air mais en proportions moindres**

Le dioxyde de carbone (CO_2) ou le méthane (CH_4) **augmentent l'effet de serre**, qui peut produire un réchauffement climatique et, par voie de conséquence, faire monter le niveau des mers dans le cas particulier de la fonte des glaces du continent antarctique et du Groenland.

Confusion courante

L'effet de serre et la couche d'ozone ne sont pas deux phénomènes liés : même si les deux sont bénéfiques pour l'être humain, ils ont des actions différentes. La couche d'ozone nous protège des rayons U.V. à une altitude d'environ 30 km tandis que l'effet de serre nous permet de garder une température constante avec une couche d'environ 700 km d'épaisseur.

- **Des microparticules solides (suie ou issues des moteurs Diesel)**

L'inhalation de microparticules peut induire des problèmes de santé publique.

Les conséquences sur la santé

Les rejets massifs dus aux dispositifs de chauffage, à l'intense circulation automobile et aux activités industrielles provoquent une forte concentration en oxydes d'azote, en monoxyde de carbone et en ozone provoquant de **sérieuses déficiences respiratoires avec irritation des bronches, crises d'asthme...**

Que faire pour réduire la pollution ?

– **Économiser l'énergie** : bruler moins de combustible, utiliser des appareils plus performants – chaudières à condensation par exemple –, favoriser le vélo, le covoiturage ou les transports en commun, utiliser des voitures hybrides (carburant et électrique...).

– **Utiliser de nouvelles sources d'énergie** : utiliser davantage la source d'énergie solaire, utiliser des véhicules tout électriques à batteries ou à piles à combustible.

– **Utiliser des procédés, une règlementation et des technologies adaptées** : pots d'échappement catalytiques, filtres à particules pour moteurs Diesel ; par rapport au problème de l'émission massive de dioxyde de carbone, on imagine des procédés qui permettent de stocker ce dernier dans d'immenses puits souterrains ou de l'absorber par les feuilles d'arbres en plantant des forêts sur de grandes superficies.

À retenir

- L'eau possède trois états (liquide, solide, gazeux) et peut passer d'un état à un autre : c'est le changement d'état.
- On peut distinguer un corps pur d'un mélange homogène à partir de sa composition.
- L'air est constitué de 4/5 de diazote et de 1/5 de dioxygène.

TEST D'AUTO-ÉVALUATION 10

Corrigé p. 192

1 Composition de l'air

a. **Quels sont les gaz constituant l'air ? En quelles proportions ?**

b. **Quels flacons contiennent de l'air ? Justifiez votre réponse.**

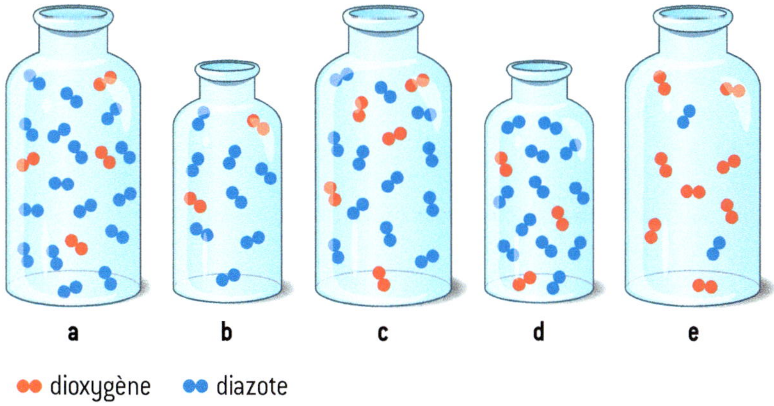

2 QCM (plusieurs bonnes réponses possibles)

1. Quelle figure (fig. 1, 2 et 3) représente l'état gazeux ?

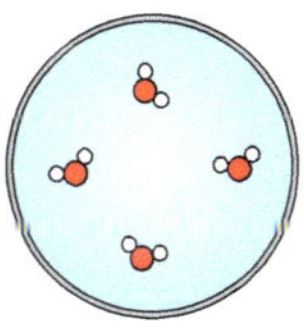
fig. 1

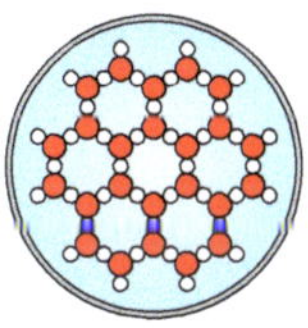
fig. 2

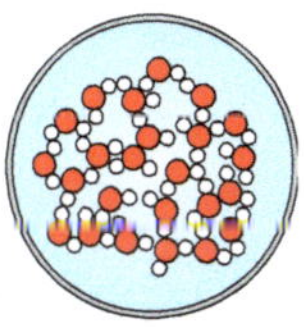
fig. 3

2. L'état solide est un ensemble :

a. compact et ordonné

b. compact et désordonné

c. dispersé et désordonné

3. À l'état liquide, les molécules sont :

a. liées et immobiles

b. séparées et très mobiles

c. peu liées et mobiles

4. Un mélange dans lequel on distingue au moins deux constituants est dit :

a. aqueux

b. homogène

c. hétérogène

d. insoluble

5. **Parmi les boissons suivantes, lesquelles sont des mélanges hétérogènes ?**

a. eau minérale gazeuse

b. jus d'orange avec pulpe

c. diabolo menthe

d. café avec sucre

3 Lire un document

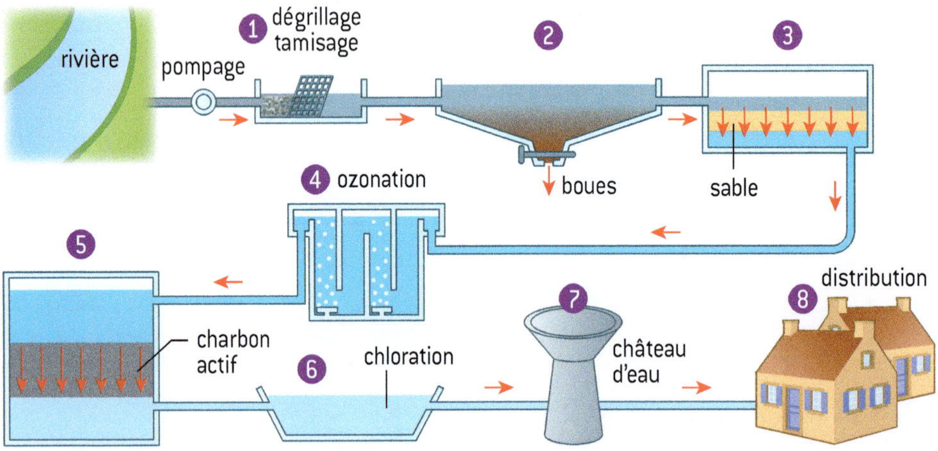

Les eaux de table sont issues d'eaux naturelles « dites boueuses » que l'on a rendues potables par un procédé qui fait appel à différentes étapes.

a. **Quel est le nom du processus mis en jeu à l'étape 2 ?**

b. **Donnez les numéros des étapes qui correspondent à une filtration. Donnez le nom du filtre utilisé à chaque fois.**

4 Questions à réponse courte

1. **Manon a laissé tomber sa salière et sa poivrière. Les contenus se sont mélangés. De quelle façon pourrait-on récupérer uniquement le sel ?**

2. **En hiver, d'où provient la buée lorsque l'on entre dans un véhicule ?**

L'énergie

• L'utilisation d'énergie par un objet technique passe par plusieurs étapes : elle est stockée, distribuée, transformée puis transmise. Mais derrière le nom commun « énergie », on peut retrouver un certain nombre d'adjectifs : solaire, renouvelable, mécanique, primaire, lumineuse, cinétique, éolienne...
• Selon le mot utilisé, « énergie » signifie soit la source, soit le moyen de transfert, soit la forme de l'énergie. Il est donc important de définir clairement ces différents termes.

L'énergie est abordée en cycle 3 où l'objectif de fin de cycle est d'identifier les sources d'énergie et de réaliser des chaines d'énergie.

LE COURS

1 Les sources d'énergie

• **La notion de source d'énergie** est à rapprocher de celle de **réserve** ou de **réservoir** dans lequel il est possible d'aller puiser de l'énergie pour obtenir, directement ou après transformations, divers effets : produire de la chaleur, produire un mouvement, produire de la lumière, produire de l'électricité.

Exemples de sources d'énergie : le soleil, le vent, l'eau d'altitude, les courants d'eau des rivières, les courants d'eau des marées, les sources naturelles d'eau chaude, le pétrole, le charbon, l'uranium...

• **Une source d'énergie renouvelable** est une source d'énergie **renouvelée naturellement à l'échelle d'une vie humaine**. Elle se renouvelle assez rapidement pour être considérée comme inépuisable, c'est-à-dire qu'elle ne s'épuise pas quand on l'utilise.

Sources d'énergie renouvelables	Sources d'énergie non renouvelables
Le soleil, l'eau, le vent, les matières organiques végétales et animales (résidus de l'agriculture, déchets ménagers, lisier...), le bois, la chaleur produite naturellement au centre de la Terre.	• **L'uranium** • **Les combustibles fossiles** : le charbon, le pétrole et le gaz naturel. Ils proviennent de la décomposition de végétaux et d'organismes vivants qui ont été enfouis sous la terre. Ces ressources diminuent quand on les utilise car il leur faut des millions d'années pour se former.

❷ Les formes d'énergie

❷ 1. Les cinq formes d'énergie

- **Chimique.** Exemple : réaction à l'intérieur de la pile électrique…
- **Thermique.** Exemples : lampe à incandescence, radiateur électrique…
- **Rayonnante.** Exemples : micro-ondes, radiateur à infrarouge, lumière solaire, lampe…
- **Mécanique** :

– de type **cinétique** quand elle produit un mouvement à une certaine vitesse (exemples : vent, courant d'eau des rivières…) ;

– de type **potentielle de pesanteur** quand elle est stockée à une certaine hauteur et qu'on ne l'utilise pas (exemples : eau dans un barrage, « poids » des horloges comtoises…).

- **Électrique** (sur une facture d'électricité, nous payons l'énergie électrique consommée par nos appareils électriques).

❷ 2. Les chaines d'énergie

Les différentes fonctions – stocker, distribuer, transformer et transmettre – sont assurées par la chaine d'énergie. Lorsque de l'énergie est transférée d'un système à un autre ou lorsque l'énergie change de forme, il n'y a jamais création ou disparition d'énergie. Ce **principe de conservation** se trouve résumé par la célèbre formule de Lavoisier : « Rien ne se perd, rien ne se crée, tout se transforme. » En général, le rendement énergétique des dispositifs est rarement égal à 100 % ; il y a des **pertes en énergie thermique**.

► Exemple 1 : **chaine d'énergie d'une lampe solaire en charge (le jour)**

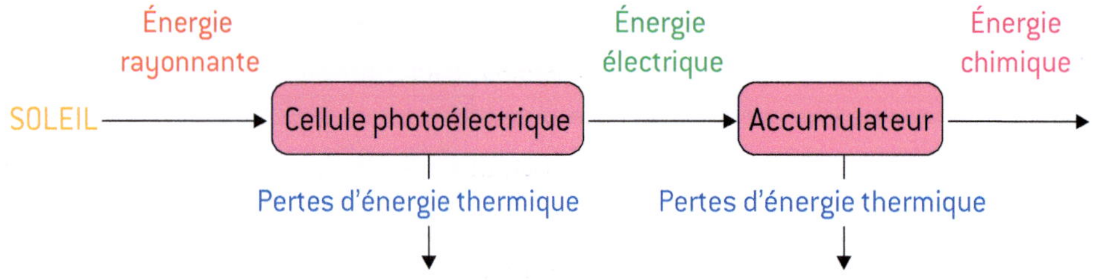

► Exemple 2 : **chaine d'énergie d'une lampe solaire en décharge (la nuit)**

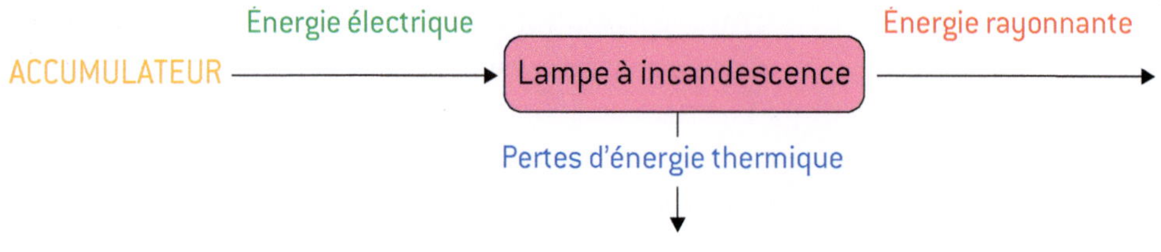

3 L'énergie électrique en France

L'énergie électrique

• L'énergie électrique E en wattheures (Wh) transférée à un appareil dépend de sa puissance P en watts (W) et de la durée d'utilisation t en heures (h) selon la formule :

$$E = P \times t.$$

• La puissance nominale P indiquée sur un appareil est la puissance consommée par l'appareil en fonctionnement normal. Plus la puissance est élevée, plus l'appareil est performant (une lampe brille plus, une plaque chauffe plus, la mèche d'une perceuse tourne plus vite...).

• Le watt (W) est l'unité de puissance du système international (SI).

• Ordres de grandeur de puissances électriques domestiques : téléviseur P = 150 W, aspirateur P = 1 200 W, fer à repasser P = 2 000 W...

• Il existe une relation entre la puissance P en watts (W), la tension U mesurée aux bornes de l'appareil en volts (V) et l'intensité I en ampères (A) traversant l'appareil :

$$P = U \times I.$$

Voir chapitre 18, leçon 3 p. 175.

3 1. Répartition entre les différentes sources d'énergie utilisées pour fournir de l'électricité

Le choix d'utiliser telle ou telle source d'énergie pour satisfaire un besoin répond à des considérations techniques, économiques et politiques. On peut en effet trouver des avantages et des inconvénients à chaque source d'énergie. Au niveau d'un pays, le problème du choix se pose essentiellement pour la production d'électricité.

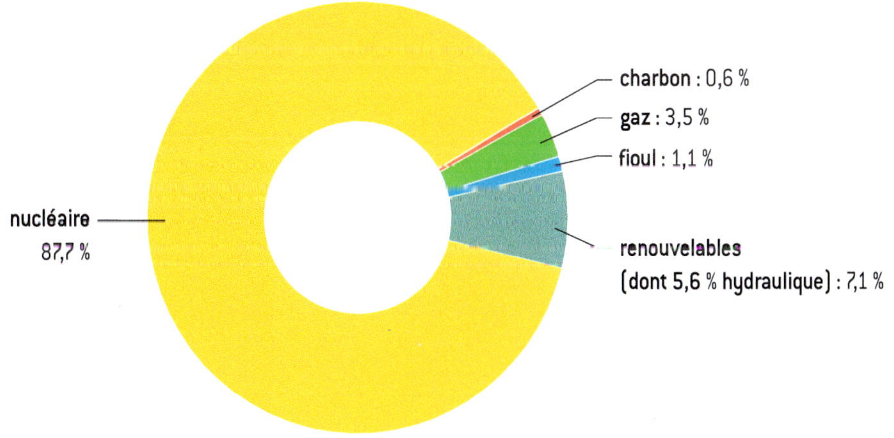

Répartition entre les différentes sources d'énergie utilisées pour fournir de l'électricité en 2019

Pour en savoir plus, consulter le site : https://www.edf.fr/origine-de-l-electricite-fournie-par-edf

❸ 2. Les différents types de centrales utilisées en France

Selon la source d'énergie, on produit l'électricité dans des **centrales : thermiques à flamme, thermiques nucléaires, hydrauliques** ou **hydroélectriques, éoliennes** ou **géothermiques.** Le point commun à toutes les centrales est la présence d'un ou plusieurs **alternateurs**[1].

L'énergie mécanique (provenant de turbines animées par la vapeur d'eau sous pression ou l'air en mouvement) reçue par l'alternateur est convertie en énergie électrique. L'alternateur se compose de deux parties : un rotor qui est entrainé par la turbine qui tourne à l'intérieur d'un stator.

1. **L'alternateur** produit une tension variable dans le temps. Cette dernière est obtenue par déplacement d'un aimant au voisinage d'une bobine.

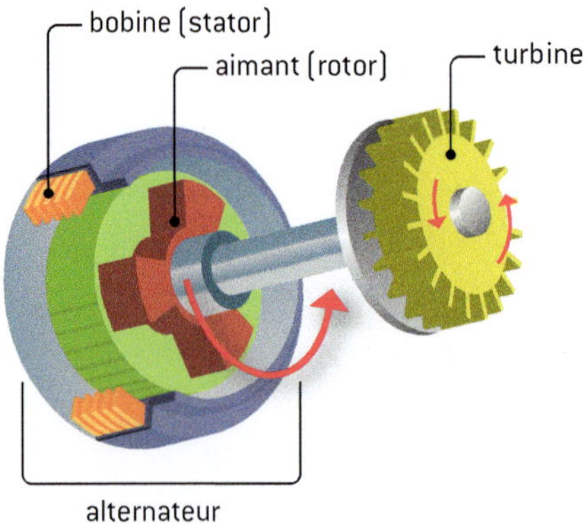

Dessin d'un ensemble turbine-alternateur

• Les centrales fonctionnant avec de la vapeur d'eau

Dans les centrales thermiques, on produit l'électricité soit en **brulant du charbon**, du **fioul** ou du **gaz** (thermiques à flamme), soit en ayant recours à une **réaction nucléaire** (thermiques nucléaires). La seule « différence » est la façon dont on crée de la vapeur d'eau sous pression.

Pour en savoir plus, consulter le site : https://www.edf.fr/groupe-edf/espaces-dedies/l-energie-de-a-a-z/mediatheque

La chaine d'énergie des centrales fonctionnant à la vapeur d'eau est la suivante :

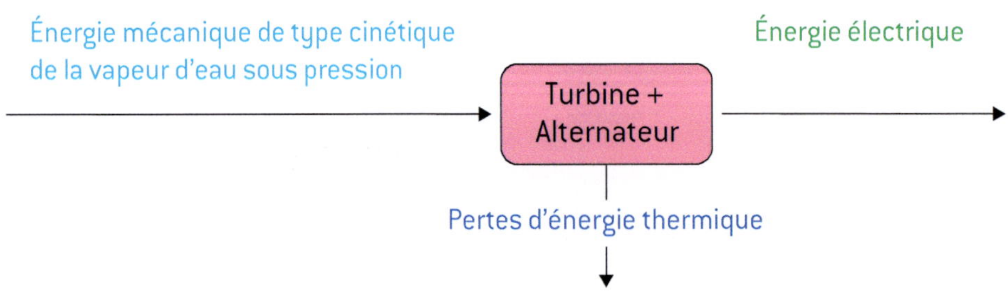

• Les centrales thermiques à flamme

Dans les centrales thermiques, l'électricité est produite à partir de la **combustion d'un combustible (charbon, fioul, gaz...)**. L'énergie thermique issue de la combustion permet de chauffer de l'eau et de la transformer en vapeur d'eau. La vapeur d'eau envoyée sous pression actionne alors une turbine qui est couplée à un alternateur qui produit l'électricité. Après avoir entrainé la turbine, la vapeur d'eau est refroidie pour être condensée en eau liquide dans un grand échangeur appelé condenseur avant d'être renvoyée à la chaudière par une pompe. Cette eau circule donc en circuit fermé.

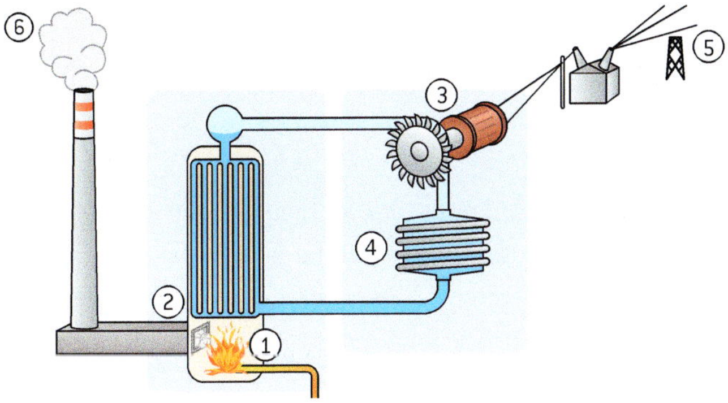

① Combustion du charbon, du pétrole ou du gaz
② Chaudière
③ Turbine et alternateur
④ Condenseur (transforme la vapeur en eau liquide)
⑤ Réseau électrique
⑥ Cheminée libérant gaz et fumées produits lors de la combustion

Schéma d'une centrale thermique à flamme

- **Les centrales thermiques nucléaires**

Une centrale nucléaire est également une centrale thermique dans laquelle on produit de la vapeur d'eau sous pression mais en utilisant une autre source de chaleur. Ce type de centrale utilise **l'énergie thermique libérée lors de la fission d'atomes d'uranium dans le réacteur** (grande cuve d'acier appelée « cœur »). Cette énergie thermique est transférée sous forme de chaleur à de l'eau sous pression. Ceci constitue le circuit primaire.

L'eau chaude du circuit primaire va chauffer l'eau du circuit secondaire par l'intermédiaire d'un générateur de vapeur. La vapeur produite actionne la turbine, entrainant alors l'alternateur qui transforme l'énergie mécanique en énergie électrique.

① réacteur
② vapeur d'eau
③ turbine et alternateur
④ transformateur
⑤ condenseur
⑥ aéroréfrigérant

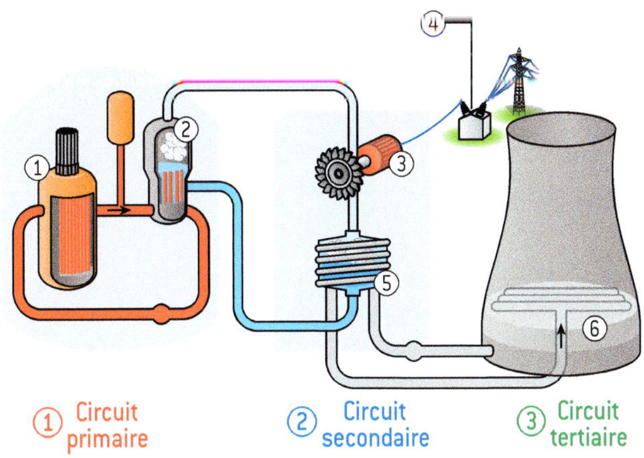

Schéma d'une centrale nucléaire

- **Les centrales géothermiques**

Dans une centrale géothermique, l'électricité est produite grâce à **la chaleur de la Terre**.

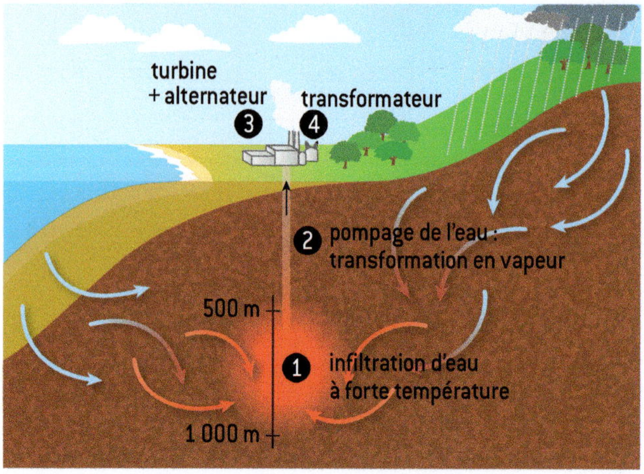

Schéma d'une centrale géothermique

Dans le cas de la géothermie haute énergie, le forage permet d'atteindre des températures supérieures à 150 °C. La vapeur jaillit avec assez de pression pour alimenter une turbine qui entraine ensuite un alternateur.

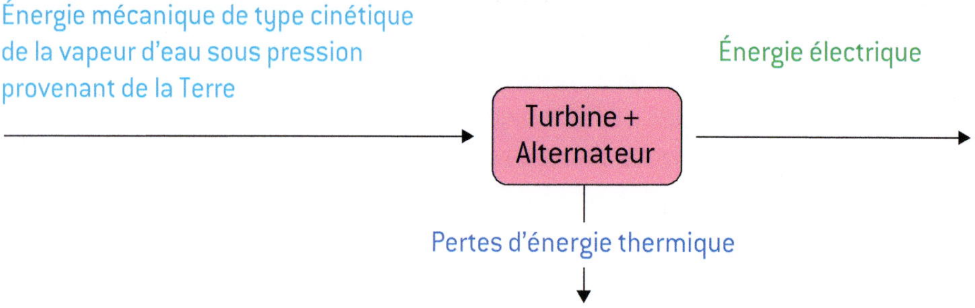

Les centrales fonctionnant sans vapeur d'eau

- **Les centrales hydrauliques**

Dans une centrale hydraulique, la source d'énergie utilisée pour faire tourner la turbine est **l'eau d'une rivière retenue en hauteur derrière un barrage**. S'écoulant à grande vitesse par un gros tuyau (conduite forcée), l'eau est violemment projetée sur les pales de la turbine.

Une centrale hydraulique transforme l'énergie mécanique potentielle de la chute d'eau en énergie mécanique cinétique par le biais d'une turbine qui, couplée à un alternateur, produit l'électricité.

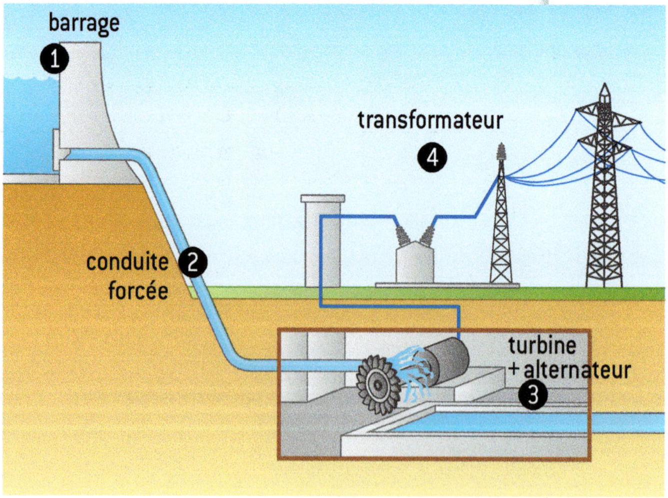

Schéma d'une centrale hydraulique

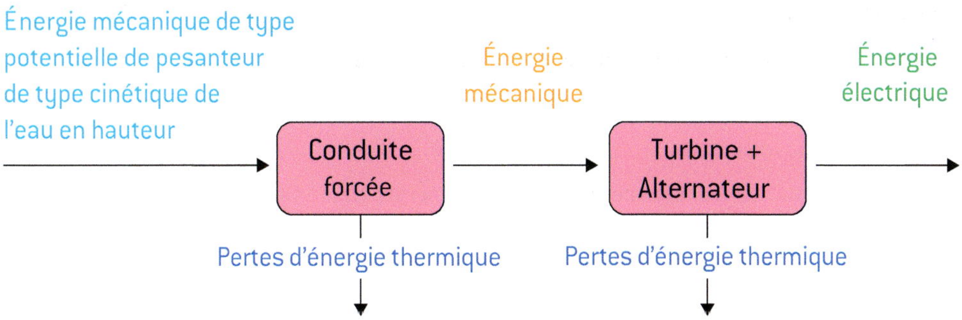

- **Les centrales éoliennes**

Une centrale éolienne transforme directement l'énergie mécanique en énergie électrique. **Le vent actionne une hélice** qui joue le rôle de turbine et entraine alors un axe relié à un alternateur qui produit l'électricité. Un transformateur situé à l'intérieur du mât élève la tension du courant électrique pour qu'il puisse être plus facilement transporté dans les lignes à moyenne tension du réseau.

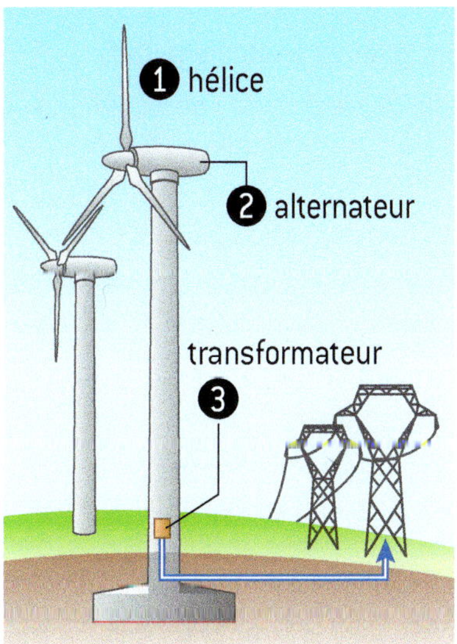

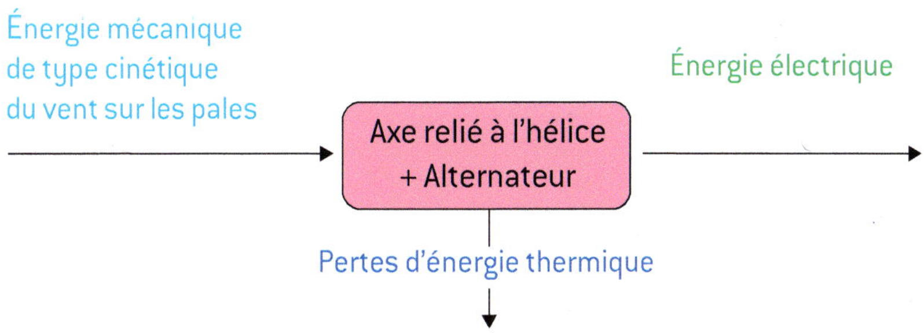

> **REMARQUE**
> Les éoliennes offshore fonctionnent sur le même principe mais elles se situent à une quarantaine de kilomètres du front de mer.

- **Les centrales hydroliennes**

Les centrales hydroliennes utilisent le **courant des marées** pour fonctionner. Les marées sont beaucoup régulières que les vents.

- **Les centrales solaires photovoltaïques**

Une centrale solaire photovoltaïque transforme directement **l'énergie rayonnante issue du soleil** en énergie électrique. Cette transformation s'effectue par des cellules photovoltaïques.

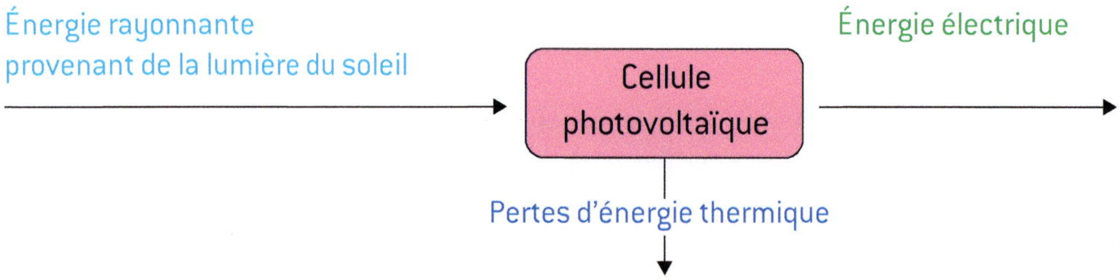

Confusion courante

Panneaux solaires thermiques et panneaux solaires photovoltaïques

- Un fluide caloporteur circule dans les panneaux solaires thermiques. Une fois chauffé grâce à l'énergie rayonnante provenant du soleil, il circule dans des canalisations jusqu'à rejoindre un réservoir d'eau qu'il réchauffe. C'est le principe du chauffe-eau solaire.
- Les panneaux solaires photovoltaïques sont constitués de cellules photovoltaïques reliées en série. L'arrivée de la lumière permet de créer une tension entre les deux couches de matériau semi-conducteur (en général du silicium) :

– une couche dopée positivement (avec un matériau comme le bore qui possède moins d'électrons que le silicium) ;

– une couche dopée négativement (avec du phosphore, par exemple, qui possède plus d'électrons que le silicium).

Pour en savoir plus, consulter le site : www.cea.fr

REMARQUE

Les centrales solaires photovoltaïques et éoliennes peuvent être utilisées à plus petite échelle dans le cadre de dispositifs domestiques.

À retenir

- Il existe des sources d'énergie renouvelable (soleil, eau, vent) et des sources d'énergie non renouvelable (uranium, charbon, pétrole).
- Lorsque l'on remplit une chaine énergétique, on peut inscrire l'une de ces cinq formes d'énergie : chimique, thermique, rayonnante, mécanique et électrique.
- On note la présence d'un alternateur dans les centrales permettant de produire de l'énergie électrique.

TEST D'AUTO-ÉVALUATION 11

Corrigé p. 192

1 QCM (plusieurs bonnes réponses possibles)

1. Les sources d'énergie renouvelables sont :

a. inépuisables
b. propres
c. régénérables à l'échelle d'une vie humaine
d. fossiles

2. Une lampe de bureau de 60 W fonctionne pendant 2 h 30. Calculez, en kWh, l'énergie électrique consommée.

a. 0,15 kWh b. 0,06 kWh c. 150 Wh d. 1 500 Wh

3. Une source d'énergie renouvelable est :

a. le charbon
b. l'eau
c. l'uranium
d. le vent

2 Réaliser les chaines énergétiques de centrales électriques

Selon la source d'énergie, on produit l'électricité dans des centrales : thermiques à flamme, thermiques nucléaires, hydrauliques ou hydroélectriques, éoliennes ou géothermiques. Le point commun à toutes les centrales est la présence d'un ou plusieurs alternateurs qui a pour rôle de produire le courant électrique. Il se compose de deux parties : un rotor (aimant) qui est entrainé par la turbine qui tourne à l'intérieur d'un stator (bobine).

Réalisez les chaines énergétiques des centrales suivantes.

a. Centrale thermique à flamme

Dans les centrales thermiques à flamme, l'électricité est produite à partir de la combustion d'un combustible (charbon, fioul, gaz…). L'énergie thermique issue de la combustion permet de chauffer de l'eau et de la transformer en vapeur d'eau. La vapeur d'eau envoyée sous pression actionne alors une turbine (couplée à un alternateur) qui produit l'électricité. Après avoir entrainé la turbine, la vapeur d'eau est refroidie pour être condensée en eau liquide dans un grand échangeur appelé condenseur avant d'être renvoyée à la chaudière par une pompe. Cette eau circule donc en circuit fermé.

b. Centrale hydraulique

Dans une centrale hydraulique, la source d'énergie utilisée pour faire tourner la turbine est l'eau d'une rivière retenue en hauteur derrière un barrage. S'écoulant à grande vitesse par un gros tuyau (conduite forcée), l'eau est violemment projetée sur les pales de la turbine. Une centrale hydraulique transforme l'énergie mécanique potentielle de la chute d'eau en énergie mécanique cinétique par le biais d'une turbine qui, couplée à un alternateur, produit l'électricité.

c. Centrale éolienne

Une centrale éolienne transforme directement l'énergie mécanique en énergie électrique. Le vent actionne une hélice qui joue le rôle de turbine et entraine alors un axe relié à un alternateur qui produit l'électricité.

L'isolation thermique

- Pour réduire la consommation d'énergie, il faut diminuer la durée de fonctionnement des appareils ou alors investir dans des travaux d'isolation thermique.
- Dans une maison non isolée, une grande partie de l'énergie thermique peut s'échapper par le toit, les murs et les fenêtres. Il est donc important d'apporter une attention particulière à ces éléments de construction.

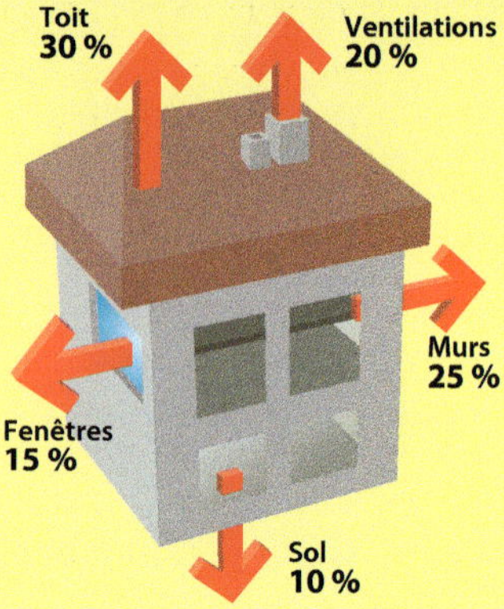

Schéma des pertes d'énergie dans une maison non isolée

- Au cycle 3, on peut travailler **l'isolation thermique** au travers des enjeux sociétaux contemporains (changement climatique, développement durable) dans la partie Matériaux. On peut faire travailler les élèves sur l'intérêt d'une maison passive par exemple.
- À noter qu'il y a également des pertes de chaleur au niveau des ponts thermiques, voir p. 146.

LE COURS

1 Les différents transferts thermiques

Les transferts d'énergie thermique se propagent de trois manières différentes : par conduction, par convection et par rayonnement.

1 1. La propagation par conduction

- Dans la **propagation par conduction**, la chaleur circule de proche en proche dans un matériau ou passe d'un corps à un autre en contact direct. Il y a **passage spontané d'énergie thermique d'un corps chaud** (de température plus élevée) **à un corps froid** (de température plus basse) jusqu'à l'égalisation des températures que l'on appelle **équilibre thermique.**
- Les **métaux** (cuivre, aluminium, fer, acier, zinc...) sont de bons conducteurs de la chaleur, ils sont qualifiés de **conducteurs thermiques**. À l'inverse, le verre, le bois, le polystyrène expansé et l'air sont de mauvais conducteurs de la chaleur, ce sont des **isolants thermiques.**

> **REMARQUE**
> Un métal paraitra plus froid au toucher qu'un morceau de bois, pourtant à la même température : le métal va retirer plus de chaleur à notre main que le morceau de bois ; on aura donc une plus grande sensation de froid.

1 2. La propagation par convection

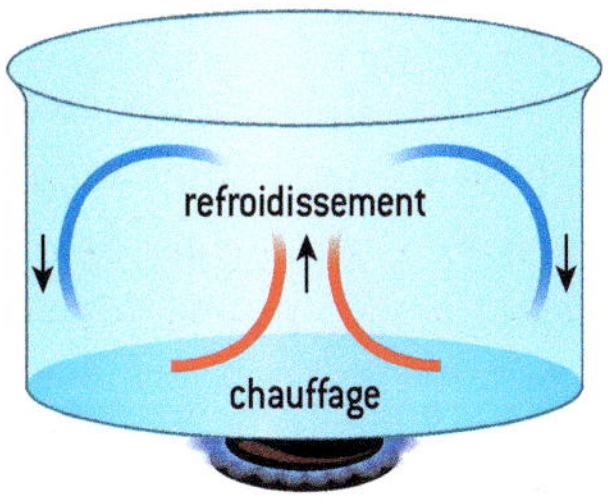

Convection

- La **convection** est un mode de transfert thermique qui repose sur le **mouvement d'un fluide** (liquide ou gazeux). Lorsque l'on fait chauffer une casserole d'eau, il y a une circulation entre le bas de la casserole et le haut. L'eau chaude étant légèrement plus légère, elle remonte et l'eau plus froide redescend.

- **Les isolants thermiques** peuvent également gêner la convection : duvet qui immobilise l'air, brique creuse à alvéoles. Un cas radical consiste à supprimer la matière entre le corps chaud et le corps froid, c'est-à-dire à faire le vide (bouteille thermos, certains doubles vitrages). Cependant, des transferts ont lieu au niveau des joints, des supports et aussi se produisent par rayonnement. Il n'existe pas d'isolation parfaite.

1 3. La propagation par rayonnement

- Un radiateur infrarouge émet des **ondes infrarouges** et chauffe directement tout ce qui est solide : murs, plafonds, personnes. L'air se réchauffe donc indirectement.

- Malgré une température très basse, un skieur en montagne peut ressentir une sensation de chaleur grâce au **rayonnement du soleil.** En effet, le passage d'un nuage fait ressentir immédiatement la sensation de froid. C'est donc le rayonnement du soleil qui nous réchauffe.

Confusion courante

Un glaçon fond-il plus rapidement dans une écharpe en laine ou à l'air libre ? Si l'on enveloppe un glaçon dans des vêtements chauds, il va pouvoir garder sa température (on va ralentir les transferts thermiques) et sa fusion sera moins rapide.

2 Isoler : éviter les transferts thermiques

2 1. Éviter les pertes thermiques

- Pour éviter les pertes thermiques dans une habitation, on peut :
– **isoler les combles et la toiture** ; on va avoir recours aux laines de verre, laines de roche et laines de bois. Ce sont les matériaux d'isolation les plus utilisés dans le monde. Ils permettent d'isoler efficacement contre le froid de l'hiver, la chaleur de l'été et contre les nuisances sonores dans l'habitat ;
– **augmenter l'épaisseur des murs avec des isolants thermiques** ; on utilisera principalement des panneaux isolants semi-rigides ou des rouleaux qui se fixeront par collage ou par vissage dans des bardages. Ils seront choisis en fonction de leur épaisseur de leur résistance thermique notée R.

- La résistance thermique est le critère d'évaluation de la performance d'un isolant. Elle dépend de la conductivité thermique du matériau isolant et de son épaisseur. Plus R sera élevé, plus le matériau sera isolant.

$$R = \frac{e}{\lambda}$$

R = Résistance thermique
e = Épaisseur de l'isolant
λ = Coefficient de conductivité thermique

❷ 2. Isoler par l'intérieur ou par l'extérieur

- L'isolation par l'intérieur (d'un cout relativement peu élevé) permet de ne pas modifier l'aspect extérieur de la maison. Elle entraine toutefois une diminution de la surface habitable. L'avantage principal de l'isolation par l'extérieur est de réduire les **ponts thermiques** en protégeant les murs des variations climatiques.
- **Opter pour un double voire un triple vitrage** est une autre manière d'isoler. La performance thermique d'une paroi vitrée dépend de la nature de la menuiserie, des performances du vitrage et de la qualité de la mise en œuvre de la fenêtre. Le double vitrage peut permettre des économies de chauffage de l'ordre de 10 % et améliore fortement les conditions de confort en faisant disparaitre l'effet de paroi froide.
- **Associer une ventilation efficace** est indispensable. Une **VMC (ventilation mécanique contrôlée) simple flux** a pour rôle d'extraire l'**air vicié** d'une habitation (l'humidité créée dans les pièces humides : cuisine, salle de bains...). La **VMC double flux** introduit de l'**air neuf** en récupérant la chaleur ou la fraicheur issues de l'extraction de l'air vicié. De ce fait, elle réduit considérablement les **pertes de chaleur** dues au renouvellement de l'air (de **70 % à 90 %**) de l'habitation.

Un pont thermique est un endroit où il y a, en général, changement de matériaux. Par exemple, quand on installe une menuiserie dans une facade, il y a un pont thermique au niveau de la jonction.

Pour en savoir plus, consulter le guide de **l'ADEME** (Agence de l'environnement et de la maitrise de l'énergie) : https://www.ademe.fr/isoler-maison

Voir : https://www.quelleenergie.fr/economies-energie/ventilation-double-flux

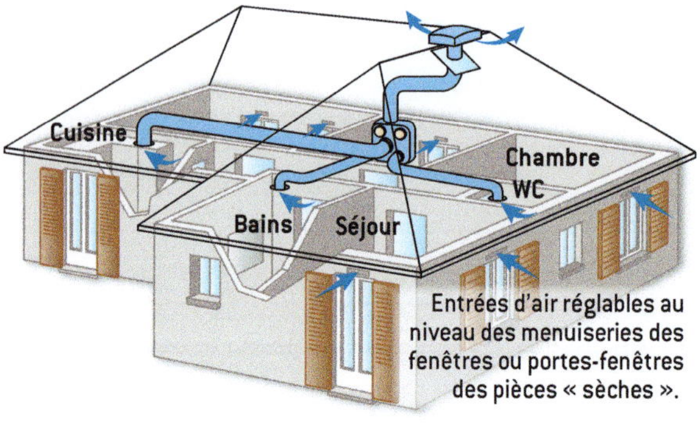

VMC simple flux

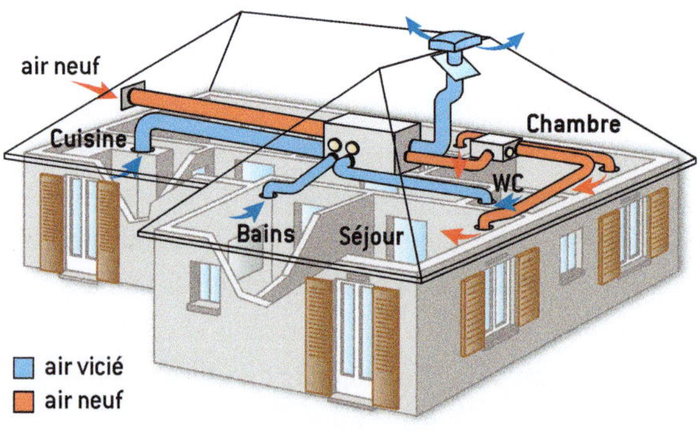

VMC double flux

À retenir

Un isolant ralentit les **transferts thermiques** ; il empêche au corps chaud de voir sa température diminuer (café dans un thermos) ou au corps froid de voir sa température augmenter (glace dans une boite en polystyrène expansé).

TEST D'AUTO-ÉVALUATION 12

Corrigé p. 193

1 Questions à réponses courtes

a. **Proposez deux solutions pour isoler votre habitation.**

b. **Pourquoi a-t-on une sensation de froid quand on marche sur du carrelage à 18 °C alors qu'au contraire, on a une sensation de chaud quand on marche sur une moquette à 18 °C ?**

c. **Pourquoi une VMC fait-elle partie des outils qui permettent de réduire la consommation d'énergie ?**

2 QCM (plusieurs bonnes réponses possibles)

1. À quel endroit de la maison se trouve la plus faible déperdition de chaleur ?

a. le toit

b. les murs

c. les fenêtres

d. les ponts thermiques

2. Un matériau est dit meilleur isolant thermique, pour une même épaisseur e, si :

a. R est grand

b. R est petit

c. λ est grand

d. λ est petit

3. Pourquoi un pull en laine nous parait chaud en hiver ?

a. la laine est naturelle

b. il évite les transferts thermiques

c. il est plus chaud qu'un pull en coton

3 Exercice

On désire isoler un ballon d'eau chaude afin d'éviter les pertes thermiques avec l'air ambiant.

a. **Classez les matériaux du tableau du meilleur isolant au moins bon isolant thermique. Justifiez votre réponse.**

b. **Calculez la résistance thermique R de cet isolant pour une épaisseur de 0,05 m.**

Type d'isolant	Conductivité λ ($W.m^{-1}.K^{-1}$)
Laine de bois	0,050
Polyuréthane	0,025
Laines minérales	$4{,}0.10^{-2}$
Panneaux isolants	22.10^{-3}

Le mouvement

• L'observation, l'analyse de mouvements et le chronométrage constituent une aide à l'activité sportive. Des lois de la physique permettent d'appréhender la nature des mouvements effectués dans ce cadre. On peut caractériser un mouvement par sa trajectoire et par sa vitesse selon le référentiel d'étude.

Au cycle 3, les élèves vont devoir observer et décrire différents **types de mouvements**.

LE COURS

1 La notion de référentiel d'étude

1. En mouvement ou en repos ?

Le mouvement d'un objet est décrit par rapport à **un solide de référence.** Le mouvement est **relatif** à ce solide de référence.

Questions de point de vue

David et Léa rentrent de vacances et sont assis face à face dans un train qui démarre.
Leur ami Mehdi les observe depuis le quai.

1 Point de vue de Mehdi

Mehdi est immobile sur le quai. Il observe ses amis assis dans le train qui démarre.

2 Point de vue de Léa

Léa est assise dans le train. Elle observe Mehdi resté sur le quai.

3 Point de vue de David

David est assis dans le train. Il regarde Léa assise en face de lui.

Dans cet exemple, Léa semble immobile pour son camarade David qui est assis en face d'elle dans le train mais elle semble en mouvement par rapport à Mehdi qui la regarde partir depuis le quai. De même, cette scène se déroule à 14 h 00. Mais à 17 h 00, Léa est peut-être immobile chez elle...

Définition d'un référentiel

Un référentiel est constitué :
– d'un solide de référence par rapport auquel on repère les positions du système ;
– d'un chronomètre ou d'une horloge qui permet de déterminer les dates.

1 2. Exemples de référentiel

• Le référentiel terrestre

Il est construit à partir de **n'importe quel solide de référence lié à la Terre** (le solide doit être fixe par rapport à la Terre).

Il est utilisé pour étudier tout mouvement à la surface de la Terre comme la chute d'une bille par exemple.

• Le référentiel géocentrique

Il est défini par **le centre de la Terre** et **trois axes dirigés vers trois étoiles lointaines**. On considère que ce sont des étoiles fixes, les axes sont donc fixes.

Il est utilisé pour décrire le mouvement de la Lune ou des satellites artificiels.

REMARQUE
La Terre n'est pas immobile par rapport à ce référentiel puisqu'elle a un mouvement de rotation sur elle-même donc autour de l'axe vertical du référentiel géocentrique.

• Le référentiel héliocentrique

Il est défini par **le centre du Soleil** et **trois axes dirigés vers les mêmes étoiles lointaines** que celles du référentiel géocentrique.

Il est utilisé pour décrire le mouvement des astres du système solaire.

2 Quelles sont les caractéristiques d'un mouvement ?

2 1. La trajectoire

La trajectoire d'un point est **l'ensemble des positions successives** occupées par ce point au cours du mouvement. **Elle dépend du référentiel d'étude** (puisque le mouvement dépend du référentiel).

• Si l'ensemble des positions successives du point mobile au cours du mouvement se situe sur un cercle ou sur un arc de cercle, on dit que le mouvement est **circulaire**.

• Si l'ensemble des positions successives du point mobile au cours du mouvement se situe sur une droite, on dit que le mouvement est **rectiligne**.

• Si l'ensemble des positions successives du point mobile au cours du mouvement se situe sur une courbe quelconque, on dit que le mouvement est **curviligne**.

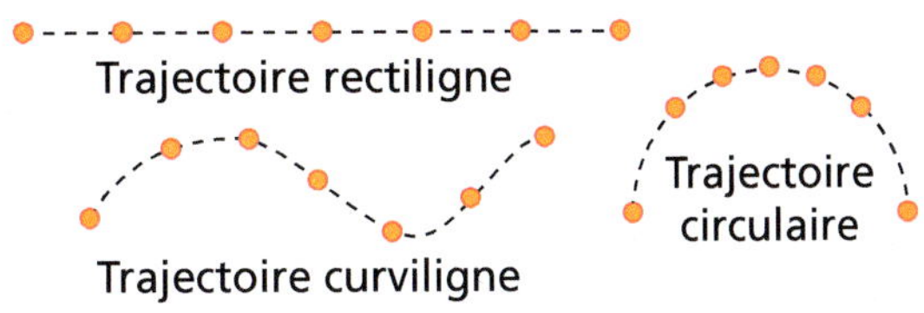

Trajectoires

❷ 2. Vitesse

$$v = d / t$$

Vitesse en mètres par seconde (m/s) — Distance en mètres (m) — Durée en secondes (s)

> **REMARQUE**
> La durée sera la même dans tous les référentiels d'étude.
> En revanche, comme la trajectoire est différente selon le référentiel, la distance parcourue change également : **la vitesse d'un point dépend donc du référentiel d'étude.**

On peut parler de **vitesse moyenne** et de **vitesse instantanée.**

▶ **Exemple :** Vous partez en vacances, vous avez 200 km à parcourir et vous avez mis 2 heures de temps de trajet. Votre vitesse moyenne est de 100 km/h. En revanche, vous avez peut-être roulé à 130 km/h sur l'autoroute (la vitesse indiquée sur votre compteur est la vitesse instantanée) mais fait des pauses pour refaire le plein du véhicule.

❷ 3. Mouvement ralenti, uniforme ou accéléré ?

Un mouvement peut être lent ou rapide mais de vitesse constante, on parle alors de « mouvement uniforme ». Lorsque la vitesse augmente, on parle d'accélération du mouvement et, au contraire, de décélération lorsqu'elle diminue.

- Si les distances parcourues pendant des intervalles de temps réguliers sont de plus en plus grandes, on dit que le mouvement est **accéléré.**

> **REMARQUE**
> Si la trajectoire est une droite, c'est donc un mouvement rectiligne accéléré.

- Si les distances parcourues pendant des intervalles de temps réguliers sont égales, on dit que le mouvement est **uniforme.**
- Si les distances parcourues pendant des intervalles de temps réguliers sont de plus en plus petites, on dit que le mouvement est **ralenti** ou **décéléré.**

Chronophotographie

Sur cette chronophotographie, on peut voir qu'à des intervalles de temps identiques, les distances sont de plus en plus rapprochées. La voiture a un mouvement ralenti.

À retenir

Le mouvement est dit relatif. Il est défini par sa trajectoire et sa vitesse.

TEST D'AUTO-ÉVALUATION 13

Corrigé p. 194

1 Compléter le texte

Manon et Solène partent d'Amiens pour se rendre en train à Lyon. Leur copine Agathe les regarde partir depuis le quai. Manon et Solène sont assises l'une à côté de l'autre dans le train.

Pour Agathe, située sur le quai, Solène est ....

Pour Manon, dans le train, Solène, assise à côté d'elle, est.................

2 Question à réponse courte

Sur sa moto électrique, Solène a un mouvement rectiligne accéléré. Identifiez la trajectoire associée.

a. 

b. 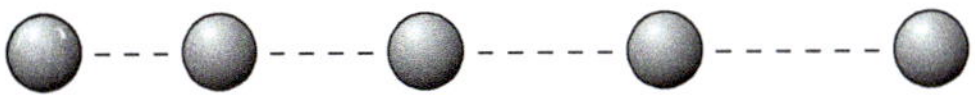

c. 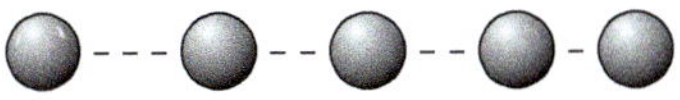

3 Étudier un mouvement

Manon réalise la chronophotographie ci-dessous en superposant des photos prises toutes les 125 ms.

a. **Le mouvement de la voiture est-il uniforme ? Justifiez votre réponse.**

b. **Combien de temps s'est-il écoulé entre les positions A et D ? Quelle distance a parcouru la voiture ?**

c. **Calculez la vitesse moyenne de la voiture.**

4 Mots casés

Recopiez et complétez la grille pour découvrir le « mot mystère » dans la colonne colorée.

a. Qualifie un mouvement au cours duquel la vitesse augmente.
b. Action qui ralentit un véhicule.
c. Représente la vitesse sur un schéma.
d. Responsables du ralentissement d'un mouvement.
e. Peut être « de freinage » ou « d'arrêt ».
f. Photographies prises à intervalles de temps égaux puis superposées.
g. S'exprime en m/s ou en km/h.
→ Quel est le mot mystère ?

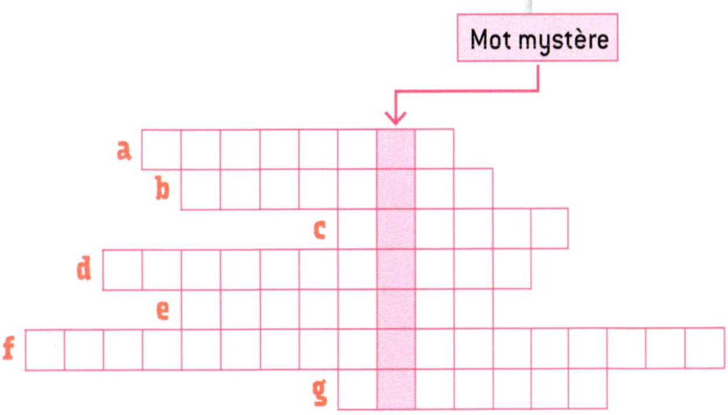

CHAPITRE 14 Sciences physiques et Technologie

La planète Terre

• Notre galaxie, la Voie lactée est composée d'environ 200 000 milliards d'étoiles et de gaz. Dans l'univers, les étoiles sont regroupées en galaxies. Il en existe des milliers dans l'ensemble de l'univers.

• On appelle système solaire l'ensemble constitué par notre étoile (le Soleil) et tous les astres qui se trouvent dans son champ de gravitation : planètes, satellites, astéroïdes, comètes... Si notre système solaire mesurait 1 mm, l'étoile la plus proche serait à 6,43 m.

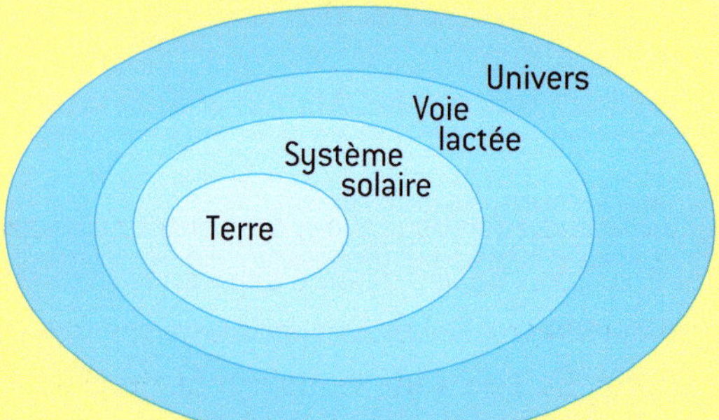

Au cycle 3, les élèves vont devoir situer la **planète Terre** dans le système solaire et connaitre ses **mouvements** et leurs **conséquences**.

LE COURS

1 La Terre

• **Notre planète Terre** est en **orbite** autour du **Soleil**, distant de 150 millions de km. Elle se situe en **troisième position**, placée entre Vénus et Mars. Elle mesure 12 756 km de diamètre et pèse 5,98 trillions de tonnes.

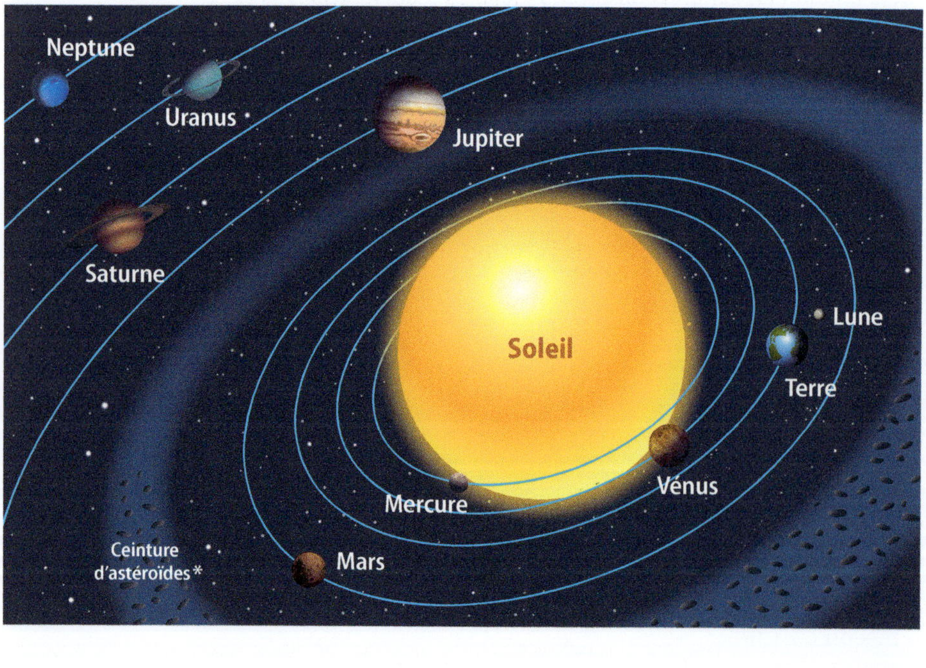

- **La Terre** est une planète dite **tellurique** (comme Mercure, Vénus et Mars). Jupiter, Saturne, Uranus et Neptune sont dites **gazeuses** à cause de leurs différentes caractéristiques comme leur composition, leur densité, leur taille, la durée de leur rotation.
- **La Terre** possède deux mouvements : un mouvement de **rotation** (sur elle-même) et un mouvement de **révolution** (autour du Soleil).

2 La rotation de la Terre sur elle-même

- **La Terre** effectue un tour complet **sur elle-même** autour d'un axe passant par ses pôles en 23 h 56 min et 4 s. Le Soleil se déplaçant d'apparence d'est en ouest, la rotation réelle de la Terre s'effectue d'ouest en est. Cette période, appelée « rotation sidérale » ou « **jour sidéral** », n'est pas constante (elle varie de 1 s tous les 60 000 ans).

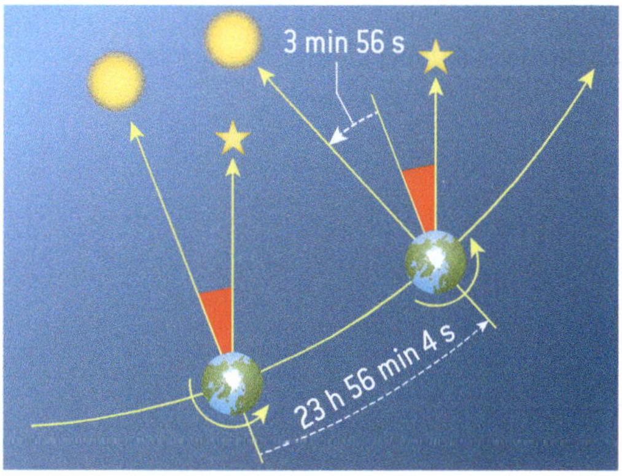

Différence entre jour sidéral et jour solaire

Le **jour solaire** est le temps écoulé entre deux passages successifs du Soleil au méridien[1] d'un même point.

On a été amené à prendre une valeur moyenne de 24 h (en effet, elle varie très légèrement de plus ou moins 30 s à cause de la vitesse de la Terre). Cette durée est variable parce que la Terre, tout en tournant sur elle-même, tourne également autour du Soleil. Il faut donc 3 min 56 s supplémentaires pour être au méridien du même point.

1. Un **méridien** est un demi-cercle imaginaire tracé sur le globe terrestre reliant un pôle à un autre et mesurant environ 20 000 km.

- **La rotation de la Terre sur elle-même provoque la succession des jours et des nuits** sur la majeure partie de la Terre. **L'axe de la Terre n'étant pas perpendiculaire** à la direction Soleil-Terre, **le jour et la nuit ont en général des durées inégales** (sauf à l'équateur).
- La rotation de la Terre est aussi responsable de :

– **la variation de l'ombre au cours de la journée** ;

– **la course apparente du Soleil** dans la journée de l'est vers l'ouest (que l'on peut illustrer à l'aide des trois schémas ci-dessous) :

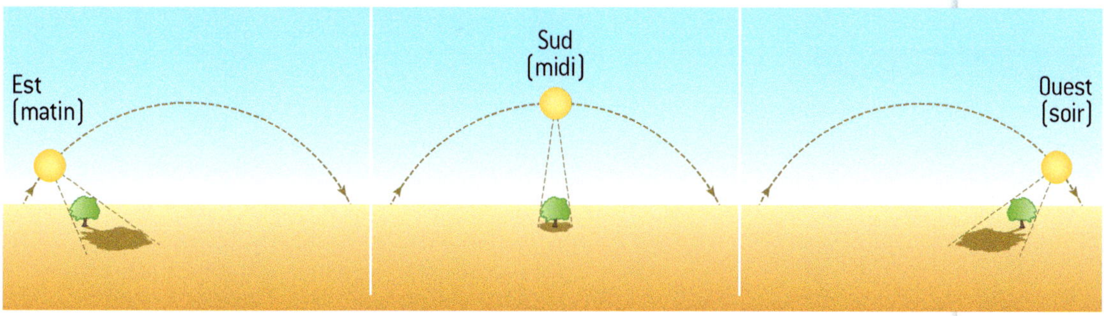

Course apparente du Soleil dans la journée

SCIENCES PHYSIQUES ET TECHNOLOGIE

– **le déplacement apparent des étoiles** autour de l'étoile polaire dans l'hémisphère Nord, comme l'illustre cette photo, qui est en fait une pause de photos d'étoiles prises à différents moments de la nuit.

Photographie circumpolaire

3 La révolution de la Terre autour du Soleil

- **La Terre effectue un tour complet autour du Soleil en 365,25 jours.** L'orbite elliptique de la Terre (trajectoire du centre de la Terre dont le Soleil occupe un des foyers) est contenue dans un plan que l'on appelle l'écliptique.
- **Il existe un angle de 23° 26' entre l'axe de la Terre nord-sud et la perpendiculaire au plan de l'écliptique** (plan de l'orbite de la Terre contenant les centres de la Terre et du Soleil).

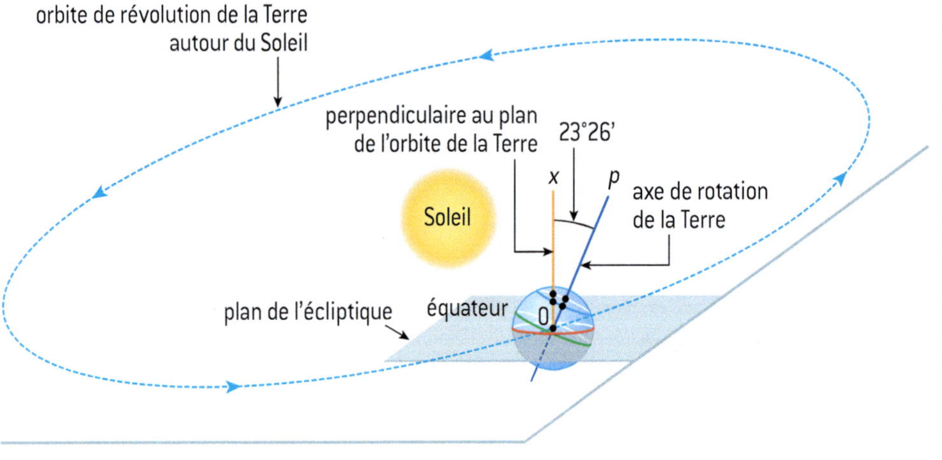

Révolution de la Terre autour du Soleil

Confusion courante

On pense souvent qu'il fait plus chaud en été car la Terre est plus proche du Soleil, mais c'est faux : même si la trajectoire de la Terre autour du Soleil est une ellipse, la Terre est plus loin du Soleil en été (151 millions de kilomètres) qu'en hiver (149 millions de kilomètres). La distance Terre-Soleil varie donc au cours de l'année entre 149 millions de km en hiver et 151 millions de km en été.

Voir paragraphe « Les saisons » ci-dessous.

Les saisons

- Une saison est une période de l'année (environ trois mois) où les conditions climatiques et les paysages vont être caractéristiques. **À cause de l'inclinaison de l'axe de rotation de la Terre, chaque zone de la surface terrestre reçoit une quantité différente de lumière au**

cours de sa révolution autour du Soleil. Au cours d'une année, nous passons par « quatre journées » particulières :

– l'**équinoxe d'automne**, autour du 21 septembre, selon les années (durée du jour = durée de la nuit) ;
– le **solstice d'hiver**, autour du 21 décembre (durée du jour la plus courte) ;
– l'**équinoxe de printemps**, autour du 21 mars (durée du jour = durée de la nuit) ;
– le **solstice d'été**, autour du 21 juin (durée du jour la plus longue).

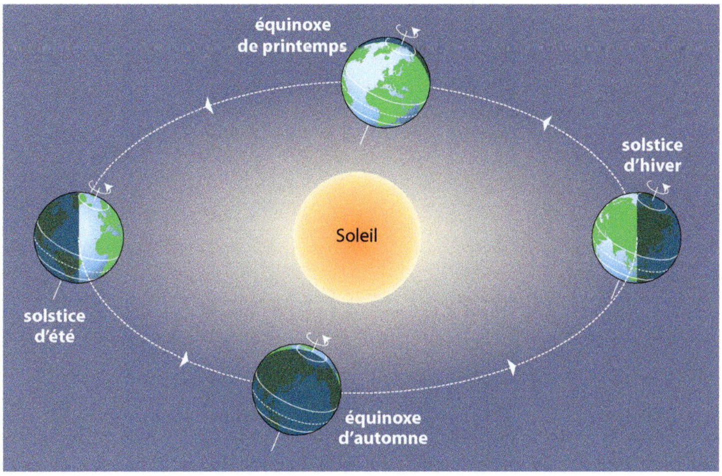

Le phénomène des saisons

• Lorsque l'hémisphère Nord est orienté vers le Soleil, nous sommes en été. À la même heure, le Soleil est plus haut au-dessus de l'horizon en été qu'en hiver. **Un même faisceau de lumière provenant du Soleil éclairera, donc chauffera, une surface au sol plus petite en été qu'en hiver** ; il la **chauffera** donc davantage.

• La variation de la durée du jour

Un autre facteur explique le fait qu'il fasse plus chaud l'été que l'hiver : la durée du jour par rapport à celle de la nuit. Le Soleil éclaire plus longtemps en été qu'en hiver, donc chauffe plus longtemps en été qu'en hiver ; la température sera plus élevée.

À retenir

La Terre, 3e planète en partant du Soleil, possède deux mouvements : rotation sur elle-même et révolution autour du Soleil à une vitesse supérieure à 107 000 km/h. Ces mouvements sont responsables de phénomènes comme l'alternance jour/nuit, les saisons…

TEST D'AUTO-ÉVALUATION 14

Corrigé p. 194

1 QCM (plusieurs bonnes réponses possibles)

1. Il fait plus chaud en été dans l'hémisphère Nord car :

a. la Terre est plus près du Soleil
b. la Terre tourne plus vite
c. la Terre est inclinée de 23° 26'

2. Quand la durée du jour est égale à la durée de la nuit, cela s'appelle :

a. le solstice d'été
b. l'équinoxe d'automne
c. l'équinoxe de printemps
d. le solstice de printemps

3. La Terre tourne sur elle-même en :

a. 24 h
b. 23 h 56 min 4 s
c. 23 h 54 min 6 s
d. 365 jours

2 Question à réponse courte

Citez dans l'ordre les huit planètes du système solaire en partant de la planète la plus proche du Soleil.

3 Exercice

Une année-lumière est la distance que parcourt la lumière en un an à la vitesse de 300 000 km/s. Calculez une année-lumière en km.

CHAPITRE 15

Sciences physiques et Technologie

Les objets techniques et leurs fonctions

• Les objets techniques sont des objets qui ont été modifiés ou fabriqués à partir d'objets (naturels) pour répondre à un besoin comme se déplacer, transporter, se nourrir, etc. Plusieurs objets techniques peuvent répondre au même besoin : la voiture, le bus, le vélo ou les rollers vont répondre au besoin de se déplacer en ville pour aller travailler, par exemple.

À l'école maternelle, l'élève va utiliser, fabriquer et manipuler des objets. Au cycle 2, il va essayer de comprendre leur fonctionnement. Au cycle 3, il va devoir concevoir et produire un **objet technique** pour répondre à un besoin.

LE COURS

1 Les matériaux des objets techniques

• L'évolution des produits est le résultat d'un besoin constant d'augmenter leurs performances ou leur attrait. Elle permet aussi de les rendre moins couteux à produire et moins chers à l'achat. Cette évolution dépend des progrès des sciences et des techniques, et des modifications des besoins des consommateurs.

• Afin de satisfaire les fonctions d'un objet technique, les matériaux doivent être judicieusement sélectionnés et remplir des critères de performance. En effet, ces matériaux possèdent des **propriétés** qui leur sont propres :
– **propriétés physiques ;**
– **propriétés mécaniques (résistance, masse volumique…) ;**
– **propriétés acoustiques ;**
– **propriétés thermiques (conduction ou isolation thermique) ;**
– **propriétés électriques (conduction ou isolation électrique).**

Les trois grandes familles de matériaux		
	Exemples	Propriétés
Les matériaux en verre et céramiques	Porcelaine, ciment, plâtre, verre.	• Isolants électriques et thermiques. • Matériaux rigides et très durs, ils cassent très facilement (sensibilité aux chocs mécaniques et thermiques). • Ils résistent aux fortes températures, à l'usure, à la corrosion et aux agents chimiques.
Les matériaux métalliques	Fer, aluminium, cuivre.	• Très bons conducteurs d'électricité et de chaleur. • Ils sont en général malléables, ductiles (ils peuvent être étirés et allongés sans se rompre) et réfléchissent la lumière. • Ils sont denses.
Les matériaux organiques	Matière plastique, matière végétale, résine, élastomère.	• Peu denses, ils sont déformables et brulent facilement.

Les matériaux en verre et céramique

Ce sont des matériaux obtenus à partir de terre ou de sable cuit :
– les verres sont obtenus par fusion du quartz contenu dans du sable ;
– les céramiques sont obtenues par fusion du quartz contenu dans l'argile.

- Les métaux sont souvent associés pour former des **alliages**.

▶ **Exemples :**

– le laiton, utilisé pour la robinetterie, est un alliage de cuivre et de zinc ;
– l'or rose est composé de 75 % d'or, 5 % d'argent et 20 % de cuivre ;
– l'acier résulte de la combinaison de fer et d'environ 2 % de carbone.

- **Il existe enfin des matériaux composites** (assemblage d'au moins deux matériaux de familles différentes). Ils sont composés d'un matériau de base (matrice ou liant : polymère, céramique ou métal) renforcé par des fibres d'un autre matériau, afin de combiner au mieux les avantages des deux. Les deux corps ne se mélangent pas, au contraire d'un alliage. Exemple : le béton, un assemblage d'un matériau de la famille des céramiques (ciment) et de granulats.

Les nouvelles propriétés obtenues répondront plus précisément **à l'application** qui en sera faite (rigidité, légèreté...).

2 Les fonctions des objets techniques

2 1. La fonction d'usage d'un objet technique

La fonction d'usage répond à la question « **À quoi me sert cet objet technique ?** »

Tous les utilisateurs la définissent de la même manière : elle correspond à la fonction de l'objet.

Certains objets peuvent avoir **plusieurs fonctions d'usage**. En voici quelques exemples :
– la fonction d'usage d'un VTT est de se déplacer sur des terrains escarpés et accidentés ;
– la fonction d'usage d'un vélo à assistance électrique est de se déplacer avec un minimum d'efforts sur un trajet ;
– la fonction d'usage d'un vélo est de se déplacer sur une courte distance, tandis que celle d'une voiture est de se déplacer plus rapidement sur de longues distances ;
– la règle graduée sert à tracer des traits droits et à mesurer des longueurs.

2 2. La fonction d'estime d'un objet technique

Elle répond à la question « **Pourquoi cet objet technique me plait ?** » Elle va donc dépendre des gouts de l'utilisateur et faire appel à des critères comme, par exemple, son esthétique (couleur, forme, matériau utilisé) ou sa marque.

▶ **Exemples :**

– un artisan aura plus probablement besoin d'un utilitaire fonctionnel pour transporter son matériel, tandis qu'une famille choisira une voiture spacieuse et confortable pour parcourir des trajets quotidiens ;
– on peut choisir une voiture pour sa couleur, pour son *design*, pour sa marque, pour son prix, pour ses équipements (en série ou en option), pour la puissance de son moteur, etc.

À retenir

Un objet technique possède une fonction d'usage et une fonction d'estime. Le choix du matériau aura donc une grande importance pour répondre à son usage.

TEST D'AUTO-ÉVALUATION 15

Corrigé p. 195

1 QCM (plusieurs bonnes réponses possibles)

1. La fonction d'usage répond à la question :

a. Pourquoi cet objet me plait ?
b. À quoi me sert cet objet ?
c. Comment fabriquer cet objet ?
d. Pourquoi fabriquer cet objet ?

2. La fonction d'estime répond à la question :

a. Pourquoi cet objet me plait ?
b. À quoi me sert cet objet ?
c. Comment fabriquer cet objet ?
d. Pourquoi fabriquer cet objet ?

3. L'aspect brillant d'une bague est :

a. sa fonction technique
b. sa fonction d'estime
c. sa fonction d'usage

2 Questions à réponses courtes

1. Quelle est la différence entre un objet et un objet technique ?

2. Quelle est la fonction d'usage d'un avion ?

3. Quelle est la fonction d'usage d'un château d'eau ?

3 Lire un tableau

Voici un tableau rassemblant différentes propriétés de trois récipients pouvant contenir de l'eau bien fraiche. Vous allez faire une longue promenade à vélo en plein été. **Quel récipient (en fonction du matériau qui le constitue) allez-vous choisir ?**

Récipient	Famille des matériaux	Matériau	Avantages	Inconvénients
Bouteille 1	Plastiques	Polyéthylène téréphtalate	Léger, recyclable, pratiquement incassable	Non biodégradable
Bouteille 2	Verres	Verre	Recyclable, transparent	Fragile, lourd
Gourde	Métaux	Aluminium	Recyclable, opaque	Conducteur thermique

Transmission ou transformation de mouvement dans les objets techniques

• Pour étudier le mouvement parfois complexe d'un objet, on peut toujours le ramener à une combinaison de deux grands types de mouvements : mouvement de rotation et mouvement de translation.
• De l'évolution technologique du vélo à la fabrication d'une carte animée, il est important de distinguer la transmission de la transformation de mouvement. Les mouvements d'entrée du système ne sont pas forcément ceux de sortie.

Cette partie est traitée au cycle 3 quand on doit expliquer le fonctionnement d'un **objet technique** ou trouver une **solution technologique** pour répondre à un besoin.

LE COURS

1 Les deux types de mouvements

• Mouvements de rotation (ou mouvements circulaires)

Un solide est en rotation autour d'un axe si tous ses points décrivent des cercles centrés sur l'axe. Exemple : les pales d'une éolienne.

• Mouvements de translation (ou mouvements linéaires)

Un solide est en translation si tous ses points ont des trajectoires superposables. Il existe des translations rectilignes, circulaires et curvilignes :
– **translation rectiligne** : tout segment du solide se déplace en restant parallèle à lui-même et la trajectoire est une droite. Exemple : « une cabine » d'ascenseur ;
– **translation curviligne** : tout segment du solide se déplace en restant parallèle à lui-même et la trajectoire est quelconque. Exemple : une « cabine » d'un téléphérique ;
– **translation circulaire** : tout segment du solide se déplace en restant parallèle à lui-même et la trajectoire est un cercle. Exemple : une nacelle de grande roue.

2 La transmission de mouvement (Mouvement d'entrée = Mouvement de sortie)

• Définition de la transmission de mouvement

La **transmission de mouvement** permet de **garder le même mouvement à l'entrée et à la sortie du dispositif** mais néanmoins d'en **modifier certains paramètres** :
– la direction (du mouvement pour les translations et l'axe pour les rotations) ;
– le sens ;
– la vitesse (démultiplication ou surmultiplication).

Exemples d'objets ayant une transmission de mouvement de rotation (Rotation → Rotation) : bicyclette, essoreuse à salade classique.

Exemple d'objet ayant une transmission de mouvement de translation (Translation → Translation) : poulie.

La transmission directe

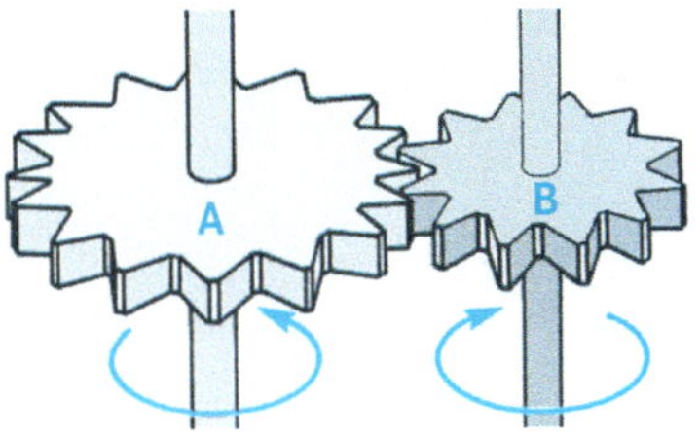

Dans la **transmission directe,** les deux pignons sont en contact, ils tournent en sens contraire.

> **REMARQUE**
> Le sens de rotation de la roue menée dépend du nombre de pignons constituant le train d'engrenages. Si le nombre d'engrenages est pair, le sens de rotation de la roue de sortie est celui inverse de la roue d'entrée. Si le nombre d'engrenages est impair, le sens de rotation reste inchangé.

L'exemple de l'essoreuse à salade

Un **engrenage** est constitué de deux roues dentées qui s'entrainent mutuellement. C'est la roue comptant le plus petit nombre de dents qui fait le plus de tours. Les deux roues tournent en sens inverse.

L'objectif de ce dispositif d'essoreuse à salade est d'augmenter la vitesse de rotation du panier à salade par rapport à la vitesse de rotation fournie au niveau de la poignée. Il faut donc que la roue de sortie fasse plus de tours que la roue d'entrée.

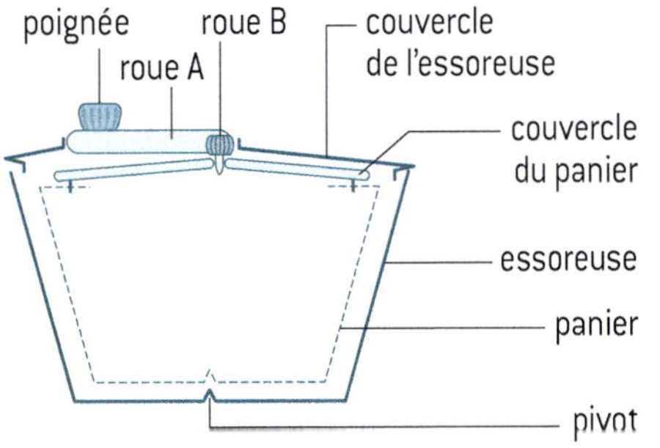

Essoreuse à salade à poignée (transmission directe par engrenages : rotation → rotation)

L'exemple de la poulie

Une poulie est un dispositif qui permet de transmettre une force en modifiant sa trajectoire. La force à exercer pour soulever une charge est la même que si on la soulève directement, mais le changement de direction permet à l'utilisateur de retenir la position la plus confortable pour produire son effort et diminuer ainsi sa fatigue.

Poulie (transmission directe : translation → translation)

En combinant les poulies, on peut réduire considérablement l'effort à fournir pour soulever une charge : c'est le principe du **palan**.

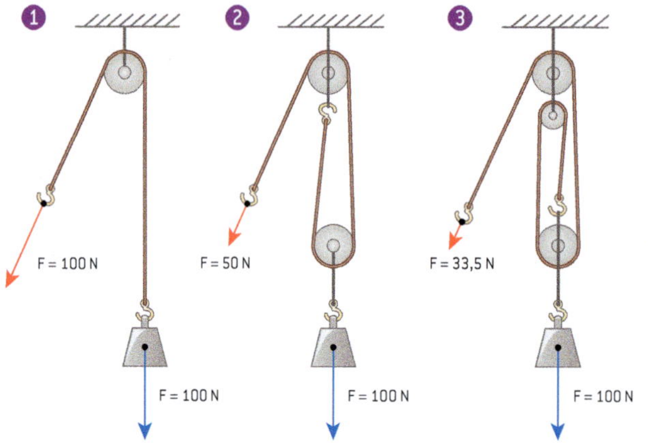

Application : dans le cas 1, la force à exercer pour soulever cette charge est la même que si on la soulève directement soit 100 N. En revanche, si on introduit une poulie mobile (cas 2), on divise par deux la force à exercer soit 50 N. Si on introduit une troisième poulie (cas 3), on divise par 3 la force à exercer soit 33,5 N.

• La transmission indirecte

Lors d'une **transmission indirecte,** les deux pignons sont éloignés (nécessité d'utiliser une chaine ou une courroie). Les deux pignons tournent ici dans le même sens.

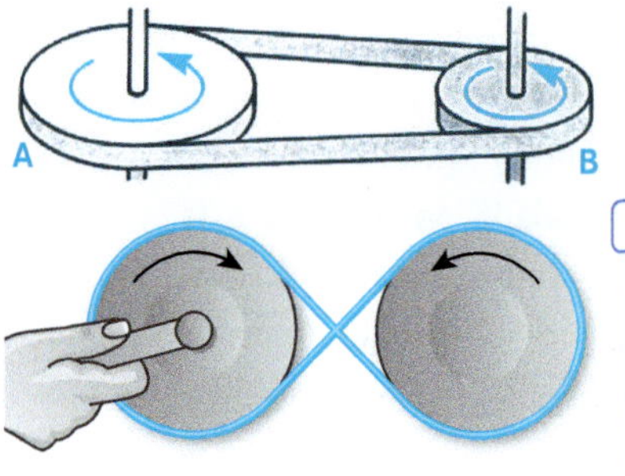

On peut inverser le sens de rotation en croisant la courroie.

• L'exemple de la bicyclette

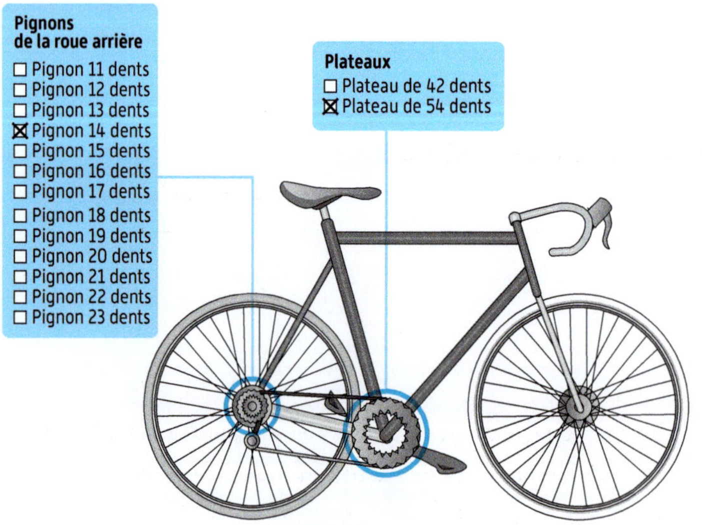

Bicyclette
(transmission indirecte par chaine : rotation → rotation)

3 La transformation de mouvement (Mouvement d'entrée ≠ Mouvement de sortie)

La transformation de mouvement permet de changer la **nature** du mouvement.

• L'exemple de la locomotive à vapeur

Une bielle-manivelle transforme un mouvement de translation en un mouvement de rotation. Dans les locomotives à vapeur, la vapeur d'eau sous pression permet à un piston de coulisser en un mouvement de translation. Ce dernier entraine une bielle fixée à une manivelle qui va mettre la roue en mouvement de rotation.

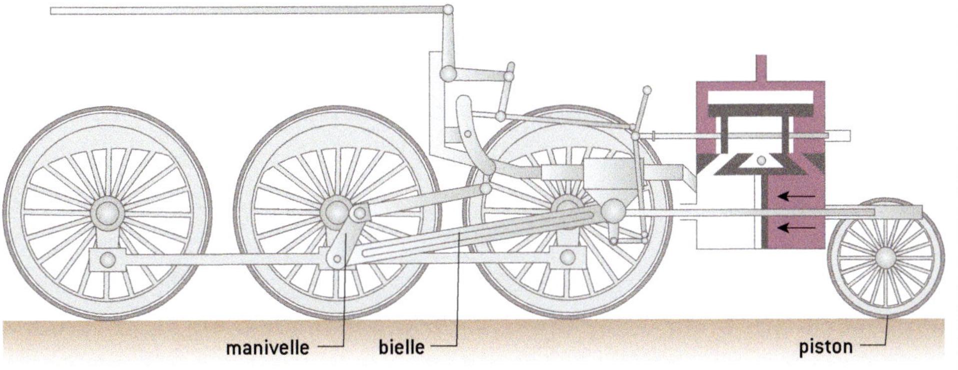

• L'exemple du treuil

Lorsque l'on actionne la manivelle du treuil (mouvement d'entrée = rotation), le seau remonte le long de la corde (mouvement de sortie = translation).

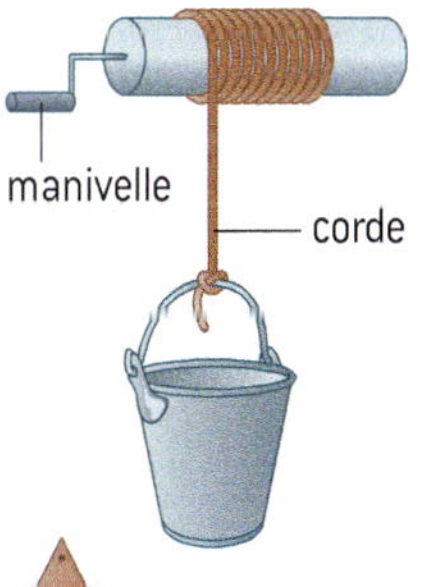

• L'exemple du pantin animé

Lorsque l'on tire sur la ficelle (mouvement d'entrée = translation), les membres du pantin remontent de manière circulaire (mouvement de sortie = rotation).

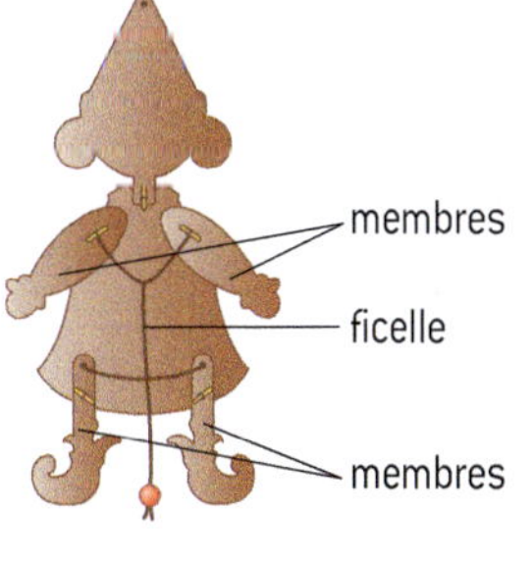

À retenir

- Il existe deux types de mouvement : mouvement de rotation et mouvement de translation.
- Si le mouvement d'entrée est le même que celui de sortie, on a une transmission de mouvement. Si le mouvement d'entrée n'est pas le même que celui de sortie, on a une transformation de mouvement.

TEST D'AUTO-ÉVALUATION 16

Corrigé p. 195

1 Calculer le développement d'une bicyclette

La circonférence de la roue est égale à 2,10 m. Les trois plateaux notés P1, P2 et P3 ont respectivement 24, 34 et 44 dents.

Les sept pignons Z1, Z2, Z3, Z4, Z5, Z6 et Z7 ont respectivement 28, 24, 22, 20, 18, 16 et 14 dents.

a. Indiquez quel serait le bon choix de pignon et de plateau pour gravir une côte très pentue.

b. Calculez le développement pour ce cas.

2 QCM (plusieurs bonnes réponses possibles)

1. Quel est l'élément qui permet de transmettre le mouvement de rotation du pédalier à la roue arrière d'un vélo ?

a. une courroie
b. une chaine
c. un engrenage
d. une bielle-manivelle

2. Un système d'engrenages permet de :

a. augmenter/diminuer la vitesse de rotation
b. changer le sens de rotation du mouvement
c. transformer le mouvement
d. transmettre le mouvement

3 Distinguer transmission et transformation de mouvement

Est-ce que la loupe binoculaire illustre une transmission ou une transformation de mouvement ? Justifiez.

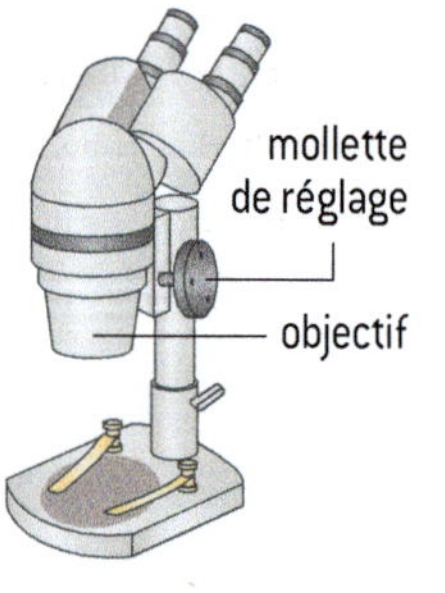

Les leviers dans les objets techniques

- Une paire de ciseaux, une brouette, un pied-de-biche, un décapsuleur, une pince à épiler, une pince à sucre, une cisaille, un casse-noix sont des leviers.
- Un levier est un solide rigide (une barre, le plus souvent) pouvant tourner ou pivoter autour d'un point d'appui (appelé axe).
- Il est caractérisé par plusieurs éléments :
  - un axe de rotation ;
  - une force motrice ;
  - une force résistante.

De nombreux objets techniques de la vie courante fonctionnent en utilisant le principe des **leviers**. Du cycle 1 au cycle 3, on peut travailler sur les mobiles, les balances.

LE COURS

1 Les différents types de leviers

• Levier du 1er genre ou levier inter-appui

Quand le point d'appui se situe entre les points d'application des forces motrices et résistantes (ciseaux, cisailles, pied-de-biche, arrache-clou), on a un levier inter appui.

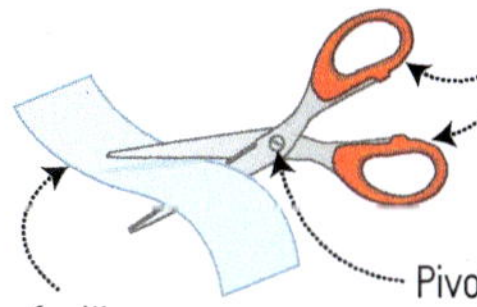

• Levier du 2e genre ou levier inter-résistant

Si la force résistante est appliquée entre le point d'appui et le point d'application de la force motrice (brouette, couteau à pain, décapsuleur, casse-noix), on a un levier inter-résistant.

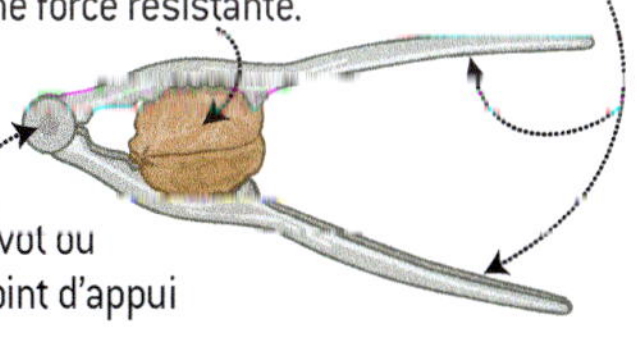

• Levier du 3e genre ou levier inter-moteur

Si la force motrice est appliquée entre le point d'appui et le point d'application de la force résistante (pince à sucre, pince à épiler, canne à pêche), on a un levier inter-moteur ou inter-effort.

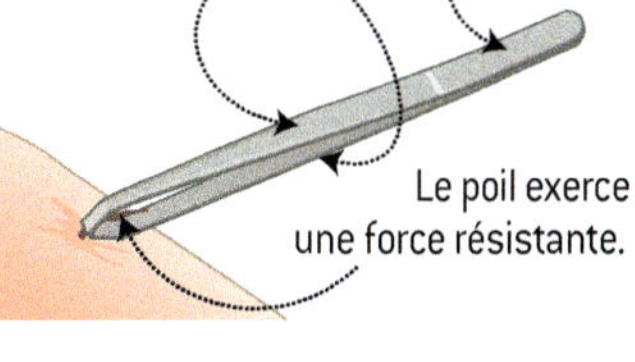

Un levier est en équilibre quand la force motrice et la force résistante sont inversement proportionnelles à leurs bras de levier[1] respectifs.

1. Le **bras de levier** est la distance entre le pivot et le point d'application de la force.

2 Le théorème des moments

Comment fonctionnent les balances ? Comment équilibrer un mobile ?

Pour répondre à ces questions, il faut connaitre le théorème des moments : pour qu'un solide mobile autour d'un axe soit en équilibre, il faut que la somme des moments des forces qui tendent à le faire tourner dans un sens soit égale à la somme des moments des forces qui tendent à le faire tourner dans l'autre sens.

Le moment d'une force est la grandeur qui rend compte de la capacité de la force à faire pivoter une barre autour d'un axe de rotation.
Pour une force appliquée perpendiculairement à la barre, on a la relation suivante :

$$M = F \times d$$

Moment en newton.mètres (N.m) Force en newtons (N) distance en mètres (m)

• L'exemple de la grue

Une grue permet de soulever une charge M en variant la masse M_c d'un contrepoids.

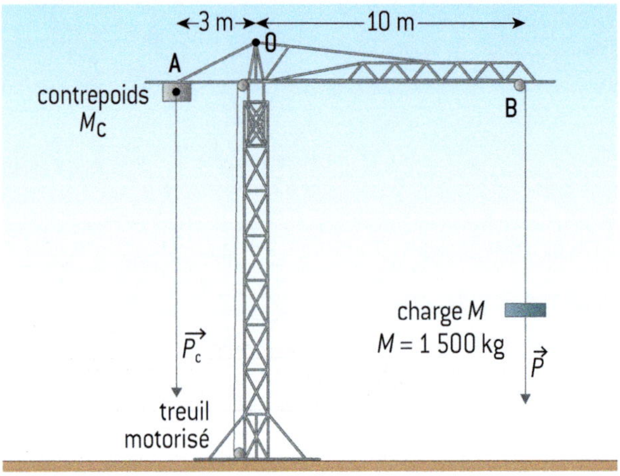

On sait : OA = 3 m ; OB = 10 m ; $M = 1\,500$ kg
D'après le théorème des moments, on sait :
Moment du poids du contrepoids = Moment du poids de la charge
P_c = Poids du contrepoids $= M_c \times g$
P = Poids de la charge $= M \times g$

D'où :
$M_c \times g \times OA = M \times g \times OB$
$M_c = M \times OB/OA = 1\,500 \times 10/3 = 5\,000$ kg

Dans cet exemple, la grue reste en équilibre si et seulement si la masse du contrepoids M_c est égale à 5 000 kg.

L'exemple de la balançoire

Une balançoire est en équilibre si l'une des conditions est validée :
– les enfants possèdent la même masse et sont à équidistance du pivot ;
– les enfants n'ont pas la même masse mais ils appliquent le théorème des moments.

D'après le théorème des moments, on sait :
Moment du poids de l'enfant 1 = moment du poids de l'enfant 2
P_1 = Poids de l'enfant 1 = $m_1 \times g$
P_2 = Poids de l'enfant 2 = $m_2 \times g$
D'où : $m_1 \times g \times d_1 = m_2 \times g \times d_2$

Dessin d'une balançoire en équilibre

REMARQUE
Un enfant de 20 kg peut être en équilibre sur une balançoire avec un enfant de 40 kg s'il se place 2 fois plus loin du pivot.

L'exemple des balances

• Le fonctionnement d'une **balance à deux plateaux** repose sur **l'équilibre d'une barre appelée fléau**, mobile autour d'un axe et symétrique (autant que possible) par rapport à cet axe. Les deux plateaux identiques, accrochés aux extrémités du fléau, sont donc accrochés **à égale distance de l'axe**. À vide, le fléau est en équilibre, donc horizontal.

Les balances à deux plateaux

Balance de Roberval

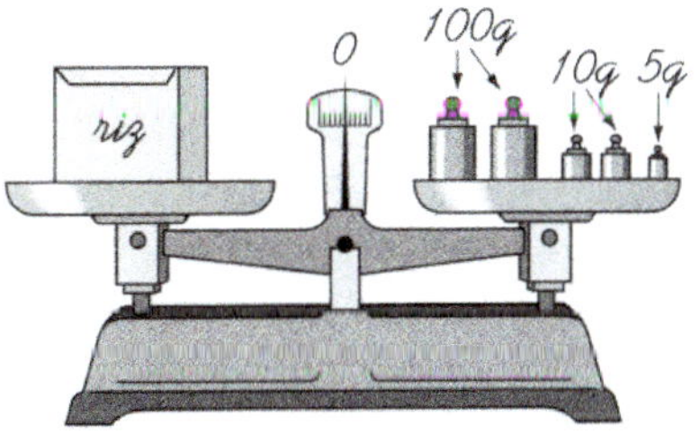

Trébuchet

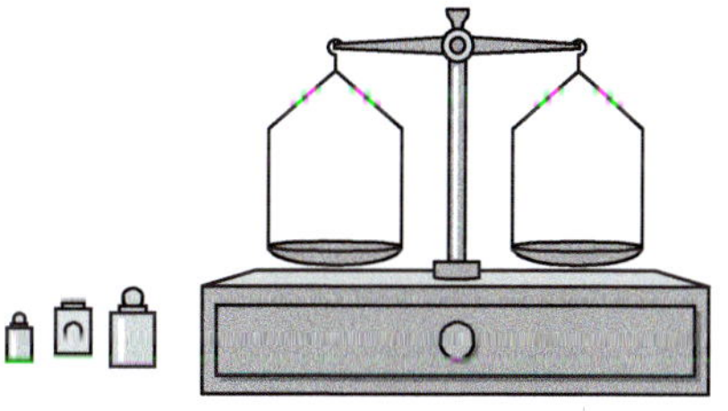

• Avec une balance romaine, on fait bouger le contrepoids sur le fléau de manière à obtenir l'équilibre. Plus la masse de l'objet accroché à la balance est importante, plus il faut éloigner le contrepoids de l'axe pour obtenir l'équilibre.

La balance romaine

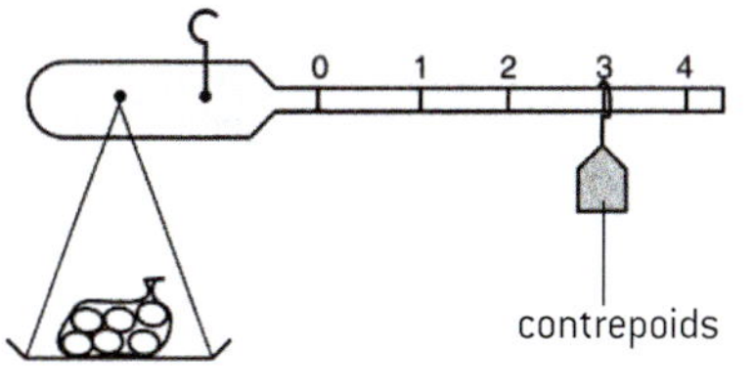

À retenir

• Un levier est un solide rigide pouvant tourner ou pivoter autour d'un point d'appui. Selon la position du point d'appui, de la force motrice et de la force résistante, on peut avoir trois types de levier : levier inter-résistant, levier inter-appui et levier inter-moteur.
• À l'équilibre, la somme des moments des forces qui font tourner le solide dans un sens est égale à la somme des moments des forces qui le font tourner dans le sens contraire (théorème des moments).

TEST D'AUTO-ÉVALUATION 17

Corrigé p. 195

1 Question à réponse courte

À quel type de levier correspond l'arrache-clou ?

2 Calculer le moment d'une force

La balançoire représentée ci-dessous supporte deux personnes de poids $P_1 = 700$ N et $P_2 = 580$ N.

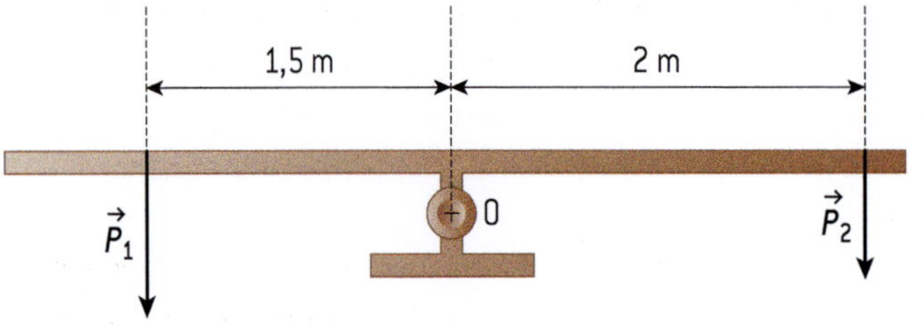

a. Quel est le moment M1 du poids $\vec{P}_1$?

b. Quel est le moment M2 du poids $\vec{P}_2$?

c. Vers quel côté la balançoire descend-elle ?

3 Équilibre

On a un contrepoids de masse m_1 égal à 1 000 kg, situé à une distance d_1 égale à 5 m du pivot. À quelle distance d_2 placer la masse m_2 de 200 kg pour qu'elle soit en situation d'équilibre ?

CHAPITRE 18

Sciences physiques et Technologie

Les objets techniques avec des circuits électriques

• L'électricité n'a pas été inventée : c'est un phénomène présent dans la nature, que les êtres humains ont peu à peu découvert et maitrisé.

• Ce n'est qu'à partir de la fin du XVIe siècle qu'elle a commencé à être étudiée par les scientifiques pour en comprendre les mécanismes et établir les lois dans les circuits électriques.

L'électricité est indiquée au cycle 2 dans la partie « Les objets techniques » avec la réalisation d'un circuit simple (ex. : une maison de poupée) mais on peut aussi traiter des objets techniques plus complexes (ex. : réalisation d'un quizz électrique) au cycle 3 dans la partie « Matériaux et objets techniques ».

LE COURS

1 Les constituants d'un circuit électrique

À l'école primaire, les circuits électriques sont composés en général d'une pile (le générateur le plus couramment utilisé) et de lampes ou moteurs (les récepteurs avec la présence d'un interrupteur).

1 1. Un générateur utilisé très couramment : la pile

Une **pile électrochimique** est un **générateur** qui transforme une partie de l'énergie chimique (réaction d'oxydoréduction[1]) en énergie électrique. C'est pourquoi la consommation de réactifs entraine l'usure de la pile.

1. **Une réaction d'oxydoréduction** consiste en un transfert d'électrons entre un oxydant d'un couple et un réducteur d'un autre couple.

Historique

• Dès 1600, on savait produire des étincelles en actionnant la manivelle d'une machine de Ramsden.

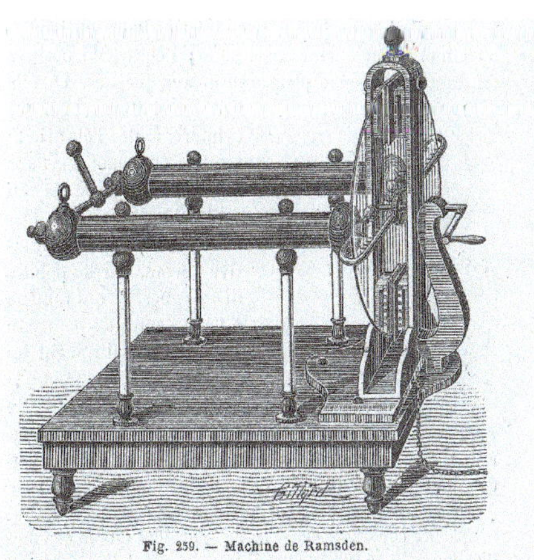

Fig. 259. — Machine de Ramsden.

Gravure représentant la machine de Ramsden

• En 1786, Luigi Galvani, professeur d'anatomie à l'université de Bologne, en Italie, testait les effets des petites décharges fournies par la machine de Ramsden sur le cadavre de grenouilles. Il constata que les muscles des batraciens tressautaient au contact des

Vidéo en ligne sur : http://www.ampere.cnrs.fr/parcourspedagogique/zoom/video/galvani/video/galvani.php

décharges et fut surpris de voir qu'il obtenait le même résultat en touchant les nerfs des cadavres avec des tiges métalliques. Galvani pensait, à tort, que l'électricité venait de l'animal.

• Un savant italien, Alessandro Volta, encore inconnu à l'époque, était très intéressé par les travaux de Galvani mais il remarqua que la grenouille ne sursautait que si les tiges métalliques étaient constituées de deux métaux distincts. Il en déduisit que l'électricité venait des métaux. En 1800, il *empila* des rondelles de cuivre et de zinc séparées par du carton imbibé d'eau salée : cet empilement fut aussitôt baptisé « pile ».

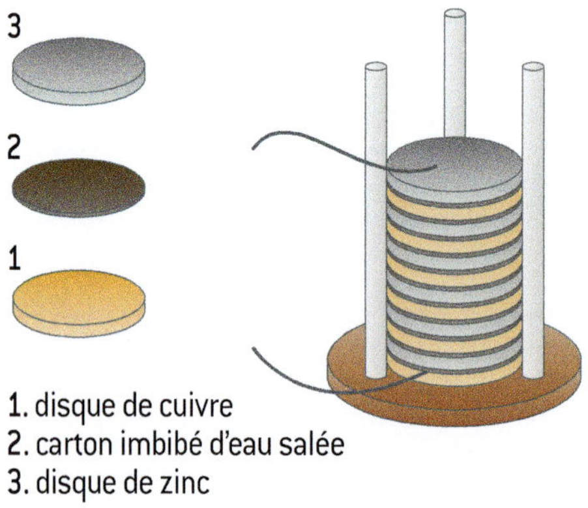

Représentation d'une pile Volta

• Constitution des piles

Les piles présentent toutes :

– deux **électrodes** constituées de matériaux conducteurs (en général des métaux ou du carbone) ;

– une ou plusieurs **solutions électrolytiques**[2] ;

– un **pont salin** ou une paroi poreuse.

En fonction du type d'électrolyte utilisé, on obtient une pile saline (à base d'électrolyte comme le chlorure de zinc ou le chlorure d'ammonium), alcaline (à base d'électrolyte alcalin comme la soude) ou au lithium (à base d'électrolyte au lithium).

2. **Une solution électrolytique** est une solution contenant des ions.

• Tension délivrée par la pile

Une pile est caractérisée par différentes inscriptions, mais la plus importante de toutes, c'est sa **tension nominale** ou tension d'usage exprimée en volts (V).

Toutes les piles ne possèdent pas la même tension nominale. Les piles plates fournissent en général 4,5 V et les piles rondes courantes AA 1,5 V.

La tension, appelée aussi « différence de potentiel », est à l'origine de la mise en mouvement des électrons (voir chapitre 11, p. 137) dans le circuit électrique.

Photographie d'une pile AA

Analogie pour comprendre la tension

On peut comparer la tension d'une pile à la différence de hauteur de liquides dans deux récipients reliés entre eux : plus la différence de hauteur est importante, plus le débit de liquide entre les récipients est élevé. Si les deux liquides étaient à la même hauteur, il n'y aurait aucune circulation. Par analogie, s'il n'y a pas de différence d'état électrique, il n'y a pas de tension.

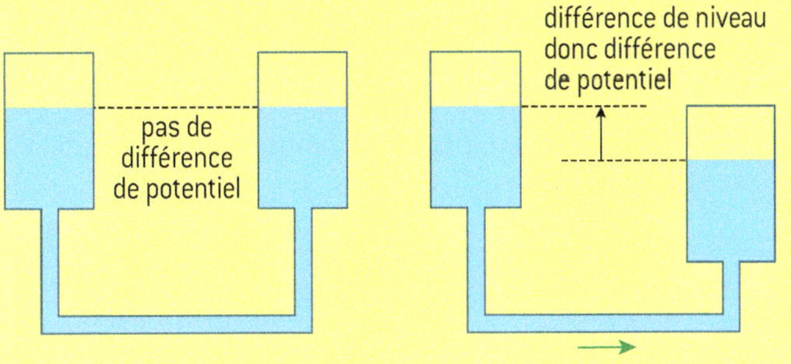

1 2. Les récepteurs usuels

La lampe

Présentation

Une lampe transforme l'énergie électrique fournie par le générateur en énergie lumineuse. On utilise à l'école élémentaire des lampes témoins à incandescence. Elles sont constituées d'une **ampoule** de verre et de différents éléments métalliques : un fil très fin en tungstène appelé **filament** qui est relié à deux **tiges** en acier, un **culot** et un **plot central**. L'une des tiges est reliée au culot (qui permet de visser la lampe) et l'autre au plot central. Le filament brille lorsqu'il est incandescent.

Dessin d'une lampe à incandescence

Confusion courante

Ne pas confondre ampoule et lampe : l'ampoule est une partie de la lampe.

Pour allumer une lampe, il faut mettre en contact la borne + de la pile avec le culot et la borne – de la pile avec le plot central (ou inversement car une lampe n'est pas un dipôle polarisé[3]). **Les deux bornes de la lampe sont donc : son plot central et le culot.**

Il n'est pas pratique de tenir la lampe avec la main pour la faire briller. Pour plus de commodité, on fixe la lampe à un support : une douille.

Il est important de constater que le support est en contact avec les deux pôles de la lampe.

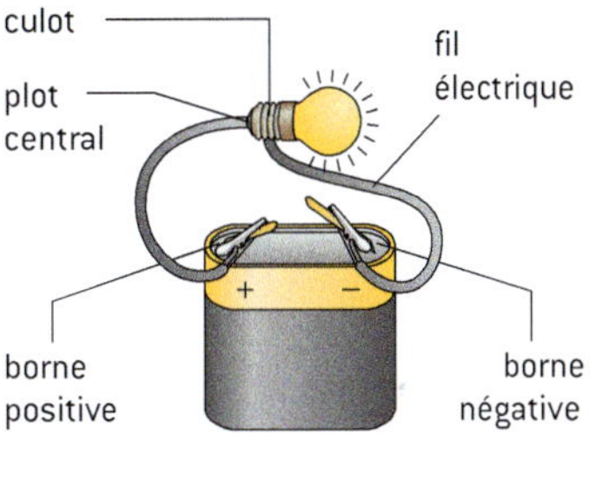

Dessin d'un circuit pile-lampe

3. **Un dipôle** est un conducteur qui possède deux pôles appelés aussi bornes. (Exemples : pile, lampe, moteur, interrupteur...). **Un dipôle polarisé** fonctionne différemment selon son sens de branchement (exemples : moteur, buzzer, diode...).

• Tension d'usage de la lampe

Sur le culot de la lampe, est indiquée une valeur numérique : c'est sa **tension nominale**, c'est-à-dire la tension que doit recevoir la lampe pour fonctionner dans des conditions normales.

Photographie d'une lampe à incandescence

– Si la tension nominale du générateur est égale ou voisine de celle du récepteur, on dit alors que le générateur et le récepteur sont **adaptés**. Par exemple, on dira : « La lampe brille normalement. »

– Si la tension nominale du générateur est supérieure à celle du récepteur, le récepteur est en **surtension** et risque d'être endommagé. Par exemple, on dira : « La lampe brille fortement. »

– Si la tension nominale du générateur est inférieure à celle du récepteur, le récepteur est en **sous-tension** et ne fonctionne pas normalement. Par exemple, on dira : « La lampe brille faiblement. »

• Le moteur électrique

Le moteur est un dipôle qui transforme l'énergie électrique en énergie mécanique. Il est dit asymétrique, c'est-à-dire qu'il tourne dans un sens différent selon son branchement. Si vous inversez les bornes (sens du courant), il tourne dans le sens inverse.

Photographie d'un moteur électrique

Confusion courante

On pense souvent que le moteur est un générateur, mais c'est faux : le moteur permet de transformer l'énergie électrique reçue en énergie mécanique, par exemple pour faire tourner le plateau d'un micro-ondes ou les balais d'essuie-glaces...

1 3. L'interrupteur

L'interrupteur est un élément clef dans un circuit électrique ; il le **commande**. En position ouvert, il ne laisse pas circuler le courant, comme s'il y avait un « trou » dans le circuit. En position fermé, c'est l'inverse : le courant circule.

2 Les propriétés des circuits électriques

Un circuit électrique est constitué de **dipôles** reliés entre eux par des **fils de connexion**, dont au moins un **générateur**. Ce dernier fournit de l'énergie électrique aux différents dipôles.

2 1. Le schéma normalisé

Pour plus de lisibilité, les différents composants du circuit sont représentés par leurs symboles normalisés. Quand on réalise un schéma normalisé, on fait d'abord un rectangle et on y insère ensuite les différents composants en évitant de les mettre dans les coins.

Symboles normalisés de quelques dipôles

Pile	Lampe témoin	Moteur	Interrupteur fermé	Interrupteur ouvert
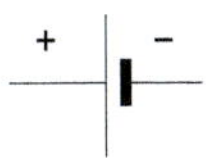	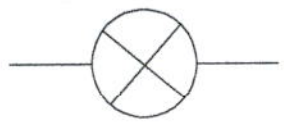	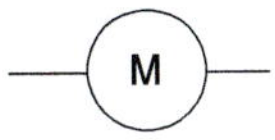		

2. Les différents types de circuits

• Le circuit en série

C'est un circuit dans lequel les dipôles sont branchés les uns à la suite des autres ne formant qu'**une seule boucle**. Ici, les lampes L_1 et L_2 sont en série.

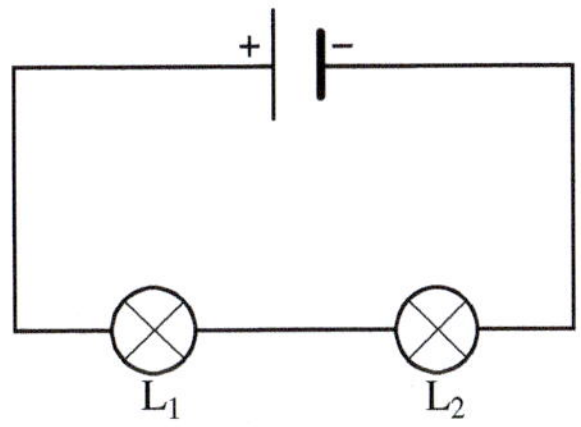

Propriété : Dans un circuit en série, il n'existe qu'un seul circuit possible pour le courant. Les dipôles ne fonctionnent pas de façon indépendante : si un des éléments ne fonctionne plus, le circuit est ouvert et aucun courant ne passe dans les autres éléments du circuit quelle que soit leur position.

• Le circuit en dérivation

Un circuit **en dérivation** est un circuit dans lequel **les bornes d'un dipôle sont reliées aux bornes d'un autre dipôle.** Ici, L_1 et L_2 sont en dérivation.

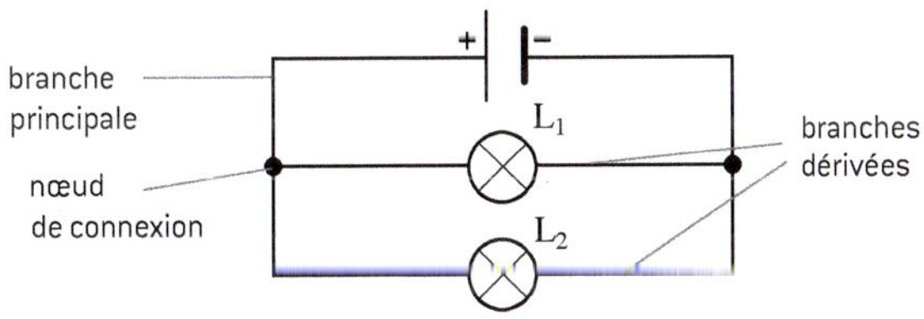

Propriété : Dans un circuit en dérivation, le courant se partage en arrivant au nœud de connexion. Si un dipôle « tombe en panne », la boucle qui le contient « tombe en panne ». Les dipôles des autres boucles continuent de fonctionner normalement.

> **REMARQUE**
> Une branche est une portion de circuit entre deux nœuds. La branche qui contient le générateur est appelée branche principale ; les autres sont appelées branches dérivées. Deux fils de connexion se relient à un nœud de connexion.

3. Circulation du courant électrique dans un circuit

Un circuit électrique fermé est un lieu de circulation du courant électrique.

> **REMARQUE**
> On ne peut schématiser le sens du courant que lorsque le circuit est fermé. Dans un circuit ouvert, il n'y a pas de courant !

• Le courant continu

• Le courant continu est un mouvement ordonné de charges électriques (électrons ou ions), circulant au sein des matériaux qui constituent le circuit électrique dans une seule direction. **Le courant électrique possède un sens : par convention, on considère qu'à l'extérieur du générateur, le courant circule de la borne + vers la borne –**. On représente le courant électrique par des flèches partant de la borne + vers la borne – **uniquement dans les circuits fermés.**

• Le courant continu est produit par l'activité chimique d'une pile ou d'une batterie d'accumulateurs dans un circuit fermé.

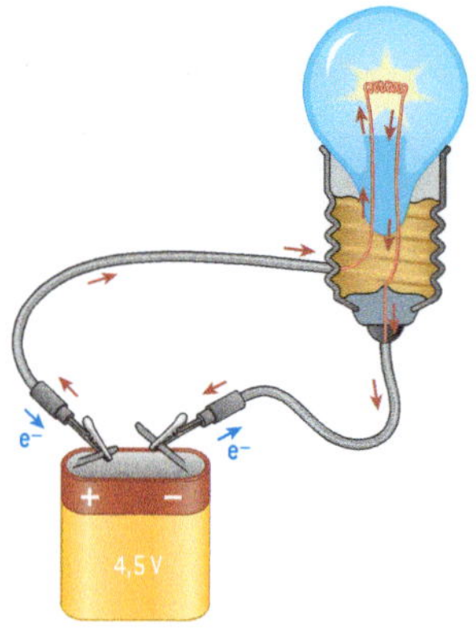

Circulation du courant (en rouge) dans un circuit fermé lampe-pile

• Le courant alternatif

Un courant est dit alternatif lorsqu'il circule alternativement dans une direction puis dans l'autre à intervalles réguliers appelés cycles. Il est produit par la rotation d'un alternateur. Le courant qui arrive dans nos habitations est alternatif et a été abaissé à une tension de 230 V.

❷ 4. Conducteur électrique ou isolant électrique ?

• Les matériaux qui possèdent beaucoup de porteurs de charges libres et qui sont donc facilement traversés par un courant électrique sont dits **conducteurs**.

Exemples : métaux, graphite, eau salée…

• Dans certains matériaux, les électrons ne peuvent pas être mis en mouvement de façon globale. On appelle ces matériaux des **isolants**, ils s'opposent au passage du courant. Exemples : laine, bois, matières plastiques, eau déminéralisée…

• Pour mettre en évidence le caractère conducteur des matériaux, on peut réaliser des circuits avec une pile, une lampe et l'objet à tester. Ici, le papier bleu est isolant, donc la lampe ne s'allume pas. Dans le cas de l'eau, il est nécessaire d'utiliser des dispositifs beaucoup plus sensibles en ayant recours à des DEL.

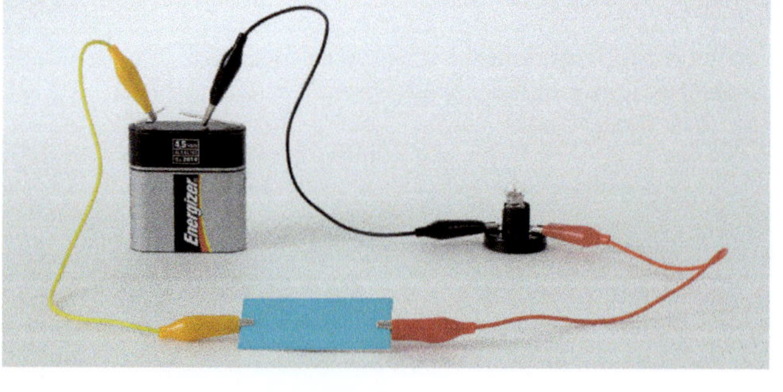

Photographie d'un circuit avec un isolant

> **REMARQUE**
> • Un interrupteur ouvert se comporte comme un isolant électrique.
> • Un interrupteur fermé se comporte comme un conducteur électrique.

❷ 5. Les dangers des circuits électriques

À l'école primaire, le risque électrique avec des circuits électriques simples alimentés par des piles est le plus souvent un **court-circuit**, c'est-à-dire que les bornes d'un dipôle sont reliées par un fil de connexion ou par du métal.

• Un récepteur en court-circuit

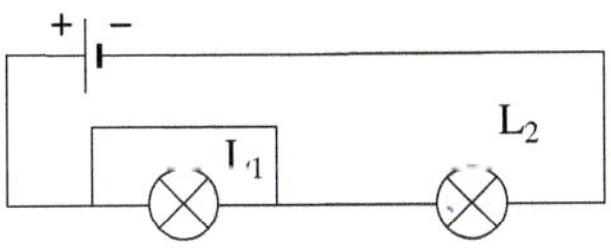

La lampe L_1 (sur laquelle un fil relie ses deux bornes) ne brille pas ; en revanche, la lampe L_2 brille. Elle reçoit, dans l'exemple, toute la tension délivrée par la pile.

• Un générateur en court-circuit

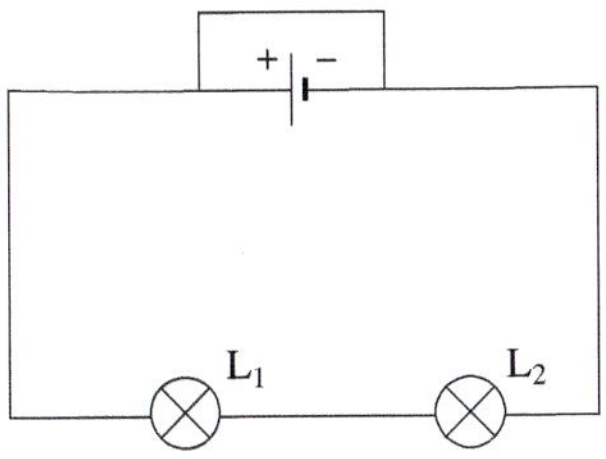

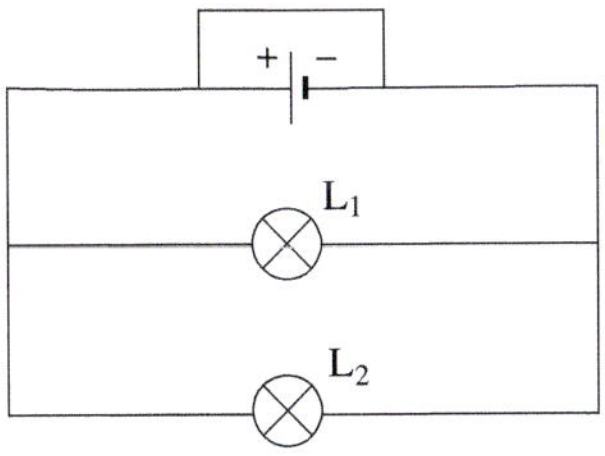

Le générateur dans les deux circuits ci-dessus est dit court-circuité. Les lampes L_1 et L_2 ne brillent pas. La pile va se mettre à chauffer et le fil conducteur qui relie ses deux bornes également.

> **REMARQUE**
> Attention aussi au phénomène de surintensité dans la branche principale quand on augmente le nombre de dipôles branchés en dérivation.

❸ Les lois dans les circuits électriques

Tandis que les lois de **l'intensité** expliquent certains problèmes de sécurité électrique, les lois des **tensions** dans les circuits électriques permettent de prévoir, entre autres, l'éclat des lampes.

On mesure une tension avec un voltmètre (branché en dérivation) et une intensité avec un ampèremètre (branché en série).

❸ 1. Les lois dans un circuit en série

• Additivité des tensions

La tension aux bornes d'un ensemble de dipôles montés en série est égale à la somme des tensions aux bornes de chacun des dipôles.

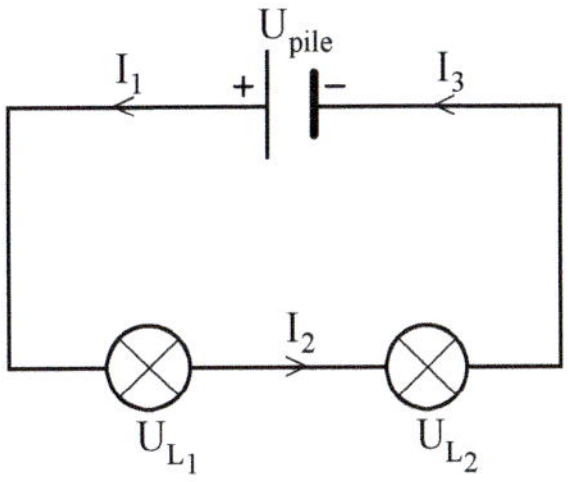

> **Loi d'additivité des tensions de dipôles montés en série**
> $$U_{pile} = U_{L_1} + U_{L_2}$$

- **Unicité de l'intensité**

L'intensité I exprimée en ampères (A) correspond au débit d'électrons dans le circuit. On peut aussi dire que l'intensité est la quantité d'électricité (liée au nombre de particules en mouvement) qui passe à un endroit donné en un temps donné.

L'intensité dans un circuit en série est la même en tout point où deux dipôles en série sont traversés par un même courant. (L'intensité du courant dans un circuit en série est indépendante de l'ordre des dipôles.)

Pour essayer de comprendre cette grandeur, on peut **comparer l'intensité au débit d'une rivière** ; plus l'eau circule, plus le débit est important (débit d'un ruisseau < débit d'une rivière < débit d'un fleuve).

Loi d'unicité de l'intensité dans les circuits en série

$$I_1 = I_2 = I_3$$

Confusion courante

On pense souvent que plus on est près de la pile, plus l'intensité est grande mais c'est faux : l'intensité est la même partout dans un circuit en série fermé.

3 2. Les lois dans un circuit en dérivation

- **Additivité des intensités**

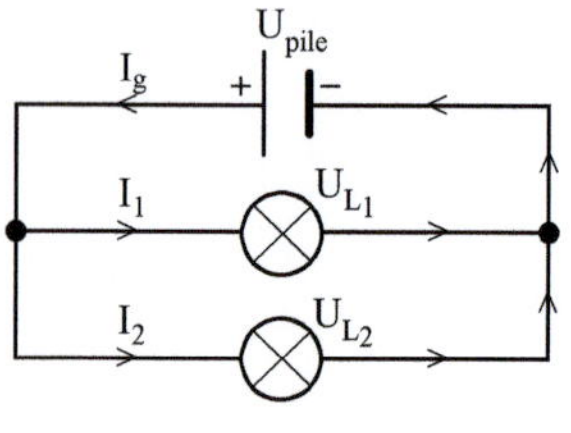

L'intensité dans la branche principale est égale à la somme des intensités dans les branches dérivées. La somme des intensités des courants qui arrivent à un nœud est égale à la somme des intensités des courants qui en partent.

Loi d'additivité des intensités dans les circuits en dérivation

$$I_g = I_1 + I_2$$

- **Unicité de la tension**

La tension est la même entre les bornes de récepteurs branchés en dérivation. (La tension aux bornes de chaque dipôle d'un circuit en série est indépendante de l'ordre des dipôles).

Loi d'unicité de la tension dans les circuits en dérivation

$$U_{pile} = U_{L_1} = U_{L_2}$$

À retenir

- Un circuit électrique simple est constitué d'une pile reliée à une lampe par des fils conducteurs.
- Beaucoup d'objets techniques comportent des circuits électriques. Il est donc essentiel de maitriser les différentes lois des circuits électriques afin de pouvoir expliquer aux élèves la différence d'éclat entre deux lampes ou des notions de sécurité électrique.

TEST D'AUTO-ÉVALUATION 18

Corrigé p. 196

1 Schématiser des circuits

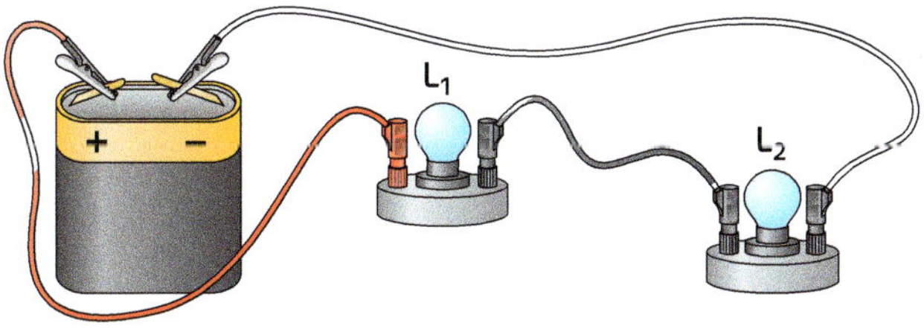

A

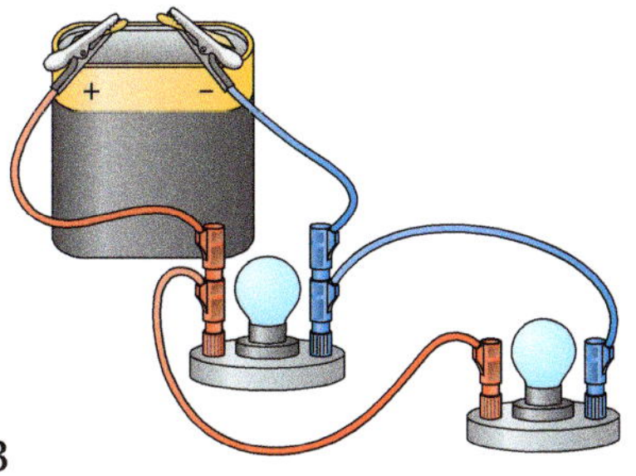

B

a. Schématisez ces deux montages.
b. Indiquez, sur chacun, le sens du courant.
c. Lequel est un circuit en dérivation ?

2 QCM (plusieurs bonnes réponses possibles)

1. L'unité de l'intensité électrique est :
   a. le volt
   b. l'ampère
   c. le watt
2. Une pile plate 4,5 V fournit du courant :
   a. alternatif
   b. continu
   c. soutenu
3. Dans une installation domestique électrique, les lampes sont branchées en :
   a. série
   b. dérivation
   c. ça dépend des lampes
4. Parmi ces matériaux, lesquels sont conducteurs d'électricité ?
   a. cuivre
   b. plomb
   c. caoutchouc
   d. eau salée

3 Prévoir l'éclat des lampes

Deux lampes identiques L_1 et L_2 sont branchées en dérivation dans un circuit alimenté par une pile. Elles brillent normalement. On les branche maintenant en série avec le même générateur. **Comment vont-elles briller ?**

4 Exercice à réponse courte

Est-ce que la place de l'interrupteur est judicieuse dans la situation ci-dessous pour commander l'allumage simultané des deux lampes ? Justifiez votre réponse.

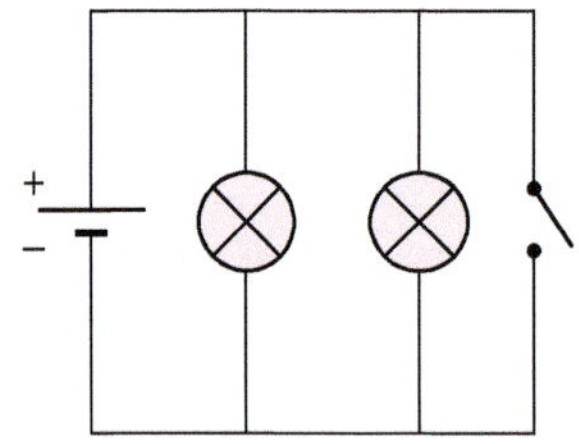

5 Expliquer un phénomène

Pourquoi la pile chauffe-t-elle dans cette situation ?

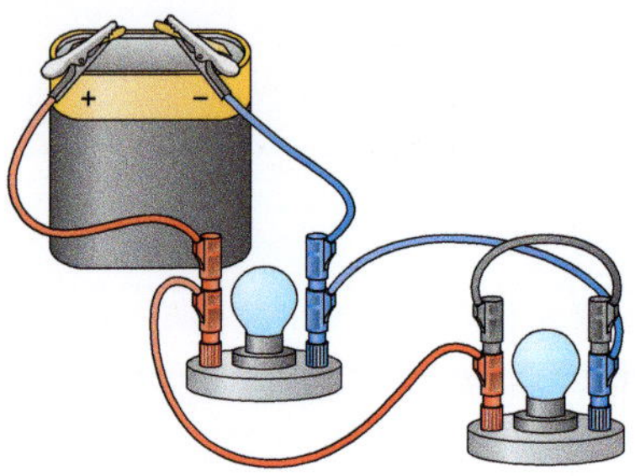

6 Exercice à réponse courte

Voici trois montages. Les lampes L_1, L_2 et L_3 sont identiques (tension nominale 3 V). Dans les trois cas, le générateur délivre une tension de 3 V.

Pour chaque situation, indiquez l'éclat de chaque lampe : brille normalement, brille faiblement (sous-tension) ou risque de griller (surtension).

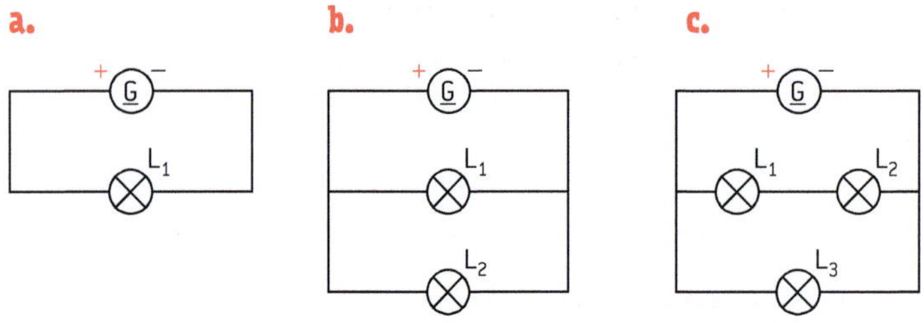

Des phénomènes optiques dans les objets techniques

• La lumière visible correspond à la partie du spectre électromagnétique perceptible par notre œil.

Spectre de la lumière blanche

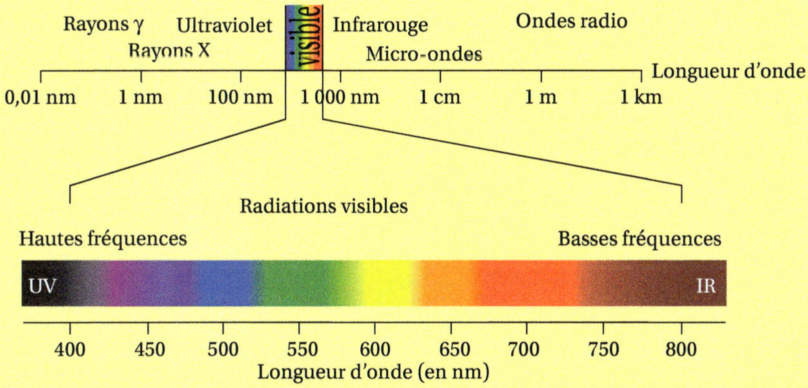

• Elle est formée d'ondes électromagnétiques[1] dont les longueurs d'onde sont comprises entre 400 nm (violet) et 800 nm (rouge).

• Quelles sont les différentes propriétés de la lumière ? Émise par une source, une lumière se propage. Mais elle peut rencontrer un objet opaque et former une zone d'ombre. Quels sont les différents types d'ombres ? De quoi dépend la forme d'une ombre ?

Le théâtre d'ombres est un objet technique qui peut être fabriqué dès le cycle 1. Mais pour cela, il faut avoir des notions sur les **ombres**. On peut aussi manipuler des **lumières colorées** (synthèse additive). Par ailleurs, selon les matériaux (cycle 3), la **lumière** ne se diffuse pas de la même façon.

1. Chaque **onde électromagnétique** est définie par sa longueur d'onde λ qui représente la distance parcourue par l'onde pendant une période d'oscillation et s'exprime en mètres.

LE COURS

1 Les propriétés de la lumière

1. Les sources de lumière

Il existe deux types de sources de lumière :
– les **sources primaires** (soleil, bougie, lampe à incandescence, tube fluorescent, éclair, luciole, écran de télévision allumé…) produisent la lumière qu'elles émettent ;
– les **objets diffusants** (lune, écran d'un projecteur, tableau blanc, objet éclairé…) diffusent la lumière produite par une source primaire.

2. La propagation de la lumière

• **La lumière** se propage en **ligne droite** (propagation rectiligne) dans un **milieu transparent et homogène** (air, eau, plastique, verre, vide…). On modélise le trajet suivi par la lumière (rayon lumineux) par un trait fléché ayant pour sens de la source vers un objet puis de cet objet vers notre œil.

Trajet suivi par la lumière

● On peut citer **différentes applications de la propagation rectiligne de la lumière**, par exemple l'alignement par visée (lunette de visée pour mesurer la topographie des chantiers, tir à la carabine avec viseur…). Réaliser une visée, c'est aligner plusieurs objets avec son œil.

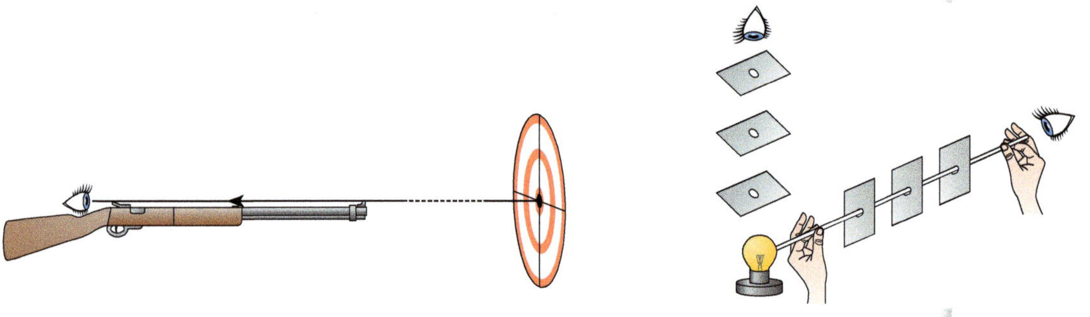

Alignements par visée

Fonctionnement de la chambre noire

La chambre noire est une boite opaque dont une face est translucide (verre dépoli, papier-calque…) et dont la face opposée est percée d'un petit trou appelé sténopé. Un objet éclairé est placé devant la face percée. Un rayon lumineux, provenant de l'objet, traversant le trou, viendra éclairer, dans la boite, la face intérieure opposée. Il en sera de même pour tous les rayons provenant de chaque point de l'objet. L'ensemble des taches lumineuses formées sur la face translucide dessine une image renversée et plus petite.

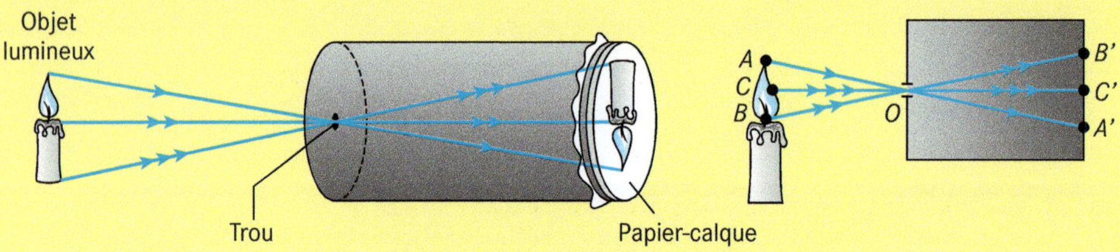

L'image de la bougie est renversée.

● Quand on change de milieu, comme dans l'eau, le trajet de la lumière est dévié. Le rayon lumineux est réfracté.

Règle « cassée » dans l'eau

3. La vitesse de la lumière

La vitesse de propagation de la lumière a une valeur finie : **300 000 km/s** (environ 7 tours et demi de la Terre au niveau de l'équateur en 1 seconde). On la nomme aussi célérité.

On peut déterminer la distance d en mètres (m) que met la lumière en une durée t en secondes (s) à la vitesse v en mètres par seconde (m/s) avec la relation :

$$d = v \times t$$

1 4. La transmission de la lumière

Confusion courante

On pense souvent que l'on voit la lumière, mais c'est faux : on peut voir de la poussière ou des gouttelettes d'eau qui diffusent sa lumière.

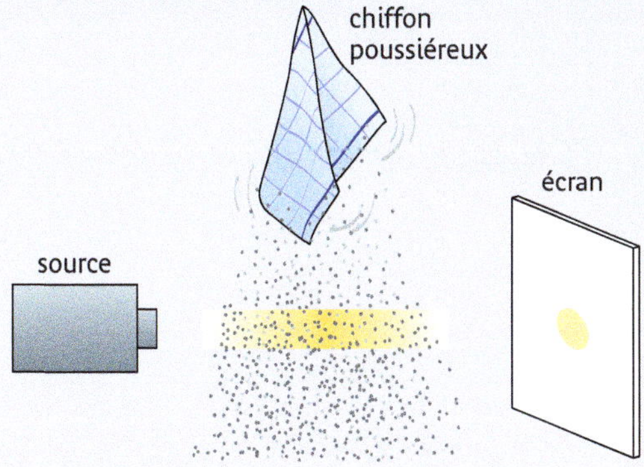

- On constate que, selon la **constitution de l'objet**, la lumière est plus ou moins diffusée.

Type d'objet	Propriété	Exemples
Objet opaque	Ne laisse pas passer la lumière	Mur en brique, table en bois…
Objet transparent	Laisse passer toute la lumière	Air, verre…
Objet translucide	Laisse passer une partie de la lumière	Verre dépoli, papier-calque…

Pour voir un objet, il faut que l'œil en reçoive de la lumière. Il doit être éclairé ET il ne doit y avoir aucun obstacle opaque entre l'objet et l'œil de l'observateur.

- Il existe des **détecteurs photochimiques** (par exemple, les sels d'argent des pellicules photographiques) et des **détecteurs photoélectroniques** (par exemple, le capteur CCD des appareils photographiques numériques) qui vont réagir différemment selon l'éclairement reçu. C'est le principe de la photographie.

1 5. La composition de la lumière blanche

- La **lumière blanche** est constituée de la superposition d'une infinité de radiations colorées variant progressivement du rouge au violet. On peut le constater par exemple lors de sa décomposition en couleurs dans un arc-en-ciel, sur un CD, avec un prisme ou un réseau (feuille transparente constituée d'un très grand nombre de traits fins parallèles et équidistants).

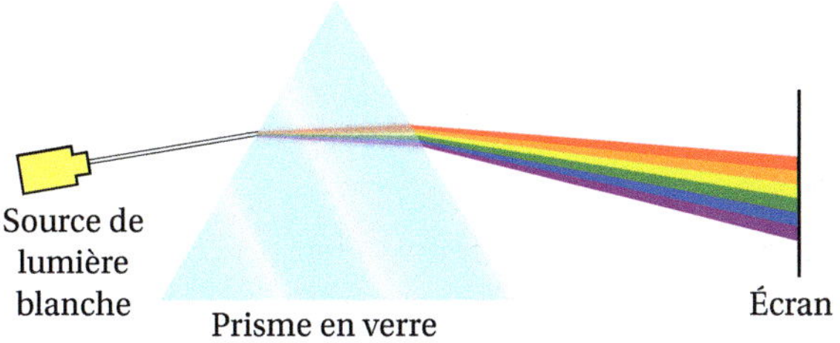

Décomposition de la lumière blanche par un prisme

● **On peut aussi recomposer la lumière blanche, par synthèse additive,** à partir des trois couleurs dites couleurs primaires : rouge, vert et bleu. C'est sur ce principe que fonctionne la télévision couleur.

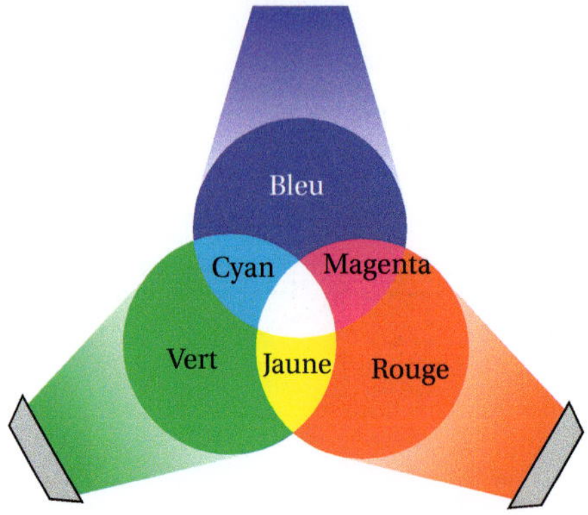

Représentation de la synthèse additive

Animation accessible en ligne sur : https://www.pccl.fr/physique_chimie_college_lycee/quatrieme/optique/synthese_additive.htm

Cette synthèse permet d'expliquer la couleur d'un objet qui dépend à la fois de la lumière qu'il reçoit et de la lumière qu'il diffuse.

2 Lumière et ombres

2 1. Les différents types d'ombres

Lorsqu'un objet opaque est éclairé par une source, une partie de cet objet n'est pas éclairée. C'est ce qu'on appelle l'**ombre propre**. Il existe derrière l'objet une **zone d'ombre** ; c'est la partie de l'espace non exposée à la lumière. Quand cette zone d'ombre touche une surface matérielle (mur, écran, sol…), on voit apparaitre sur celle-ci l'**ombre portée de l'objet**.

On peut résumer ce phénomène grâce au schéma ci-dessous :

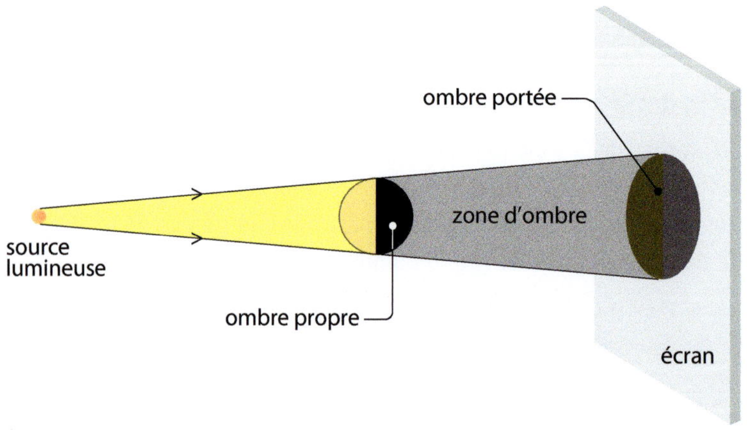

Formation d'une ombre

Le faisceau de lumière est constitué par ses deux rayons lumineux extrêmes.

2. La forme de l'ombre

La forme de l'ombre portée dépend de la forme et de l'orientation de l'objet.

3. La taille de l'ombre portée

La taille de l'ombre portée dépend des **distances** entre la source, l'objet opaque et l'écran.

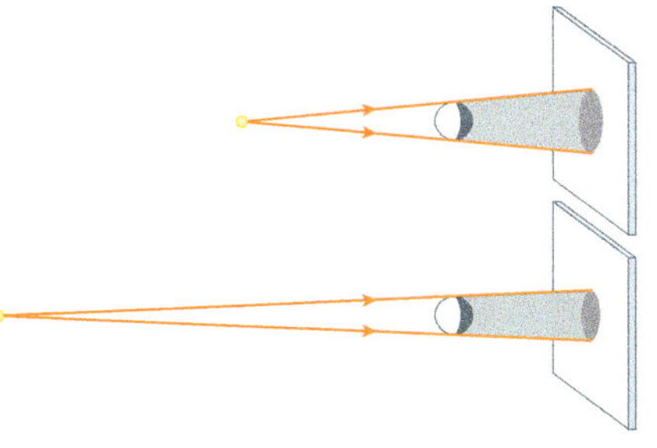

Variation de la taille de l'ombre en fonction de l'éloignement de la source lumineuse

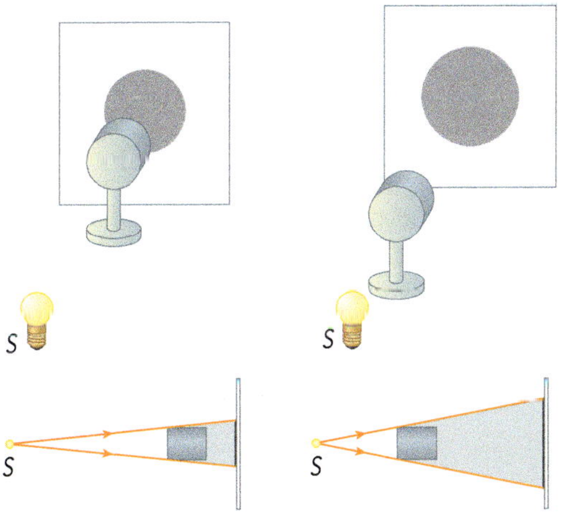

Variation de la taille de l'ombre en fonction de la position de l'objet

À distance source-écran fixe, plus on éloigne l'objet de la source, plus la taille de l'ombre portée diminue.

À retenir

- La lumière se propage en ligne droite dans un milieu homogène et transparent à la vitesse de 300 00 km/s.
- On peut décomposer (*via* un prisme) et recomposer (*via* un disque de Newton) la lumière blanche.
- Un objet opaque éclairé possède « trois » ombres : une ombre propre, une ombre portée mais également une zone d'ombre entre l'ombre propre et l'ombre portée. La taille et la forme de l'ombre portée peuvent varier en fonction de certains critères (position de l'objet opaque, distance entre objet et écran...).

TEST D'AUTO-ÉVALUATION 19

Corrigé p. 196

1 QCM (plusieurs bonnes réponses possibles)

1. La lumière se propage :

a. en ligne droite dans un milieu homogène et transparent

b. à la vitesse de 300 km/s

c. à la vitesse de 300 000 km/s

2. Pour réaliser le spectre de la lumière blanche, à la place d'un prisme on peut utiliser :

a. une lentille

b. un miroir

c. un sténopé

d. un réseau

3. Les trois couleurs primaires sont :

a. le rouge, le jaune et le bleu

b. le rouge, le vert et le bleu

c. le rouge, le vert et le violet

d. le magenta, le jaune et le cyan

4. On voit un oiseau :

a. parce qu'il envoie de la lumière vers notre œil

b. parce que notre œil lui envoie de la lumière

c. parce qu'il est coloré

d. parce qu'il est éclairé et qu'il n'y a pas d'objet opaque entre lui et notre œil

2 Analyser des productions d'élèves

Voici les dessins de trois élèves de CM1 à qui on a donné la consigne : « Il y a du soleil. Dessine-toi avec ton ombre portée au sol. » **Quelles sont les deux erreurs auxquelles l'enseignant va être confronté ?**

L'information

• Un signal transmet une information.
• Pour que l'information soit comprise, il faut associer au signal une convention qui doit être connue de l'émetteur et du destinataire et qui permette de comprendre l'information ainsi transmise. Exemples : feux de circulation, voyant de charge d'un appareil, alarme sonore, etc.

Au cycle 3, on retrouve ce thème dans « **Matière, mouvement, énergie, information** », l'élève doit savoir identifier un signal et une information. Dans « **Matériaux et objets techniques** », l'élève doit savoir repérer et comprendre la communication et la gestion de l'information. On peut aussi faire **programmer** aux élèves les déplacements d'un robot ou ceux d'un personnage en utilisant un logiciel de programmation.

LE COURS

1 Les différents signaux

1 1. La nature d'un signal

Selon l'information, le signal peut prendre deux formes : **analogique** ou **numérique**.

• **Un signal analogique** est un signal qui varie de façon continue au cours du temps. Il peut prendre une infinité de valeurs en évoluant progressivement d'une valeur à une autre. L'information analogique représente une grandeur physique. Exemples : la température d'un lieu au cours d'un mois, la vitesse d'une voiture d'un point A à un point B.

• **Un signal numérique** transporte une information codée en binaire où le signal ne peut prendre que deux valeurs (0 ou 1). L'information à transmettre est alors une succession de « 0 » et de « 1 » appelés **bits**. Qu'il soit électrique, lumineux, radio ou autre, le signal qui transporte ce code binaire est donc une succession de valeurs hautes (correspondant au « 1 ») et de valeurs basses (correspondant au « 0 »).

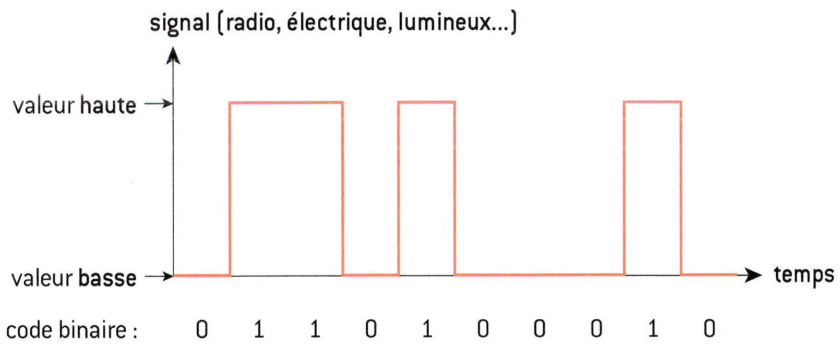

Il est possible de convertir un signal numérique en signal analogique (et inversement).

1 2. Les différents types de signaux

• Pour transmettre une information, il faut un émetteur et un récepteur d'informations, ainsi qu'un canal de transmission.

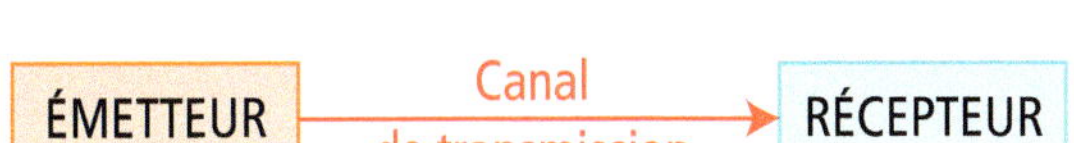

SCIENCES PHYSIQUES ET TECHNOLOGIE

- Il existe des signaux **lumineux**, des signaux **sonores** mais également des signaux **optiques** (les Amérindiens utilisaient les signaux de fumée pour communiquer entre eux il y a plusieurs siècles), des signaux **radio** (talkie-walkie) ou des signaux **électriques** où de nombreux capteurs associés à des circuits électriques permettent de mesurer des grandeurs physiques et chimiques.

► Exemple : le télégraphe

Le télégraphe est un **objet technique** fabriqué par les êtres humains afin de répondre à un besoin : **communiquer à distance**. On peut réaliser un télégraphe en classe avec un circuit électrique composé de deux générateurs, deux interrupteurs, deux lampes et huit fils. Cela produit un signal lumineux. Avec un alphabet en morse, on peut faire coder et décoder un message lumineux. On pourrait remplacer les lampes par des buzzers pour réaliser un signal sonore.

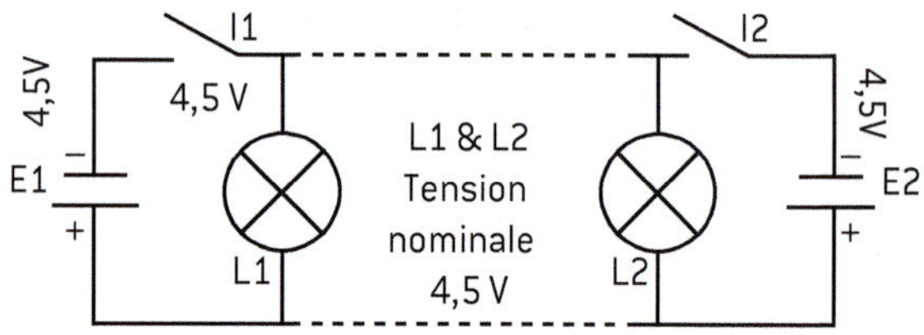

Schéma normalisé du télégraphe

1 3. Le transport du signal

Les données peuvent être transportées soit par **l'air** (signal infrarouge, ondes radio…) soit par **fil** (fils électriques, câble coaxial, câble Ethernet, fibre optique…).

Par exemple, un interphone est composé de deux combinés (un à l'intérieur et l'autre à l'extérieur). On peut trouver des modèles filaires ou des modèles sans fil.

On peut aussi classer les modes de transmission en ondes électromagnétiques, par câble conducteur et par ondes sonores.

• La transmission par ondes électromagnétiques

La transmission de l'information a généralement lieu à l'aide d'ondes électromagnétiques dans différents domaines.

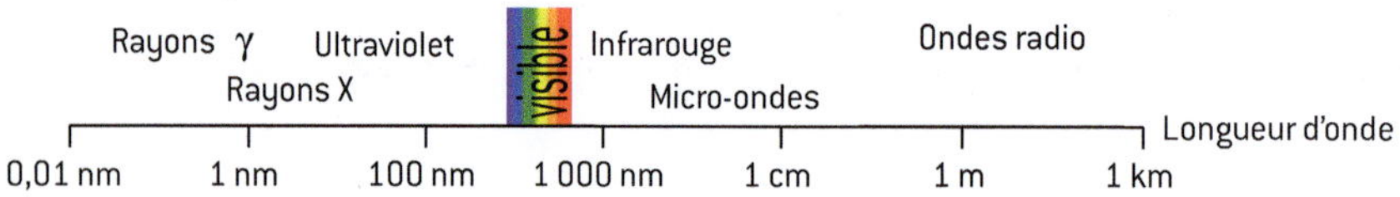

Ondes électromagnétiques

- **Exemple de la carte bancaire avec paiement sans contact**

Activée par un lecteur, la puce reçoit un signal utilisant des ondes radios de fréquences précises (125 kHz, 13,56 MHz et 900 MHz). Elle fonctionne selon le principe des puces RFID (Radio Frequency IDentification).

• **Exemple des ondes du domaine visible pour les fibres optiques**

Une fibre optique est un fil très fin en verre dans lequel la lumière se propage. La lumière entrant par une extrémité ne peut en sortir que par l'autre extrémité. Les fibres optiques permettent de transporter l'information à 200 000 km/s.

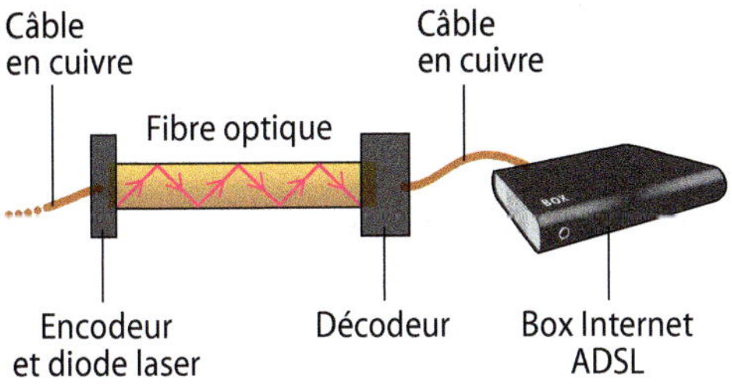

La transmission par câbles conducteurs

La transmission du signal peut s'effectuer par des câbles conducteurs, par exemple par le courant porteur en ligne (CPL).

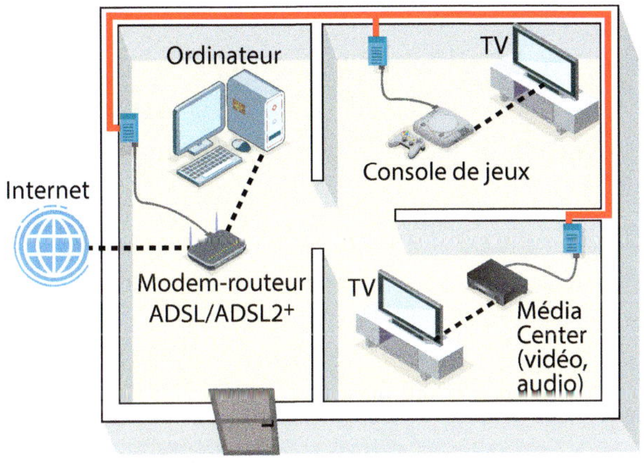

Le courant porteur en ligne

La transmission par ondes sonores

Les **ultrasons** sont **des ondes sonores de très haute fréquence** (supérieures à 20 000 Hz) non perceptibles par l'oreille humaine mais perceptibles par certaines oreilles animales (chauve-souris, dauphins, etc.). Cette transmission d'informations par ultrasons est utilisée notamment dans le fonctionnement du **sonar** ou le **« radar » de recul** d'une voiture.

> **REMARQUE**
> Dans un ordinateur, les informations sont essentiellement numériques. La transmission des informations numériques peut se faire par des connecteurs ou ports informatiques (USB pour une imprimante, prise VGA pour un écran, câble RJ45 pour ordinateurs en réseau par exemple) ou alors par un réseau sans fil (comme la norme Wifi par exemple).

❷ L'environnement informatique

Un environnement informatique est constitué de plusieurs **composants** ayant des fonctions d'usage. Tous doivent être **reliés** entre eux pour pouvoir assurer la communication.

❷ 1. Le poste de travail

Un **ordinateur** se caractérise par :

- **son unité centrale,** constituée essentiellement d'une carte mère, d'un microprocesseur, de barrettes de RAM (qui stockent les données tant que l'ordinateur est allumé) et de disques durs (qui gardent en mémoire les données même lorsque l'ordinateur est éteint) ;
- **ses périphériques** : les périphériques d'entrée (clavier, souris, tablette graphique, scanner, appareil photo numérique...) envoient des informations ; les périphériques de sortie (écran, imprimante, robots, enceintes...) permettent à l'utilisateur de recevoir les informations ; les périphériques de stockage (clé USB, disque dur, cartes mémoires...) permettent la circulation des informations dans les deux sens. Ces derniers peuvent être internes ou externes à l'ordinateur ;
- **ses logiciels** : le système d'exploitation (exemples courants : Windows, Mac OS et Linux) va permettre d'utiliser les différents périphériques et logiciels installés ; c'est le premier programme exécuté lors de la mise en route de l'ordinateur ; les principaux logiciels sont des éditeurs de textes, des navigateurs Web, des tableurs, etc.

Le ***hardware*** désigne les **composants électroniques** et le ***software*** la partie **programmation et logiciel.**

❷ 2. Le stockage de données

De manière à pouvoir récupérer les informations stockées rapidement, on doit organiser ou classer ses dossiers sous la forme d'une **arborescence**. En effet, un dossier peut contenir un ou plusieurs sous-dossiers constitués de fichiers.

Il convient de sensibiliser les élèves à l'utilisation de certains logiciels notamment ceux dédiés à la programmation.

❸ Initiation à la programmation et aux objets programmables

❸ 1. La programmation

- **Programmer**, c'est écrire des programmes, **donner des instructions à un ordinateur afin qu'il les exécute, communiquer avec l'ordinateur.** Des centaines de langages de programmation existent et servent d'interface, par exemple le langage C, le Javascript, etc. On peut faire programmer les élèves de la maternelle à la terminale grâce à des langages de programmation adaptés et gratuits.
- **Scratch junior** s'utilise à partir de 5 ans. C'est un langage d'introduction à la programmation ; il faut manipuler des blocs de programmation graphiques pour faire bouger, sauter, danser et chanter leurs personnages. On peut ajouter du son, des images... Pour une manipulation plus facile et intuitive, c'est une application qui se télécharge **sur tablette.**

Des projets sont disponibles sur https://scratch.mit.edu mais également avec https://studio.code.org/courses

À partir de 8 ans et jusqu'au collège, **Scratch** peut s'utiliser **sur PC** pour créer des histoires, des dessins animés, des jeux et des animations.

- **Python** est le langage de programmation utilisé par les élèves de **lycée**. Il est présenté comme un langage simple d'usage, interprété, concis, libre et gratuit, multi-plateforme, largement répandu et riche de bibliothèques adaptées aux thématiques étudiées en classe. L'utilisation du langage Python au lycée est désormais intégrée à différentes disciplines au sein des BO du lycée général comme les mathématiques, la chimie, les SVT, l'enseignement SNT en seconde et la spécialité NSI en Première et Terminale.

Pour en savoir plus, consulter : https://www.tice-education.fr/tous-les-articles-er-ressources/codage/1372-la-programmation-python-au-lycee

3 2. Les robots

- Un robot est défini comme un objet **mécatronique** alliant mécanique, électronique et informatique.
- Les **robots** sont donc des **objets programmables** de plus en plus présents au cœur de notre quotidien. Par exemple, un robot tondeuse est programmé pour avancer et couper l'herbe. Mais, dès qu'il rencontre un obstacle (grâce à des capteurs), il s'arrête et change sa trajectoire.
- Cet objet est programmé, c'est-à-dire que le constructeur lui a décrit avec précision des instructions ou des opérations simples à effectuer en fonction de la situation rencontrée. C'est un **algorithme**, ces instructions seront traitées de manière automatique par l'ordinateur ou par l'objet programmé.

▶ Exemple 1 : la beebot

À l'école maternelle, on peut utiliser la **beebot**. C'est un petit robot de sol en forme d'abeille de la marque TTS. Vous pouvez lui donner jusqu'à 40 instructions en tapant une combinaison de touches (avancer, aller à droite, aller à gauche, reculer) au niveau du dos.

L'élève doit programmer le robot pour le faire sortir d'un labyrinthe ou pour qu'il arrive à une case spécifique. Il doit réfléchir au chemin à suivre et le coder. Le robot **Blue-Bot** a les mêmes fonctions que la Beebot mais on peut le programmer à distance *via* liaison bluetooth.

Ici, Solène est en train de programmer la bluebot afin d'aller sur le chiffre 8 en appuyant directement sur les boutons de programmation situés sur le dos du robot.

Pour en savoir plus : http://tice87.iahautevienne.ac-limoges.fr/IMG/pdf/se_quence_beebot.pdf

Dans le même style, on a le robot souris créé par Learning ressources ou le robot éducatif programmable chez Clementoni.

▶ Exemple 2 : l'ozobot

L'ozobot est conseillé pour les élèves de cycles 2 et 3. C'est un robot suiveur de ligne. S'il rencontre un code constitué de trois couleurs (feutres ou pastilles), cela va produire une action sur le robot : aller à droite si intersection, aller plus vite, avancer si intersection. L'élève doit donc choisir la combinaison de couleurs nécessaire pour suivre un itinéraire précis.

Voir : https://eduscol.education.fr/sti/sites/eduscol.education.fr.sti/files/ressources/techniques/10988/10988203-p48.pdf et http://tice87.iahautevienne.ac-limoges.fr/IMG/pdf/ozobot.pdf

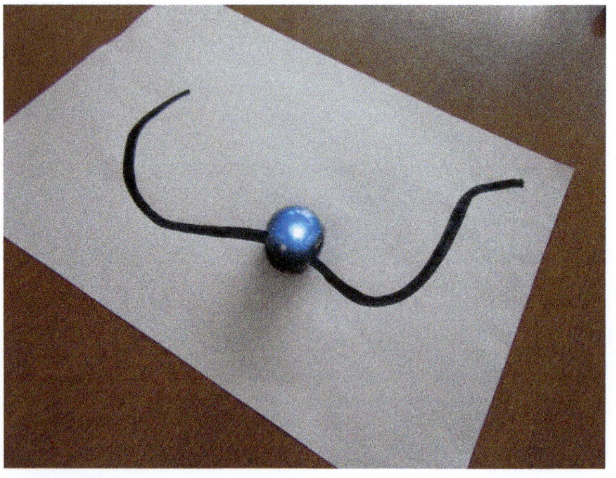

▶ Exemple 3 : le thymio

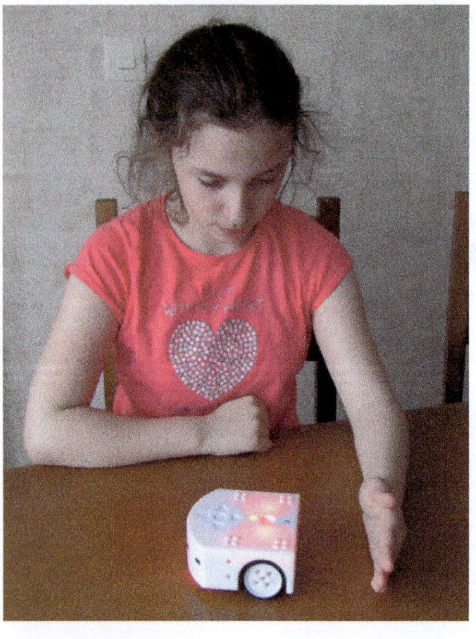

Le **thymio** est plutôt destiné aux élèves de cycle 3. Equipé de nombreux capteurs, il est doté de 6 comportements à la base (peureux, amical, explorateur, attentif, inspecteur, obéissant). Grâce à la thymio suite, vous pouvez le coder avec blocs, le coder avec Scratch ou le coder avec le langage Aseba.

Ici, Manon est en train d'utiliser le thymio en mode peureux. Le robot s'éloigne quand vous approchez votre main grâce à ses nombreux capteurs.

À retenir

- Un signal transmet une information. Il peut être de type lumineux, sonore, radio, électrique et peut être transporté par différents moyens.
- Les robots programmables développent de nombreuses compétences chez les élèves comme l'orientation mais également une première approche de l'algorithmie et de la programmation. La programmation permet de développer la pensée logique.

TEST D'AUTO-ÉVALUATION 20

Corrigé p. 197

1 QCM

1. Quel objet envoie un signal sonore ?

a. un sifflet

b. une lampe torche

c. un stylo

2. Quel signal envoie une télécommande ?

a. radio

b. sonore

c. lumineux

3. Quelle information nous donne le signal lumineux de couleur verte sur un feu tricolore ?

a. avancer

b. ralentir

c. tourner à droite

2 Réaliser un jeu sous Scratch

Réalisez sous Scratch un jeu dont le but est de faire se déplacer une licorne qui doit tirer des flèches sur des fruits en 15 secondes. Le joueur avec le score le plus haut a gagné.

- Vous pouvez faire bouger la licorne avec les flèches du clavier gauche-droite.
- Vous pouvez lancer des flèches en appuyant sur la barre espace.
- Si un fruit touche la licorne, le jeu s'arrête et indique « Perdu ».

Corrigés

TEST D'AUTO-ÉVALUATION 10

Énoncé p. 133

1 Composition de l'air

a. 4/5 diazote et 1/5 dioxygène.

b. Les flacons a, b et d.

2 QCM

Les bonnes réponses sont :

1. fig. 1 ; **2.a** ; **3.c.** ; **4.c** ; **5.a** et **5.b**.

3 Lire un document

a. L'étape 2 est une décantation.

b. L'étape 1 est une filtration (grille), l'étape 3 est une filtration (sable) et l'étape 5 est une filtration (charbon actif).

4 Questions à réponse courte

1. Il faut récupérer le mélange sel + poivre et ajouter de l'eau. Le sel se dissout dans l'eau. On a un mélange hétérogène, on filtre et on récupère l'eau salée (filtrat). Puis, on laisse se vaporiser l'eau (par évaporation ou par ébullition). Au bout d'un certain temps, il ne restera que le sel.

2. Lors de la respiration, nous expirons de la vapeur d'eau (invisible). Cette dernière se condense sur les vitres froides sous forme de buée (eau à l'état liquide).

TEST D'AUTO-ÉVALUATION 11

Énoncé p. 143

1 QCM

Les bonnes réponses sont :

1.c ; **2.a** et **2.c**.

Aide : veillez à toujours rédiger ce genre d'exercice pour éviter des erreurs d'inattention de conversion d'unités par exemple.

Je sais : $t = 2\ h\ 30\ min = 2{,}5\ h$

$P = 60\ W = 0{,}06\ kW$

D'après le cours, on a : $E = P\ .\ t$

D'où : $E = 0{,}06 \times 2{,}5\ h = 0{,}15\ kWh = 150\ Wh$

3.b et **3.d**.

2 Réaliser les chaines énergétiques de centrales électriques

a. Centrale thermique à flamme

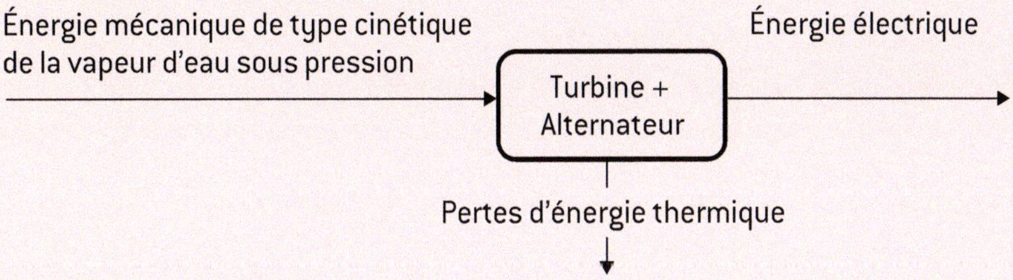

b. Centrale hydraulique

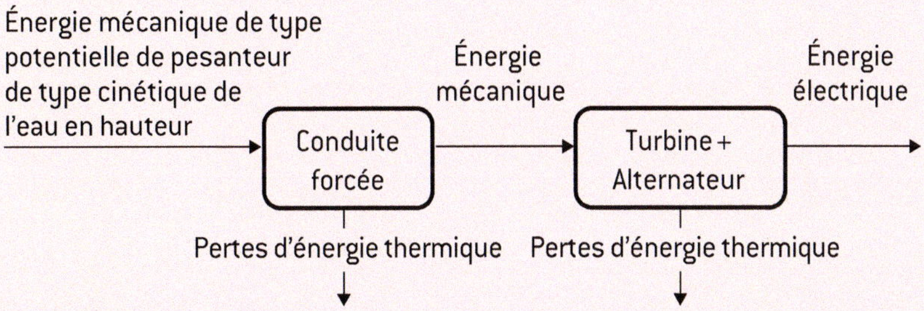

c. Centrale éolienne

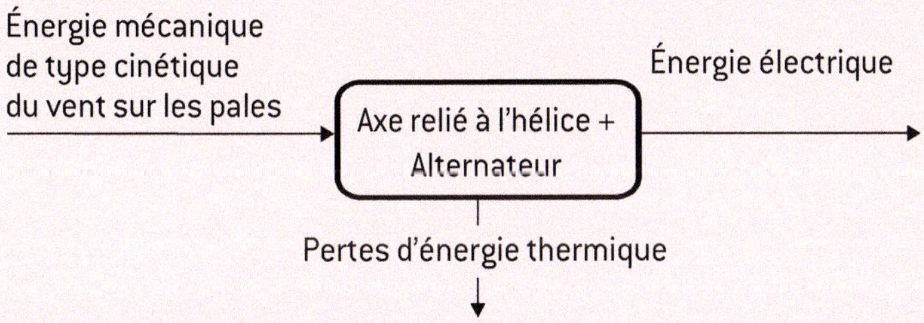

TEST D'AUTO-ÉVALUATION 12

Énoncé p. 147

1 Questions à réponses courtes

a. Vous pouvez isoler les combles avec la laine de verre et privilégier du double vitrage pour vos fenêtres.

b. Le carrelage et la moquette sont à la même température. En revanche, la moquette est un meilleur isolant thermique que le carrelage ; de ce fait, il y a moins de transferts thermiques entre votre pied et la moquette.

c. En plein hiver, si vous avez la meilleure isolation possible mais que vous êtes obligés d'ouvrir vos fenêtres pour aérer votre habitation, vous allez devoir consommer plus d'énergie pour réguler la température désirée.

2 QCM (plusieurs bonnes réponses possibles)

1d ; **2a** et **2d** ; **3b**.

3 Exercice

1. On doit classer les valeurs de λ du plus petit au plus grand soit : panneaux isolants (0,022) > polyuréthane (0,025) > laine minérale (0,040) > laine de bois (0,050).

2. D'après la formule, on a $R = e/\lambda$ soit $R = 0{,}05/0{,}022 = 2{,}7\ m^2.K.W^{-1}$.

TEST D'AUTO-ÉVALUATION 13

Énoncé p. 151

1 Compléter le texte

Pour Agathe, située sur le quai, Solène est en **mouvement**.
Pour Manon, dans le train, Solène, assise à côté d'elle, est **immobile**.

2 Question à réponse courte

La bonne réponse est la trajectoire b : en effet, les distances augmentent pour un temps donné identique. Le mouvement est donc accéléré.

3 Étudier un mouvement

a. Le mouvement est uniforme car les distances entre les différentes positions sont les mêmes.

b. Le temps t entre A et D est de 375 ms ($3 \times 125 = 375$) soit 0,375 s.
La distance d entre A et D est de 120 cm soit 1,20 m.

c. La vitesse moyenne entre A et D est de 3,2 m/s ($v = d/t = 1{,}2/0{,}375 = 3{,}2$).

4 Mots casés

a. ACCÉLÈRE
b. FREINER
c. FLÈCHE
d. FROTTEMENTS
e. DISTANCE
f. CHRONOPHOTOGRAPHIE
g. VITESSE
Mot Mystère : RALENTI

TEST D'AUTO-ÉVALUATION 14

Énoncé p. 156

1 QCM

Les bonnes réponses sont :

1.c ; **2.b** et **2.c** ; **3.b**.

2 Question à réponse courte

Mercure, Vénus, la Terre, Mars, Jupiter, Saturne, Uranus, Neptune.

Il existe des moyens mnémotechniques pour s'en rappeler comme **M**on **V**ieux **T**outou **M**édor **J**oue **S**ur **U**n **N**uage.

3 Exercice

Je sais :
$v = 300\,000$ km/s
$t = 1$ an $= 365$ j $= 365 \times 24$ h $= 365 \times 24 \times 60$ minutes $= 365 \times 24 \times 60 \times 60$ secondes

D'après la formule, on a $d = v \times t$

D'où $d = 300\,000 \times (365 \times 24 \times 60 \times 60) = 9{,}5 \times 10^{12}$ km.

TEST D'AUTO-ÉVALUATION 15

Énoncé p. 159

1 QCM

Les bonnes réponses sont :

1.b ; **2.a** ; **3.b**.

2 Questions à réponse courte

1. Un objet technique est fabriqué ou modifié par les êtres humains à partir d'objets (trouvés dans la nature).

2. Se déplacer dans les airs, parcourir rapidement de longues distances.

3. Stocker de l'eau.

3 Lire un tableau

On élimine la bouteille 2 qui est en verre, elle est donc cassable (si chute de vélo). La gourde en alu est un conducteur thermique, il est donc judicieux de choisir la bouteille 1.

TEST D'AUTO-ÉVALUATION 16

Énoncé p. 164

1 Calculer le développement d'une bicyclette

a. Grand pignon Z1, petit plateau P1

b. $D = 24/28 \cdot 2{,}10 = 1{,}80$ m

2 QCM

Les bonnes réponses sont :

1.c ; **2.a**, **2.b** et **2.d**.

3 Distinguer transmission et transformation de mouvement

La loupe binoculaire illustre une transformation de mouvement, on tourne la molette (rotation à l'entrée) et la loupe monte ou descend (translation à la sortie).

TEST D'AUTO-ÉVALUATION 17

Énoncé p. 168

1 Question à réponse courte

L'arrache-clou est un levier interappui.

2 Calculer le moment d'une force

a. $M_1 = 1{,}5 \times 700 = 1\,050$ N.m

b. $M_2 = 2 \times 580 = 1\,160$ N.m

c. La balance descend du côté droit ($M_2 > M_1$)

3 Équilibre

$d_2 = 25$ m.

TEST D'AUTO-ÉVALUATION 18

Énoncé p. 177

1 Schématiser des circuits

a. et **b.**

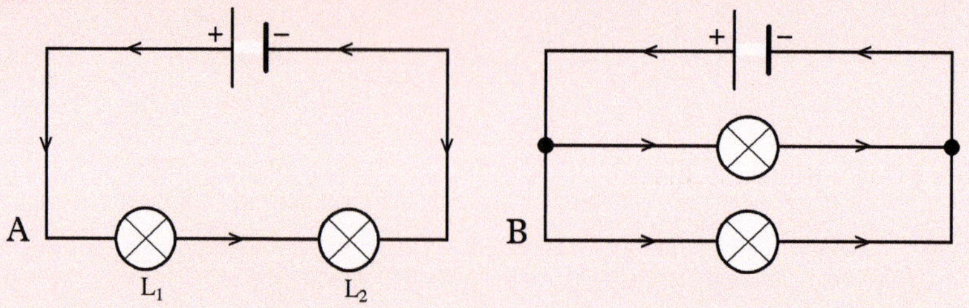

c. Le circuit en dérivation est le circuit B.

2 QCM

Les bonnes réponses sont :

1.b, **2.b**, **3.b**, **4.a**, **4.b** et **4.d**.

3 Prévoir l'éclat des lampes

Si les lampes L_1 et L_2 brillent normalement dans le cas d'un circuit en dérivation, c'est parce que leurs tensions nominales sont voisines de la tension délivrée par le générateur. Or, comme elles sont identiques, si on les met en série dans un circuit alimenté par le même générateur, elles recevront deux fois moins de tension donc elles brilleront faiblement. L'éclat d'une lampe dépend de la tension reçue.

4 Exercice à réponse courte

Non, l'interrupteur doit être placé sur la branche principale (branche qui contient le générateur). À cet endroit, si l'interrupteur est ouvert, les deux lampes s'allumeront et si l'interrupteur est fermé, nous aurons un court-circuit.

5 Expliquer un phénomène

La deuxième lampe est court-circuitée par un fil de connexion. De ce fait, comme la lampe est en dérivation avec le générateur, ce dernier est également court-circuité. La pile chauffe.

Dans le schéma **a**, la lampe L_1 brille normalement. Dans le schéma **b**, les lampes L_1 et L_2 brillent normalement. Dans le schéma **c**, les lampes L_1 et L_2 brillent faiblement (sous-tension) et L_3 brille normalement.

TEST D'AUTO-ÉVALUATION 19

Énoncé p. 184

1 QCM

Les bonnes réponses sont :

1.a et **1.c** ; **2.d** ; **3.b** ; **4.a** et **4.d**.

2 Analyser des productions d'élèves

Dans le dessin 1, l'ombre est détachée du corps de l'enfant et dans le dessin 3, l'ombre portée est située entre l'objet et le Soleil.

TEST D'AUTO-ÉVALUATION 20

Énoncé p. 191

1 Questions à choix multiples – QCM

Les bonnes réponses sont : **1.a**, **2.c** et **3.a**.

2 Réaliser un jeu sous Scratch

Voici un exemple possible pour coder la licorne.

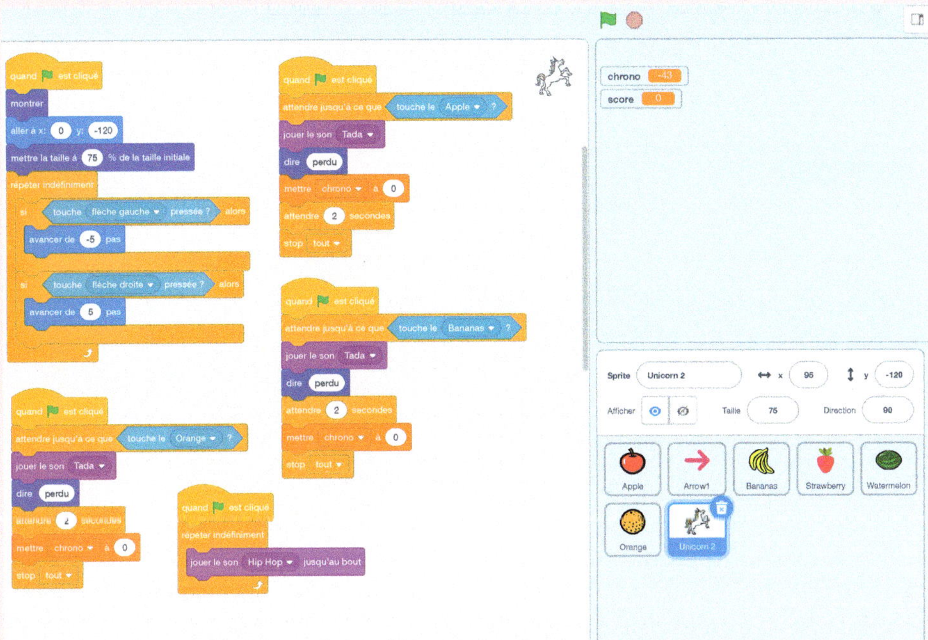

Voici un exemple possible pour coder la flèche.

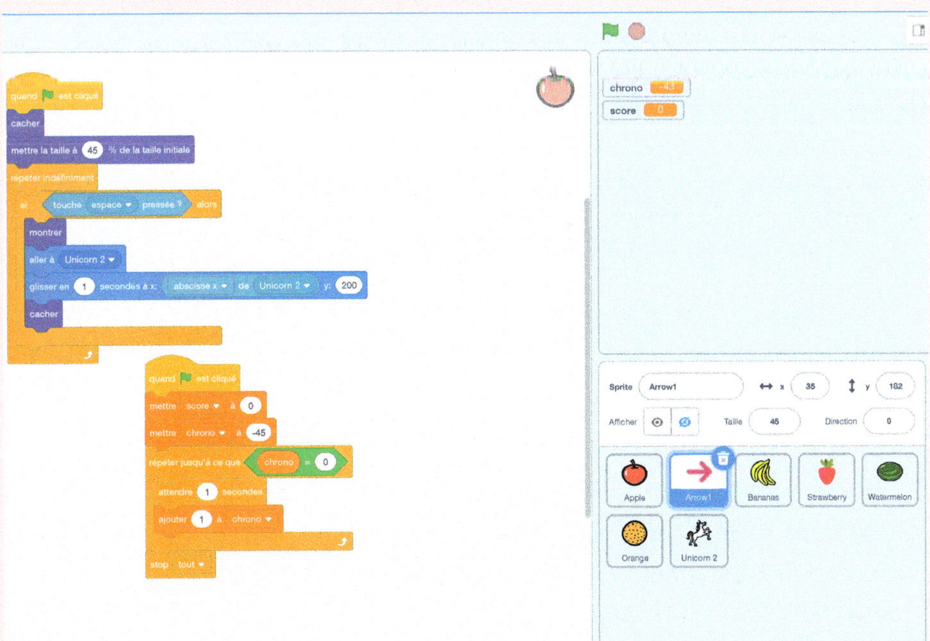

Voici un exemple possible pour coder un fruit.

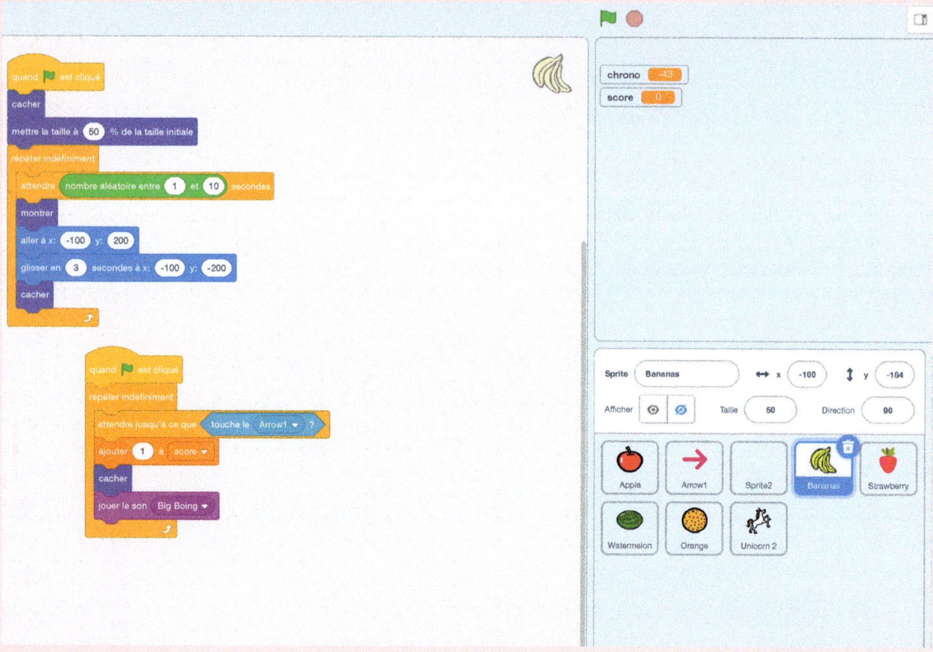

Se préparer à l'épreuve écrite d'application

Retrouvez un autre sujet complet corrigé et commenté sur hatier-clic.fr/crpe22st01

Méthodologie générale de l'épreuve

• L'épreuve écrite d'application a une durée de 3 heures. Elle vise à évaluer la maitrise des connaissances disciplinaires, pédagogiques et didactiques. Nos conseils méthodologiques vous permettront de vous y retrouver avant de vous lancer dans la rédaction des réponses.

1 Organiser son temps

1 1. La composition

- **Si le sujet comporte plusieurs parties avec plusieurs questions :**

• accordez une dizaine de minutes à la lecture de l'ensemble du sujet afin de prendre connaissance du nombre et du type de questions. Cela vous permettra d'estimer le temps à consacrer à chacune d'elles ;

• identifiez bien les types de documents proposés (voir p. 201) ;

• traitez une à une les questions et recherchez dans les documents associés les éléments de réponses potentiels ;

• répondez directement aux questions disciplinaires sans le faire au préalable au brouillon ;

• utilisez le brouillon pour tracer les grandes lignes des séquences, séances ou activités à concevoir ou à analyser ; en cas d'activité à concevoir, la réaliser au brouillon afin de mieux appréhender les difficultés à prévoir et de mieux la structurer, notamment en termes de rédaction des consignes (voir p. 201) ;

• gardez 10 à 15 minutes pour relire l'ensemble (voir p. 201).

- **Si le sujet ne comporte que trois à cinq questions, organisez le temps comme suit :**

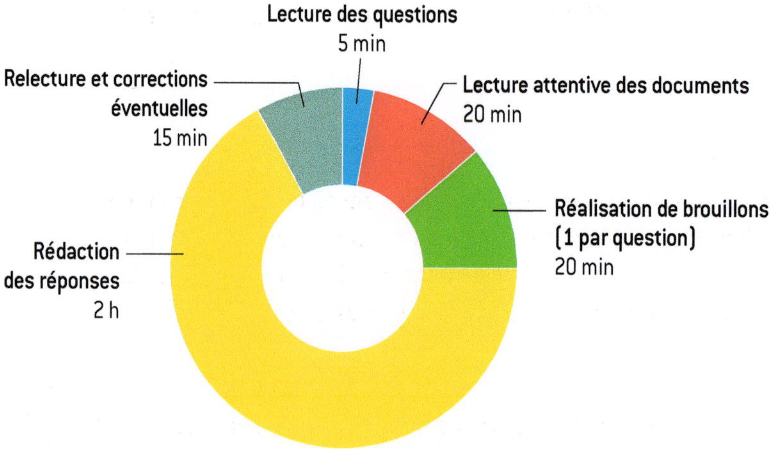

Temps global indicatif des différentes tâches lors de la composition

❶ 2. La relecture

Le temps de relecture est important afin de vérifier que vous n'avez pas oublié des **erreurs d'orthographe** ou des **maladresses syntaxiques**. Même si cette épreuve écrite n'est pas celle de français, vous devez être irréprochable quant à la maitrise de la langue française, cela fait partie des critères de sélection des candidats.

Conseils rédactionnels

- Rédigez des phrases courtes et concises.
- Évitez un jargon trop complexe sans explicitation ou à l'inverse un langage trop familier.
- Construisez une réponse cohérente, où les idées s'enchainent logiquement.

❷ Les documents possibles constituant le dossier

- Selon l'annexe 1 de l'arrêté du 25 janvier 2021 fixant les modalités d'organisation du concours externe du CRPE[1], on mentionne que « le candidat dispose d'un dossier comportant notamment des travaux issus de la recherche et des documents pédagogiques ».
- Dans le **dossier documentaire**, on peut imaginer trouver par exemple :

– des extraits d'**articles de recherche** (sur la didactique des sciences, sur l'intérêt du travail de groupe, sur l'importance du conflit socio-cognitif ou de la trace écrite…) ;
– des extraits de **programmes**, du **Socle commun**, de fiches Éduscol, de sites académiques ;
– des extraits des dossiers de l'**Institut français de l'éducation** (IFÉ[2]) ;
– des **fiches d'activité** de sites personnels ;
– des pages de **manuels scolaires** ;
– des récits d'**expériences historiques** (par exemple la pile Volta, voir chapitre 18, p. 170) ;
– de la **documentation sur des objets techniques** ;
– des **photographies d'expériences**.

- Ce corpus documentaire va vous aider à répondre aux questions du sujet à traiter. Il s'agira alors d'y faire explicitement référence dans votre réponse (voir le corrigé du sujet 0, p. 215).

1. https://www.legifrance.gouv.fr/jorf/id/JORFTEXT000043075701

2. http://ife.ens-lyon.fr/ife

❸ Les questions-types du sujet à traiter

Selon l'arrêté du 25 janvier 2021, l'épreuve écrite d'application consiste en la **conception et/ou l'analyse** d'une ou plusieurs séquences ou séances d'enseignement à l'école primaire (cycle 1 à 3), y compris dans sa dimension expérimentale. Elle peut comporter des questions visant à la **vérification des connaissances disciplinaires** du candidat.

❸ 1. Conception et/ou analyse

Voici quelques exemples de questions relevant de la conception et/ou de l'analyse.

- Présenter et analyser les documents du dossier dans une synthèse problématisée et argumentée.
- Proposer une fiche de préparation avec un ou deux objectifs clairement identifiés.

Pour répondre à ce genre de questions, saisissez les informations pertinentes et articulez-les entre elles. Ne paraphrasez pas les documents.

- Élaborer une séquence progressive et cohérente sur un sujet précis du programme en développant, au choix, une séance.
- Sélectionner et utiliser les documents mis à votre disposition pour concevoir une séance en définissant les objectifs d'apprentissage et les compétences travaillées.
- Exploiter le(s) document(s) en opérant les choix nécessaires[3].

> **REMARQUE**
> Le cas échéant, vous pouvez modifier les questions proposées dans un document si vous ne les trouvez pas pertinentes pour répondre à l'objectif visé. Le jury appréciera ce genre d'initiative. **L'enseignant est celui qui conçoit ses documents.**

- Trouver les objectifs notionnels à travailler à partir du corpus documentaire.
- Effectuer une analyse critique de la fiche de préparation du document 3[4].
- Analyser l'extrait de manuel du document 1.

> **REMARQUE**
> Il faudra examiner les documents afin d'y repérer d'éventuelles erreurs scientifiques ou vérifier s'ils sont appropriés au niveau des élèves. De plus, il faudra s'interroger sur leur pertinence par rapport à l'objectif visé.

3. Voir p. 214 pour des conseils permettant de répondre à ce type de questions.

Il convient d'identifier les connaissances scientifiques abordées dans les documents.

4. Voir le chapitre Comment analyser une séquence et/ou des séances en sciences et technologie ?, p. 211.

❸ 2. Les questions d'ordre disciplinaire

- **Vous pouvez également tomber sur des questions d'ordre disciplinaire.** Les connaissances attendues ne se limitent pas au niveau des programmes de l'école primaire. Les tests d'auto-évaluation de cet ouvrage vous permettent de vous entrainer à répondre à ce type de questions.
- Quoi qu'il en soit, au travers de l'analyse que vous ferez des documents, des traces écrites des élèves que vous proposerez ou même des séances que vous concevrez, cela constituera un **critère d'évaluation**.
- Cette épreuve permet aussi de vérifier que le candidat ait bien compris les éléments fondamentaux d'une séquence et le sens de la **démarche d'investigation** sans qu'elle ne fasse l'objet d'un formalisme excessif.

À retenir

- La polyvalence requise pour le CRPE nécessite une préparation dans la durée, mais n'exige en aucun cas que le candidat dispose dans toutes les disciplines d'un haut niveau de spécialisation disciplinaire. Il doit en revanche faire preuve d'une maitrise suffisante pour exploiter efficacement les documents proposés.
- Cette épreuve nécessite de la rigueur tant dans l'organisation du temps que dans l'exploitation des documents et dans la rédaction des réponses.

Comment construire une séquence et/ou des séances en sciences et technologie ?

• Une séquence est un ensemble de séances liées entre elles par un objectif d'apprentissage identifié dans le BO.
• Pour articuler les séances, vous devez les hiérarchiser dans un ordre logique. Quand on construit un mur, on commence par les fondations. Pour la séquence, c'est identique ; chaque séance va être comme une brique de ce mur, elle va participer, à son échelle, à l'ensemble.

1 Les apports des outils institutionnels

Avant toute chose, vous devez savoir à quoi correspondent les différents **cycles** de l'école primaire (pour plus de précisions, voir p. 15 et 16).

Cycle 1 (PS/MS/GS)	Cycle des apprentissages premiers
Cycle 2 (CP/CE1/CE2)	Cycle des apprentissages fondamentaux
Cycle 3 (Cm1/CM2/6e)	Cycle de consolidation

Le site Internet de l'Éducation nationale[1] fournit un grand nombre de publications qui permettent aux enseignants de concevoir leur enseignement.

1 1. Les objectifs d'apprentissage

• Une **séquence d'enseignement** s'entend comme un ensemble de séances, articulées entre elles dans le temps et organisées autour d'une ou plusieurs activités en vue d'atteindre un ou plusieurs **objectifs d'apprentissage**. Ces derniers sont présentés dans les bulletins officiels du 30 juillet 2020[2]. Il s'agit donc de la référence de base à la conception de toute séquence pédagogique.

• Des extraits sont fournis aux candidats afin qu'ils s'appuient sur eux. Inutile de les apprendre. En revanche, une **lecture attentive et régulière** de l'ensemble des programmes au cours de l'année de préparation peut s'avérer fort utile dans la mesure où la plupart des notions répondent à une logique curriculaire qu'il s'agit d'appréhender.

La logique curriculaire des programmes

• **Cohérence verticale des programmes** : des programmes progressifs au sein de chaque cycle, de cycle en cycle et sur l'ensemble de la scolarité obligatoire.
• **Convergence des connaissances et des compétences** que les élèves doivent acquérir et développer.
• Leur **congruence** avec les situations d'**apprentissage** et d'**évaluation** conçues par l'enseignant.

• Nous vous conseillons d'avoir pris connaissance des **attendus de fin de cycle** afin de cerner les intérêts et limites de ces programmes.

1. www.education.gouv.fr

2. https://eduscol.education.fr/83/j-enseigne-au-cycle-1 et https://www.education.gouv.fr/bo/20/Hebdo31/MENE2018714A.htm

Par exemple, concernant le vivant on peut lire dans les programmes, les attendus suivants :

Cycle 1 – Domaine : Explorer le monde du vivant, des objets et de la matière

– Reconnaitre les principales étapes du développement d'un animal ou d'un végétal, dans une situation d'observation du réel ou sur une image

– Connaitre les besoins essentiels de quelques animaux et végétaux

Cycle 2 – Domaine : Questionner le monde du vivant, de la matière et des objets

– Connaitre des caractéristiques du monde vivant, ses interactions, sa diversité

Cycle 3 – Domaine : Sciences et technologie

– Classer les organismes, exploiter les liens de parenté pour comprendre et expliquer l'évolution des organismes

– Décrire comment les êtres vivants se développent et deviennent aptes à se reproduire

– Mettre en évidence la place et l'interdépendance des êtres vivants dans un réseau trophique.

❶ 2. Les repères de progressivité

- Comment savoir à partir du libellé du programme par cycle ce qu'il faut enseigner dans chaque section de ce cycle ? Les **repères de progressivité** sont indiqués dans les programmes, aidant ainsi à l'élaboration d'une progression spiralaire des programmes.

La progression spiralaire est la reprise successive et progressive au cours des années d'un même cycle. La notion de pédagogie spiralaire a été proposée par J. Bruner dans *The process of education* (Harvard University Press, 1960) et reprise par J.-P. Astolfi dans *L'École pour apprendre* (ESF, 1992).

▶ Exemple

Pour le domaine « Reconnaitre les principales étapes du développement d'un animal ou d'un végétal, dans une situation d'observation du réel ou sur une image », le repère de progressivité est ainsi libellé : « La mise en évidence des liens de parenté entre les êtres vivants peut être abordée dès le CM1. La structure cellulaire doit en revanche être réservée à la classe de sixième. Le rôle des micro-organismes relève de la classe de sixième. »

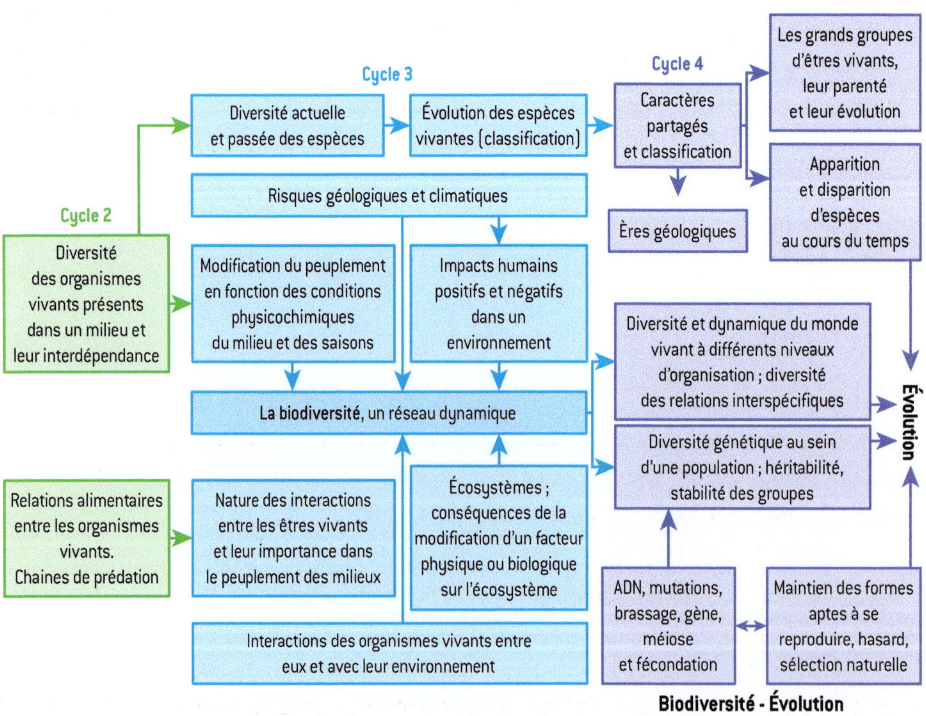

Outils pour concevoir la progressivité des apprentissages

- Diverses **ressources** ont été publiées par Éduscol sous la rubrique « Inscrire son enseignement dans une logique de cycle ». Elles permettent de mieux appréhender cette progressivité.
- Les **programmes d'enseignement** sont publiés au BO. Dans ce dernier, on va retrouver des informations très importantes comme les attendus de fin de cycle, les connaissances et compétences associées mais également des exemples de situations ou d'activités possibles.

1 3. Lire les extraits de BO fournis dans les sujets

Les sujets proposent souvent des extraits de BO, sous forme de tableaux dont il faut comprendre la logique. L'exemple ci-dessous s'inscrit dans le thème « Comment reconnaitre le vivant ? » (cycle 2).

Attendus de fin de cycle
- Connaitre des caractéristiques du monde vivant, ses interactions, sa diversité.
- Reconnaitre des comportements favorables à sa santé.

Indications sur le programme et le Socle commun. Cela correspond à ce qui est **exigible**.

Connaissances et compétences associées	Exemples de situations, d'activités et de ressources pour l'élève
Connaitre des caractéristiques du monde vivant, ses interactions, sa diversité	
Identifier ce qui est animal, végétal, minéral ou élaboré par des êtres vivants. – Développement d'animaux et de végétaux. – Le cycle de vie des êtres vivants. – Régimes alimentaires de quelques animaux. – Quelques besoins vitaux des végétaux.	Observer, comme en maternelle, des manifestations de la vie sur soi, sur les animaux et sur les végétaux. Observer des animaux et des végétaux de l'environnement proche, puis plus lointain. Réaliser de petits écosystèmes (élevages, cultures) en classe, dans un jardin d'école ou une mare d'école.

Il s'agit ici de **propositions**, pas d'obligations **institutionnelles**. La liberté pédagogique permet aux enseignants qui le souhaitent d'en envisager d'autres.

2 Construire une séquence et des séances

2 1. Définir une séquence pédagogique

- Il ne s'agit pas d'établir une séquence sur tous les items cités dans la colonne « Connaissances et compétences associées » dans le BO (au nombre de quatre dans l'extrait cité ci-dessus) car chaque séquence doit focaliser sur une seule **notion fondamentale** et compter un **nombre limité de séances** : **entre trois et six** si possible. Très souvent, la séquence vise à atteindre **un seul objectif pédagogique** général, c'est-à-dire ce que l'élève aura appris en fin de séquence.
- Les séances doivent en effet s'articuler logiquement entre elles et donc correspondre à une **suite ordonnée de notions de difficulté croissante**. Ces dernières constituent un itinéraire conceptuel selon Philippe Meirieu[3].

3. Meirieu P., *Apprendre... oui, mais comment*, Paris, ESF, 1987.

Déterminer l'**objectif** d'après le BO → Lister les **notions corrélées** et les **prérequis** → Attribuer une notion par séance → Hiérarchiser les notions à enseigner

Démarche à suivre pour définir une séquence pédagogique

▶ Exemple de démarche

On pourrait concevoir une séquence répondant à l'objectif « Connaitre des caractéristiques du monde vivant », intitulée « Les différents régimes alimentaires des animaux » en cycle 2 en se basant sur de l'observation de reliefs de repas, des dentures et/ou des expériences permettant de les identifier. Cela permet d'appuyer la séquence sur du **concret** comme les instructions officielles y encouragent.

On constate alors qu'à cette séquence existent des **prérequis** relatifs aux dents et leurs rôles, éléments qu'il faudra avoir abordés avant, au cours d'une séquence relative à l'hygiène dentaire notamment.

Les **notions intermédiaires** de la séquence seraient alors (dans l'ordre) : les différents régimes alimentaires (herbivore, carnivore et omnivore), les adaptations au régime alimentaire (exemple : la denture, la forme du bec, etc.) et les variations des régimes alimentaires au cours des saisons et/ou en fonction des milieux.

❷ 2. Structurer une séance d'apprentissage

● Dans toutes les disciplines, chaque séance doit être découpée en **phases** selon le scénario suivant :

– phase de **contextualisation** (découverte, motivation, réactivation, rappel, appropriation) ;
– phase de **recherche ;**
– phase de **mise en commun** des résultats de la recherche ;
– phase de **structuration.**

● En sciences en particulier, chacune des séances (ou un ensemble de deux ou trois séances constitutives en cas d'expérimentation notamment) vise à répondre à un **problème scientifique par investigation** (voir p. 26). L'essentiel est que, quels que soient les supports proposés, les élèves puissent être **acteurs de leur investigation** et donc de leur apprentissage. Là encore, le site Éduscol[4] a édité une ressource à cet effet. Elle explicite les repères pour la mise en œuvre d'une séquence.

4. https://cache.media.eduscol.education.fr/file/Le_monde_du_vivant/01/3/RA16_C2_QMON_1_repere_mise_en_oeuvre_sequence_555013.pdf

Choix d'une situation de départ → Formulation du questionnement des élèves → Émission des hypothèses et conception ou choix de l'investigation → Investigation par les élèves → Acquisition et structuration des connaissances

Repères de mise en œuvre d'une séance ou séquence

● Afin d'optimiser l'apprentissage, il est pertinent d'établir la **durée de chaque séance** en fonction du cycle ; soit environ 15 à 30 minutes en cycle 1, 30 à 45 minutes en cycle 2 et 40 à 60 minutes en cycle 3.

ATTENTION
Entraînez-vous à concevoir des séquences par vous-même plutôt que de vous précipiter sur des séquences préétablies que l'on trouve à foison sur Internet. Exceptions faites des séquences proposées par Éduscol.

3 Les incontournables des fiches séquences et fiches séances

Il existe des **invariants** dans les fiches séquences et les fiches séances. Ils sont les garants d'une anticipation optimale de leur mise en œuvre. Il n'y a pas de forme ni de contenus imposés, mais les présenter sous forme **tabulaire** leur confère une certaine intelligibilité.

3 1. La conception d'une séquence

- Pour concevoir une séquence en particulier dans le domaine scientifique, l'enseignant doit se poser quelques **questions** :

– Quels sont les **prérequis** ?

– Qu'est-ce que l'élève doit apprendre ? En d'autres termes quels sont les **objectifs** (le général et les intermédiaires ou spécifiques) à viser ?

– **Comment** va-t-il apprendre ? Quelles stratégies va-t-il développer pour résoudre le problème ? Quels supports d'activité prioriser ? Quelles investigations peuvent-elles être menées ?

– Quelles **compétences** vont-elles être mises en œuvre ?

– Quelles sont les **évaluations** à prévoir ?

► Exemple de fiche séquence

Cycle : 2 **Niveau** : CE2
Référence du BO : n° 31 du 30 juillet 2020.

Domaine : Questionner le monde.

Champ disciplinaire : Questionner le monde du vivant, de la matière et des objets

Titre de la séquence : Les différents régimes alimentaires des animaux

Objectif général : Identifier différents régimes alimentaires

Prérequis : les différents types de dents et leur fonction (incisives/canines/molaires, couper/déchirer/broyer)

Durée	Séances	Objectifs spécifiques	Compétences travaillées	Activité des élèves
40 minutes	**Séance 1** L'élevage de phasmes	Mettre en place un élevage de phasmes S'interroger sur les besoins de ces animaux[5] Mettre en place des expériences visant à montrer ce que mangent les phasmes	Adopter un comportement éthique et responsable Pratiquer des démarches scientifiques (se questionner, émettre des hypothèses, concevoir un protocole expérimental)	Observer les phasmes à l'œil nu puis à la loupe Préparer l'accueil des phasmes dans le vivarium Rechercher des aliments dans la cour et/ou à la cantine Rendre compte de l'expérience menée et des résultats attendus

5. En amont de la séance 1, l'enseignant se sera préalablement renseigné sur les aliments potentiellement dangereux pour les phasmes afin que les élèves ne les leur donnent pas. Cela sera précisé aux élèves.

Durée	Séances	Objectifs spécifiques	Compétences travaillées	Activité des élèves
40 minutes	**Séance 2** Que mangent les phasmes ?	Déterminer le régime herbivore	S'approprier des outils et des méthodes (choisir la loupe) Pratiquer des démarches scientifiques (observer puis interpréter les résultats expérimentaux)	Observer des reliefs alimentaires Comparer des résultats attendus à ceux obtenus Conclure
45 minutes	**Séance 3** Des indicateurs des régimes alimentaires	Déterminer des régimes alimentaires en fonction de la denture Connaitre les grands types de régimes (herbivore, carnivore, omnivore) Classer des animaux selon les régimes	Pratiquer des démarches scientifiques (observer, décrire, raisonner) Pratiquer des langages (restituer les résultats d'observation sous forme de tableau)	Observer des crânes Classer des crânes selon les régimes
40 minutes	**Séance 4** Le régime alimentaire et la saison	Comprendre que l'animal dépend de son milieu de vie	Pratiquer des langages (lire et comprendre des textes documentaires illustrés)	Analyser des documents
15 minutes	**Séance 5** Évaluation sommative	Définir les régimes alimentaires Imaginer une expérience visant à déterminer le régime alimentaire	Pratiquer des langages Pratiquer des démarches scientifiques	Répondre aux questions

- Il peut être pertinent de commencer par une **évaluation diagnostique** particulière, le **recueil de conceptions initiales** ; notamment pour les séquences pédagogiques relatives à des phénomènes (fonctions biologiques, manifestations géologiques, le système solaire, le fonctionnement d'un objet technique...). Leurs confrontations permettront de faire émerger les problèmes qui seront un à un repris dans les séances suivantes (voir p. 23).

❸ 2. La conception d'une séance

- Concevoir une séance correspond à établir ce que les enseignants appellent la **fiche de préparation.**

Nous prendrons comme exemple la fiche de préparation de la séance 3 de la séquence évoquée plus haut. Nous avons fait le choix là aussi de la présenter sous forme de tableau, mais ce n'est ni obligatoire ni limité à ces colonnes.

Séance 3 : Des indicateurs de régimes alimentaires	**Titre de la séquence** : Les différents régimes alimentaires des animaux
Objectifs spécifiques : Déterminer des régimes alimentaires en fonction de la denture Connaitre les grands types de régimes (herbivore, carnivore, omnivore) Classer des animaux selon les régimes	**Compétences travaillées** : Pratiquer des démarches scientifiques (observer, décrire, raisonner) Pratiquer des langages (restituer les résultats d'observation sous forme de tableau)

Durée	Déroulement	Consignes	Modalités	Supports
5 minutes	Rappel sur les traces laissées sur les feuilles par les phasmes Situation-problème : L'enseignant, tout en montrant les restes de noisettes et de betteraves ayant été mangés, questionne les élèves et encourage les échanges. Problème émis : Les animaux ont-ils tous les mêmes dents ?	« Si je vous dis qu'on peut déterminer qui a mangé ces aliments, comment est-ce possible ? »	Échange verbal collectif	Feuilles mangées du vivarium Traces de dents sur différents restes alimentaires : noix (ou à défaut noisettes) rongées, betteraves (ou à défaut carottes), etc.
10 minutes	Énoncé du premier objectif Émission d'hypothèses par les élèves	« Proposez des hypothèses pour répondre au problème. »	Groupes de quatre	Cahier d'expériences
5 minutes	Confrontation des hypothèses	« Qu'est-ce qu'on pourrait faire pour vérifier vos hypothèses ? »	Échange verbal collectif	
15 minutes	Observation des crânes Classement des animaux selon leur régime Critères de réussite : – classement (pas de tri ni de rangement) ; – proposition de nom à chaque groupe de crânes. Mutualisation des tableaux produits	« Observez les dents des différents animaux présents dans la classe. Classez ces animaux en fonction de ce qu'ils mangent. »	Mêmes groupes de quatre	Crânes : 1 (sanglier ou cochon), 2 (cheval et/ou vache), 3 (chat et/ou chien), 4 (lapin)... Photos des tableaux réalisés et TBI
10 minutes	Institutionnalisation Co-construction de la trace écrite.	Trace écrite copiée au tableau (voir sous le tableau)	Collectif et individuel	Cahier d'expériences TBI

Différenciation : Prévoir une collection de canines, incisives et molaires pour les élèves ne sachant pas les distinguer et un texte à trous à compléter comme trace écrite pour les élèves dysgraphiques ou dyslexiques. Encadrer les élèves qui ne savent pas classer.

Trace écrite envisagée : Les dents des animaux dépendent de leur régime alimentaire. Les **carnivores** possèdent de grosses **canines** (des crocs) qui servent à attraper et à transpercer les proies. Toutes leurs dents sont pointues. Les **herbivores** n'ont pas de canines, seulement des **incisives** pour couper l'herbe et des **molaires** pour broyer l'herbe. Les **omnivores** possèdent les trois types dents.

- Il est recommandé de découper chaque séance en **phases de modalités variées**. Pour les concevoir certaines questions sont à se poser :

– Quelle **situation** suscitant curiosité et **problématisation** proposer ?
– Quels **supports** d'activité utiliser ?
– Quels **regroupements de travail** organiser ?
– Quelles **interactions** mettre en place ? À quels **moments** ?
– Quelles **consignes** donner ?
– Quelles **aides** anticiper ?
– Quelle **durée** de chaque phase planifier ?
– Quelle(s) **évaluation(s)** concevoir ?
– Comment **utiliser les résultats** de ces évaluations ? Quelle différenciation mettre en place à l'issue de ces résultats ?
– Quelles **traces écrites** prévoir ? Sous quelle forme ? (Voir p. 30 et 31)

REMARQUE
Dans le cahier d'expériences, les statuts des différentes traces écrites peuvent être signifiés par un code couleur et/ou les expressions telles que : « ce que je crois savoir », « ce que je cherche », « ce que je prévois de faire », « ce que j'ai fait », « ce que j'ai obtenu », « ce que je conclus », « nos conclusions » ; les élèves peuvent alors s'y retrouver de façon autonome.

4 Les évaluations

Le sujet pourrait vous amener à concevoir une évaluation. **L'évaluation** des savoirs, et surtout des compétences, fait partie intégrante du processus d'apprentissage. Elle est à adapter à la classe tant dans sa forme que dans sa fréquence afin qu'elle réponde au but prévu et aux besoins individuels des élèves. Cette prise d'informations visant à donner de la valeur à l'apprentissage peut être faite à tout moment ou être institutionnalisée selon quatre types.

L'évaluation diagnostique	Située en général en début de séquence ou de séance, elle permet de faire état des **pré-acquis** et/ou des **conceptions initiales** des élèves. Elle peut être orale ou écrite.
L'évaluation formative	Elle peut également être orale ou écrite mais aussi informelle. Elle permet de **vérifier les compétences des élèves en cours d'apprentissage** et donc de pouvoir **réguler** son enseignement.
L'évaluation sommative	Elle intervient en fin de séquence ou de séance afin de faire le point sur le **degré de maitrise des compétences** travaillées préalablement.
L'évaluation certificative	Elle intervient souvent en fin de cycle. Comme la précédente, elle permet **d'attester d'un niveau de compétences** et vise à l'obtention d'un certificat ou diplôme.

REMARQUE
Les formes et la formulation de l'évaluation sont à concevoir avec beaucoup d'attention. Solliciter des conceptions initiales commence donc souvent par « À ton avis », « Selon toi », afin de favoriser la mobilisation des ressources internes de chaque élève, une certaine introspection.

À retenir

- L'élaboration d'une séquence doit permettre d'atteindre progressivement l'objectif fixé par le programme.
- Les séances, de modalités variées, doivent placer les élèves au cœur de leur apprentissage en mettant en œuvre la démarche d'investigation.

Comment analyser une séquence et/ou des séances en sciences et technologie ?

• Analyser une séquence ou une séance revient à comprendre les mécanismes qui se jouent lors de celle-ci, ainsi que les difficultés et obstacles des élèves. On peut le faire selon deux aspects : pédagogique ou didactique. Il importe alors de les distinguer.
• La didactique est attachée aux contenus disciplinaires et à leur démarche d'apprentissage. Elle est associée à une discipline (didactique des sciences, didactique du français...), tandis que la pédagogie est transdisciplinaire et s'intéresse particulièrement à l'apprenant et à la manière dont il va apprendre.
• Voici quelques pistes de réflexions. Elles ne sont pas exhaustives et visent à développer votre réflexivité.

1 Les aspects pédagogiques

• L'analyse globale d'une **séquence** amène à s'interroger sur :
– Son **découpage** : la séquence est-elle constituée d'un nombre raisonnable de séances ? Y a-t-il un fil conducteur entre chaque ?
– Sa **pertinence** : en quoi la séquence répond-elle bien aux attentes institutionnelles ? Vise-t-elle bien un ou deux objectifs ? Différentes compétences vont-elles être travaillées et ce dans les différents domaines du socle ? Quelle place est accordée à l'évaluation ?

• L'analyse de chaque **séance** demande de porter le regard sur :
– Sa **durée** : est-elle adaptée au niveau de classe des élèves ?
– Son **découpage en phases** : est-il présent ? Le temps accordé aux élèves a-t-il permis de réaliser la tâche ?
– Sa **pertinence** : en quoi la diversité des modalités lui confère-t-elle un certain rythme favorable à l'apprentissage ? Les situations d'apprentissage et les supports sont-ils suffisamment variés pour encourager la motivation et l'implication des élèves ?

• La **qualité de l'activité** proposée peut se prêter à l'analyse :
– S'inscrit-elle bien dans le **programme scolaire** en correspondant bien aux attendus de la fin du cycle considéré ?
– Quel en est l'**intérêt pédagogique** ? Pour quel **apprentissage** ?

• Il est souvent fait mention que ces travaux de groupe et la mise en place d'un coin sciences en maternelle favorisent l'**autonomie** des élèves. On peut donc s'interroger sur :
– sa véritable efficience au vu des travaux produits par les élèves par exemple, sur leur créativité ;
– sur l'apprentissage différencié qu'elle permet ou non ;
– sur les compétences qu'elle vise à développer.

1 1. La mise en groupe

La **mise en groupe** peut entrainer une disposition différente des élèves, en ateliers ou ilots favorisant ainsi les échanges entre élèves.

Si le sujet évoque ce point, les questions que vous pouvez vous poser sont :
– Est-il préférable de constituer des groupes de travail **homogènes** ? **Hétérogènes** ?
– En quoi cette modalité permet-elle de mettre en place une **différenciation** pertinente ?
– Quels sont les impacts de ces regroupements ou non sur **l'apprentissage** ? Quels arguments pouvez-vous avancer pour en attester ?

2. La formulation des consignes

La **formulation des consignes** fait partie des gestes du métier à acquérir. L'analyser revient à réfléchir sur :
– sa clarté et concision pour les élèves au regard des réponses des élèves ;
– le but atteint par celle-ci.

Les différents types de consignes[1]

• Les **« consignes-buts »** définissent la tâche à réaliser. Exemple : « Classer les animaux en fonction de leur régime alimentaire ».

• Les **« consignes-procédures »** guident les élèves en indiquant les stratégies ou procédures possibles à mettre en œuvre dans l'activité. Exemple : « Vous présenterez votre réponse sous forme d'un schéma et/ou d'un texte. »

• Les **« consignes-critères »** définissent les critères de réussite. Les élèves savent alors les attendus précis de l'enseignant. Exemple : « Un tableau de trois colonnes est attendu. Chaque colonne présentera un régime alimentaire différent. »

3. Les traces écrites

• Vous pouvez également être amenés à réfléchir sur la **qualité** des diverses **traces écrites** et voir en quoi elles sont le reflet de l'apprentissage des élèves. Voir si leur place est pertinente dans la séance proposée, si leur statut individuel, de groupe ou de classe est efficient. Enfin, leur forme peut également faire l'objet d'une analyse (voir p. 30 et 31).

Par exemple, si telle notion est plus appréhendable par les élèves en fonction de sa forme, faut-il préférer un schéma ? Un texte ? Un tableau ? La correction proposée est-elle la seule possible ? Quelles sont les diverses procédures possibles ?

• Les traces écrites sont fondamentalement liées également à la **didactique**.

4. Ouverture et/ou croisement avec d'autres domaines d'enseignement

La séance ou la séquence peuvent également faire l'objet d'une réflexion sur leur **transversalité** et/ou leur **pluridisciplinarité**. Constater que les sciences peuvent permettre de développer des compétences langagières, par exemple, et l'expliciter, peut être intéressant.

2 Les aspects didactiques

L'intérêt de la **situation-problème** est qu'elle permet l'implication de chaque élève. Ce n'est pas qu'une simple accroche. Il importe aussi qu'elle puisse déstabiliser les savoirs de l'élève. Pour permettre ce déséquilibre et le conflit socio-cognitif, le recueil puis la confrontation des conceptions initiales peut s'avérer pertinent. C'est à cette condition qu'émergent **les problèmes** à résoudre et donc un engagement de l'apprentissage. Vérifiez alors qu'il en soit bien ainsi dans la séquence ou la séance qu'on pourrait vous proposer[2].

• **La mutualisation** est le fait de mettre en commun les idées des élèves. Elle peut se faire au sein de petits groupes ou en groupe classe.
• **L'institutionnalisation** est la phase de la séance où l'enseignant co-construit la trace écrite à l'aide des idées des élèves.

1. Meirieu P., *Apprendre... oui, mais comment*, Paris, ESF, 1987.

• **La tranversalité** ou transdisciplinarité renvoie à des champs disciplinaires qui se confondent et à une notion qui n'est pas spécifique à une seule discipline.
• **La pluridisciplinarité** renvoie à un traitement d'un point d'enseignement par diverses disciplines, chacune avec ses particularités propres.

2. Pour aller plus loin dans la conception et l'analyse des situations-problèmes voir De Vecchi G. et Carmona-Magnaldi N., *Faire vivre de véritables situations-problèmes*, Paris, Hachette Éducation, 2007.

Vue schématique de la situation-problème

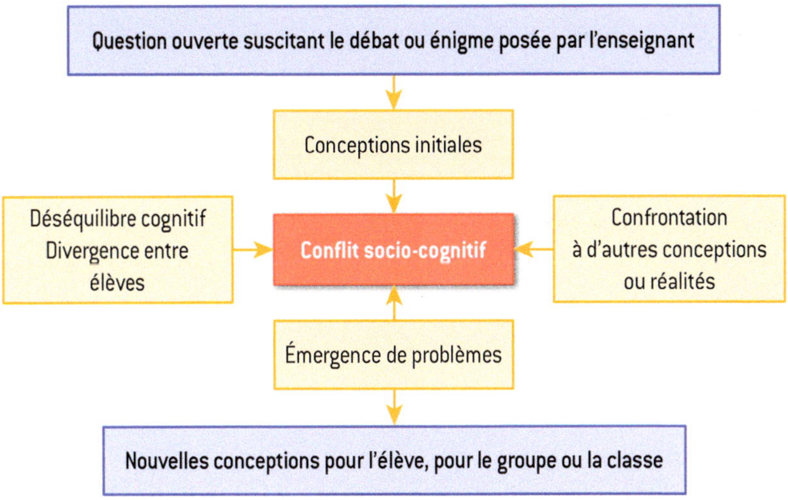

❷ 1. Les conceptions initiales

● L'analyse de **conceptions initiales** d'élèves met en avant les pré-acquis des élèves plus que leurs lacunes sur le thème abordé et ce d'autant plus qu'il s'agit d'une évaluation diagnostique qui se réalise avant que l'enseignement à ce sujet ait commencé. Mais elle a surtout pour vocation d'y retrouver les erreurs conceptuelles des élèves et leurs obstacles à l'apprentissage (voir p. 23 à 25).

Par exemple, quand on demande à des élèves de cycle 3 « D'après toi, que deviennent les aliments après que tu les aies mangés ? », il est peu fréquent que les élèves conçoivent que les aliments subissent une transformation puis une distribution dans tout l'organisme. La digestion est méconnue, et le corps souvent perçu comme une simple machine constituée de tuyaux, qui plus est sans l'évocation des vaisseaux sanguins impliqués dans les représentations des élèves. Ce système de communication est ignoré.

● Bien souvent, l'explication fournie par les élèves est **intuitive** et beaucoup plus simple que la réalité, elle est donc fort séduisante et **prégnante**. Ces conceptions peuvent aussi relever de **croyances**, d'anthropomorphisme, etc. **Ce sont des obstacles épistémologiques** auxquels les élèves devront faire face. Il pourra s'agir aussi de voir quelle **métacognition** permettra le retour sur celle-ci en fin de séance.

• **L'obstacle épistémologique** est un concept philosophique décrit par Gaston Bachelard. Pour lui, l'esprit pense déjà connaitre le savoir.
• **La métacognition** est la représentation que l'élève a des connaissances qu'il possède et de la façon dont il peut les construire et les utiliser.

❷ 2. La démarche utilisée

● On l'a vu, susciter la curiosité et l'implication des élèves est un pilier de la démarche d'investigation. Mais il s'agit aussi de **varier les situations d'apprentissage** et les supports de travail. On peut vous demander dans cette épreuve du CRPE d'analyser une situation, notamment pour vérifier qu'elle correspond bien à la mise en œuvre d'une **démarche d'investigation**. Il s'agira alors selon les cas proposés :

– de contrôler que **le problème émane bien des élèves** ou qu'ils se le soient bien approprié (voir la dévolution du problème, p. 26) ;
– d'évaluer la place et la pertinence des **hypothèses** ;
– de vérifier l'adaptation et la corrélation de **l'investigation** menée au problème à résoudre ;
– de justifier des intérêts du recours au **concret** ;

SE PRÉPARER À L'ÉPREUVE ÉCRITE D'APPLICATION

– de juger de la pertinence des **expériences** menées à l'aide de vos propres connaissances scientifiques ;
– de discuter des **résultats** et de leur pertinence au regard du protocole mais aussi de leur conformité par rapport à vos connaissances scientifiques ;
– d'étudier s'il y a bien des temps de recherche et de **tâtonnement,** qui sont tout aussi essentiels car comme l'a énoncé Jean-Pierre Astolfi : « Apprendre, c'est toujours prendre le risque de se tromper[3]. » L'**erreur** est inhérente à l'apprentissage ;
– de valider ou non la **conclusion** ou le **bilan** établi à la suite de l'investigation quelle qu'elle soit.

• Tous ces points concernent **l'enrôlement** des élèves, pour reprendre une expression de Jérôme Bruner ; c'est l'une des six fonctions de l'étayage qu'il a proposées dans son ouvrage[4]. Il s'agit en fait de discuter de la place de l'élève en tant qu'**acteur** de son apprentissage (expérimentateur par exemple) et **non pas simplement actif** (manipulateur).

3. Astolfi J.-P., *L'Erreur, un outil pour enseigner*, Paris ESF, 1997.

4. Bruner J. S. *Le développement de l'enfant. Savoir faire, savoir dire.* Paris, PUF, coll. « Psychologie d'aujourd'hui », 1983.

❷ 3. La trace écrite

Il semble opportun que la trace écrite, point final de l'investigation menée par les élèves, soit le résultat d'une concertation des élèves. En revanche, l'enseignant reste le garant de la qualité de la langue française au cours de son expression orale et/ou écrite. Sa pertinence en termes de **didactisation** peut nécessiter une attention particulière. Pour cela, il s'agira de vérifier qu'elle soit exacte sur le plan scientifique et que la volonté de la rendre accessible aux élèves n'ait pas débouché sur des simplifications abusives.

❷ 4. Les documents pédagogiques fournis

Selon la **nature** du document (voir p. 201), vous pourrez vous poser les questions suivantes :
– Les documents sont-ils suffisamment **didactisés** ?
– À quelles **difficultés** les élèves pourraient être confrontés avec eux ?
– Quelles sont les **compétences** requises à leur exploitation par les élèves ?
– Quel(s) **objectif(s)** visent-ils ?
– Le **schéma** permet-il une meilleure appréhension du concept scientifique concerné ?
– Quelle part de capacité d'**abstraction** requiert le concept ?
– Quelles **difficultés conceptuelles** peut-il entrainer ?
– On dit souvent que le **dessin d'observation** doit être le plus proche de la réalité. Est-ce vraiment le cas ?
– Quels sont les intérêts et limites des **modèles analogiques** ?

À retenir

Pour qu'un élève soit acteur de son apprentissage, les activités proposées doivent lui faire sens et il doit prendre une place active dans la construction des savoirs. Un enseignement explicite en matière d'objectifs, de compétences travaillées en est un levier. Le contexte de la situation d'apprentissage (modalités de travail, gestion du temps, du matériel, de l'espace) en est un autre.

Sujet corrigé

SUJET ZÉRO LE DÉCLIN DES POPULATIONS D'ABEILLES

Épreuve écrite d'application

Domaine Sciences et Technologie

Épreuve notée sur 20 – Durée 3 heures – Coefficient 1

Introduction

Depuis plus de trente ans, un phénomène de déclin des colonies d'abeilles a été observé dans plusieurs pays, notamment en Europe occidentale. Ce déclin se traduit par un affaiblissement des colonies d'abeilles dont l'activité se réduit, par un dépeuplement de celles-ci, voire, dans les cas les plus aigus, par un effondrement des colonies. Afin de mieux appréhender ce phénomène en Europe, un programme de surveillance épidémiologique européen[1] a été lancé au début des années 2010. Ainsi, pour la période 2013-2014, le taux de mortalité global des colonies d'abeilles a été estimé entre 2,6 % et 23,4 % selon les États membres, avec un taux élevé de 23,4 % pour la France (d'après un rapport d'information du Sénat publié en 2017[2]).

Au moins 20 000 espèces d'abeilles sont répertoriées sur la planète dont environ 850 en France, notamment l'abeille domestique (dite aussi mellifère) *Apis mellifera*. Aussi, le déclin des abeilles impacte directement l'activité apicole et la production de miel. Ainsi, selon France Agrimer, en France entre 2004 et 2010, le nombre d'apiculteurs a diminué de 40 %, le nombre de ruches de 20 % et la production de miel de 28 %. Mais surtout, au-delà de l'activité apicole humaine, cette situation est très préoccupante en raison de l'importance écologique de l'abeille en tant que pollinisatrice.

Afin de lutter efficacement contre le déclin des abeilles, les scientifiques étudient les différences causes de cette surmortalité. Le phénomène est complexe et s'explique par une multitude de facteurs qui agissent seuls ou de manière combinée selon les territoires. Le caractère multifactoriel du déclin des colonies d'abeilles invite à agir sur plusieurs fronts à la fois.

En s'appuyant sur les programmes d'enseignement des sciences et technologie à l'école primaire, ce sujet propose d'aborder la problématique suivante : **Quelles sont les causes et conséquences du déclin des abeilles et comment lutter efficacement contre ce déclin ?**

Les parties et sous-parties sont largement indépendantes. Les questions posées sont différenciées selon leur nature : les questions de nature didactique ou pédagogique sont repérées par un nombre avec un astérisque.

1. Programme de surveillance de la mortalité des abeilles en Europe (« EPILOBEE »), piloté en France par l'Anses (Agence nationale de sécurité sanitaire, de l'alimentation, de l'environnement et du travail).

2. « Comment lutter efficacement contre le déclin des abeilles ? » Rapport d'information n° 474 (2016-2017) de M. Hervé Maurey, fait au nom de la commission de l'aménagement du territoire et du développement durable du Sénat.

Partie 1.
Les abeilles, des agents de la biodiversité, en déclin

Ⓐ Le rôle des abeilles dans la pollinisation des fleurs

1) À partir du schéma de coupe de fleur ci-dessous (figure 1), identifier les organes reproducteurs mâle et femelle de la fleur et préciser le devenir de l'ovaire et de l'ovule après reproduction.

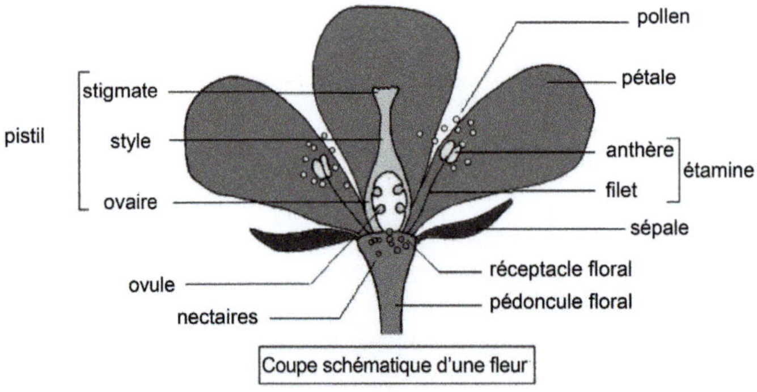

FIGURE 1 : **schéma de coupe de fleur (d'après acces.ens-lyon.fr)**

2) À partir de la figure 1 ci-dessus, identifier les parties de la fleur qui permettent d'attirer les insectes pollinisateurs et expliquer les mécanismes de cette attraction.

Voici le récit d'une expérience historique réalisée par Karl von Frisch (1886-1982), éthologue connu pour sa découverte du « langage des abeilles » et distingué par le prix Nobel en 1973. Il s'est intéressé au rôle joué par les abeilles dans la formation des fruits.

> Il suffit d'un beau jour de printemps pour voir se trémousser près des fleurs tout un monde multicolore de bourdons, de papillons, et d'abeilles aussi enfarinés que seraient des garçons meuniers. Si les abeilles viennent prendre aux fleurs du nectar et leur pollen, on ne peut pas leur en vouloir ; et si les plantes leur offrent ces deux éléments nutritifs, il se fait qu'elles y trouvent leur intérêt... Au moment de la floraison, on a choisi deux branches de poirier portant chacune le même nombre de fleurs ; une branche fut enveloppée dans un sac de gaze pour que les abeilles ne puissent pas atteindre les fleurs. Sur la deuxième, les fleurs étaient accessibles aux insectes. Trente-trois poires se développèrent sur le rameau accessible aux abeilles alors que l'autre branche ne portait pas un seul fruit...
>
> D'après *Vie et mœurs des abeilles* de Karl von Frisch (1953).

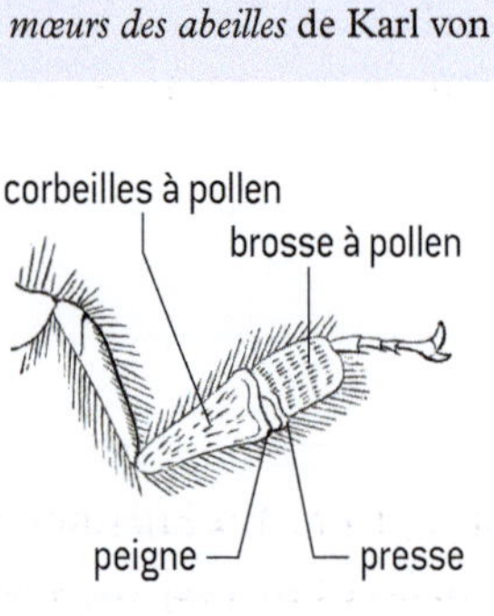

FIGURE 2 : **à gauche, photographie d'une abeille domestique visitant une fleur ; à droite, détail des brosses et corbeilles à pollen (structures de récolte) sur la 3e paire de pattes d'une abeille domestique (*Apis mellifera*) (Photographie : domaine public)**

3) À partir de l'expérience de Karl von Frisch et de la figure 2, expliquer comment l'abeille peut intervenir dans la reproduction des plantes à fleurs.

4*) Sur le thème de la reproduction des plantes à fleurs, certaines représentations initiales des élèves peuvent faire obstacle aux apprentissages. Identifier un exemple de difficulté en lien avec des représentations initiales et proposer une activité permettant de faire évoluer les conceptions d'élèves de CM1 sur ce thème (dix lignes maximum).

5*) Proposer un schéma bilan comparatif de la reproduction sexuée des animaux et des plantes à fleurs pour des élèves de cycle 3.

6*) Proposer, sous la forme de consignes, une exploitation pédagogique de la figure 3 et formuler une conclusion d'une séquence pédagogique de cycle 3 sur les conséquences de la disparition des abeilles en termes de diversité des plantes à fleurs.

FIGURE 3 : **Photographie de la composition d'un petit-déjeuner avec ou sans abeilles (d'après Initiative Nature)**

B Analyse des causes et conséquences de la disparition des abeilles

Un article publié dans la revue *Carnets de science* du CNRS en 2016 s'intéresse aux différentes causes de la disparition des abeilles (**annexe 1, p. 225**).

7) D'après cet article, citer les cinq causes principales de la disparition des abeilles.

8) À partir des informations contenues dans cet article, recopier et compléter le tableau suivant :

Causes de la disparition des abeilles	Conséquences pour les abeilles	Solutions envisageables
Des agents pathogènes : bactéries, champignons microscopiques (microsporides) et parasites (tels que *Varroa destructor*).	Les bactéries et champignons microscopiques sont responsables de maladies graves des abeilles. Le parasite *varroa* se fixe sur les abeilles et les pique pour se nourrir de l'hémolymphe et transmet des virus pathogènes aux abeilles.	Aucune information fournie dans l'article.

9*) Voici un support pédagogique (figure 4, p. 218) qui pourrait être utilisé dans une séance pédagogique pour des élèves de CM1 dont l'objectif visé serait : « Comprendre l'impact de la disparition des abeilles dans leur réseau alimentaire ». Proposer une mise en œuvre de cette activité, en précisant les étapes du déroulement de l'activité, les consignes, la nature des tâches à effectuer et la production attendue (en une dizaine de lignes).

Nom	Proies	Prédateurs	Photographie
Abeilles	Pollen et nectar des fleurs	Frelons asiatiques, guêpes, pics-verts, parasite (*Varroa destructor*)	
Frelons asiatiques	Abeilles et mouches, araignées	Certains oiseaux dont la bondrée apivore	
Pics-verts	Abeilles et fourmis	Chats domestiques et rapaces	
Guêpes	Abeilles et mouches	Araignées, une mouche (*Volucella pellucens*)	
Parasite *Varroa destructor*	Abeilles	*Chelifer cancroides* (le « scorpion des livres ») 	

FIGURE 4 : Tableau de prédation (source des photographies : Wikipédia, domaine public ou CC BYSA 3.0)

Partie 2.
Une solution pour lutter contre la mortalité des abeilles en hiver : supplémenter les réserves de nourriture des ruches à l'aide de sirop sucré

L'hiver, bien que leur activité soit ralentie, les abeilles s'alimentent en consommant le miel stocké dans la ruche. En règle générale, une colonie n'a pas besoin d'être nourrie. Cependant, si le taux de mortalité des abeilles est trop élevé pendant l'année, ou en cas de conditions climatiques difficiles, les réserves accumulées peuvent s'avérer insuffisantes, avec le risque de perdre la colonie pendant l'hiver. Pour renforcer les réserves des ruches, l'apiculteur peut nourrir les abeilles en utilisant un sirop à forte concentration en sucre durant l'hiver.

Cette partie est dédiée à la mise en œuvre d'une activité scientifique en classe de CM1, consacrée à la réalisation d'une solution d'eau sucrée en lien avec la problématique de l'alimentation complémentaire des abeilles en hiver. Les documents qui suivent sont mis à disposition du candidat qui devra les exploiter pour formuler ses réponses aux questions posées. Dans l'**annexe 2** figure un extrait des programmes de sciences et technologie du cycle 3 auquel le candidat pourra se référer autant que de besoin.

La teneur en eau permet de déterminer la qualité d'un miel. En effet, plus elle est élevée, plus le risque de fermentation est grand. Par conséquent, la réglementation impose qu'elle ne dépasse pas 21 %

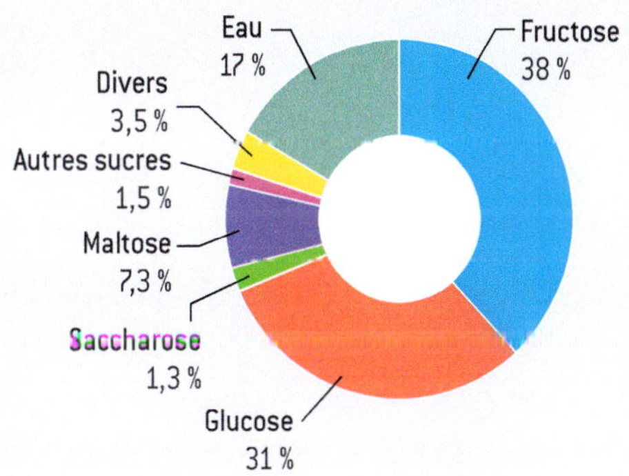

E. Bruneau, *Les produits de la ruche. Le traité rustica de l'apiculture*. Paris, Rustica, 2002, p. 354-384).

Document n° 1 . la composition moyenne du miel

Afin de lutter contre la malnutrition des abeilles, différents types de sirop de nourrissement sont utilisés selon la situation de la ruche (population d'abeilles suffisante ou non), le moment de la saison ou les données météorologiques.
Le sirop de nourrissement hivernal est un sirop épais pour lequel le rapport entre la masse de sucre et la masse d'eau est compris entre 3/2 et 2/1.

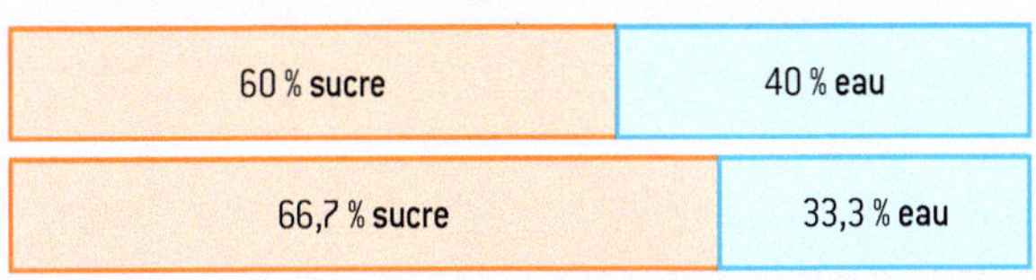

(D'après : https ://www.savo95.fr/images/savo95/Documents_sanitaires/Fiche-Pratique-Le-nourrissement.pdf)

Document n° 2 : le nourrissement des abeilles en hiver

Préparation de l'activité expérimentale des élèves

1*) À partir du document n° 1, proposer un texte d'une dizaine de lignes adapté à des élèves de CM1 afin de les amener à :

- formuler une définition de la notion de mélange homogène ou hétérogène ;
- identifier les constituants principaux du miel ;
- représenter la composition du miel, en se limitant à ses deux constituants principaux, sous la forme d'un schéma en barre légendé.

2) En s'appuyant sur les données du document n° 1, déterminer la masse de sucre à ajouter dans une masse d'eau correspondant à un volume de 1 L pour obtenir une solution sucrée de même composition que le miel.

Donnée : la masse volumique de l'eau est $\rho_{eau} = 1\ g \cdot cm^{-3}$.

Mise en œuvre d'un protocole expérimental

3*) Proposer un protocole expérimental, destiné à des élèves de CM1, pour qu'ils mesurent une masse de sucre de 150 g, en indiquant les différentes étapes de l'activité expérimentale, décrites, au besoin, de schémas légendés. Préciser le matériel à mettre à disposition des élèves et les éventuelles conditions de sécurité à respecter.

Les élèves procèdent à la réalisation de la solution sucrée en versant la masse de sucre précédemment pesée dans un volume de 100 mL d'eau.

4) Donner le nom de la transformation physico-chimique qui intervient lors de la mise en solution aqueuse du sucre. Identifier le soluté et le solvant.

5*) Proposer une expérience complémentaire pour convaincre les élèves que les 150 g de sucre n'ont pas « disparu » au cours de la réalisation de la solution sucrée.

6*) Proposer une conclusion de l'activité, qui exploite, notamment, le schéma en barre demandé initialement aux élèves et le document n° 2, et qui leur permette de juger si la solution d'eau sucrée qu'ils ont préparée convient pour nourrir les abeilles en hiver.

7*) Identifier les compétences travaillées par les élèves au cours de cette activité scientifique, au regard des programmes de référence du cycle 3 (annexe 2, p. 227).

Les élèves proposent de mettre en solution, dans le même volume d'eau, une masse de sucre supérieure à celle proposée. Après avoir réalisé l'expérience, ils notent leurs observations et rédigent une conclusion. Voici trois de leurs productions.

Élève A :

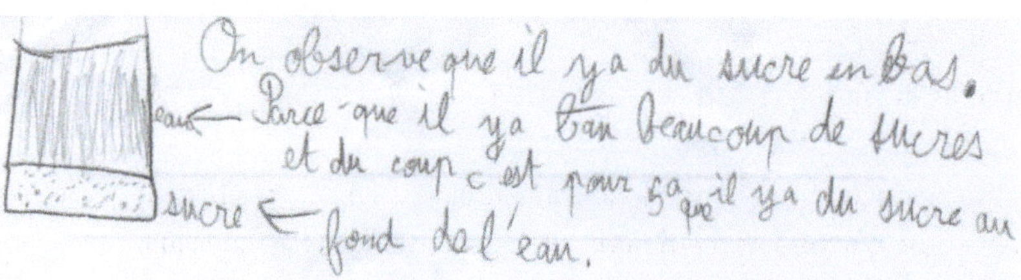

Retranscription à l'identique du texte manuscrit : « On observe que il y a du sucre en bas, parce qu'il y a beaucoup de sucres et du coup, c'est pour ça que il y a du sucre au fond de l'eau. »

Élève B :

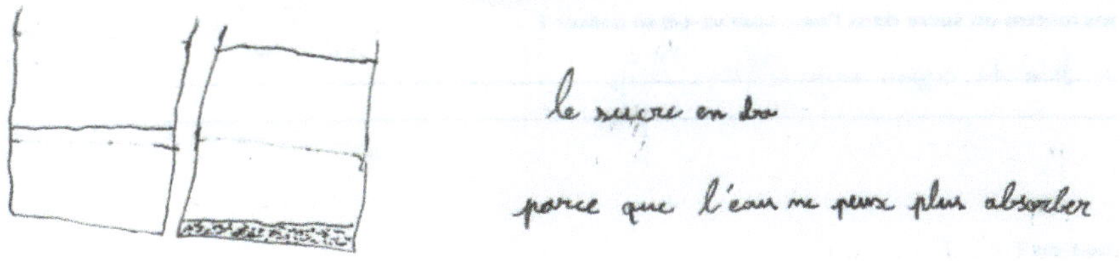

Retranscription à l'identique du texte manuscrit : « le sucre en bas parce que l'eau ne peux plus absorber »

Élève C :

Retranscription à l'identique du texte manuscrit : « L'eau monte et on ne la voie plus. »

8*) Analyser chaque réponse proposée et formuler les remarques qui pourraient être adressées à chaque élève, en visant aussi l'enseignement du français.

Partie 3. Une solution pour lutter contre la disparition des abeilles : la ruche connectée

A Analyse d'une ruche connectée

Les apiculteurs et les chercheurs peinent à mettre en place des techniques préventives efficaces pour protéger les colonies et limiter les pertes hivernales. Les nouveaux outils technologiques apicoles pourraient être une aide précieuse pour permettre une surveillance continue et précise des colonies, et ainsi appréhender au mieux leurs besoins[3]. Ils permettent de récolter des informations afin de les visualiser et les exploiter ensuite. Une société réalise des ruches connectées, dont les spécificités techniques sont fournies dans les documents ressources (**annexe 3, p. 230**).

1) À quel besoin répond la ruche connectée ? Citer les fonctions d'usage que doit remplir cet objet technique pour répondre au besoin identifié.

2) D'après les caractéristiques techniques de la ruche connectée (annexe 3) et en comparant à d'autres choix technologiques de communication sans fil, justifier pourquoi le choix de la communication GSM (« Global System for Mobile Communication ») est adapté à l'usage de la ruche connectée.

3. « Les outils connectés en apiculture : Évaluation de leurs applications auprès des apiculteurs français. » LETTMANN M. et CHAUZAT M.-P., *Bulletin Épidémiologique Santé animale – Alimentation* (2018).

3) Indiquer les éléments de la ruche connectée réalisant les fonctions de la chaine d'information permettant de transmettre des données :

Acquérir → **Traiter** → **Communiquer**

....

....

....

4*) Proposer une description de la chaine d'information adaptée à un public de CM2 et permettant de viser l'attendu de fin de cycle 3 suivant : « Décrire le fonctionnement d'objets techniques, leurs fonctions et leurs constitutions. »

B Prototype et amélioration d'une solution technologique

Le *varroa* est un parasite qui induit une mortalité importante en hiver en attaquant les abeilles. Il transmet également aux abeilles d'autres agents pathogènes tels que des virus, ce qui contribue à fragiliser et affaiblir les colonies. À l'heure actuelle, la principale solution pour lutter contre ce parasite consiste à traiter les ruches avec des agents chimiques acaricides, mais cela n'est pas sans risque sur la propre santé des abeilles.

Un système alternatif utilise le principe de l'hyperthermie, basé sur la tolérance différente à la chaleur de l'abeille mellifère et de l'acarien *varroa*. Le parasite meurt dans une plage comprise entre 39 °C et 42 °C alors que les abeilles supportent bien ces températures.

Afin de contrôler l'état de la température et le bon fonctionnement de la ruche, nous proposons de réaliser un contrôleur de la température des ruches à l'aide d'un microcontrôleur, qui se programme à l'aide d'une interface de programme type bloc.

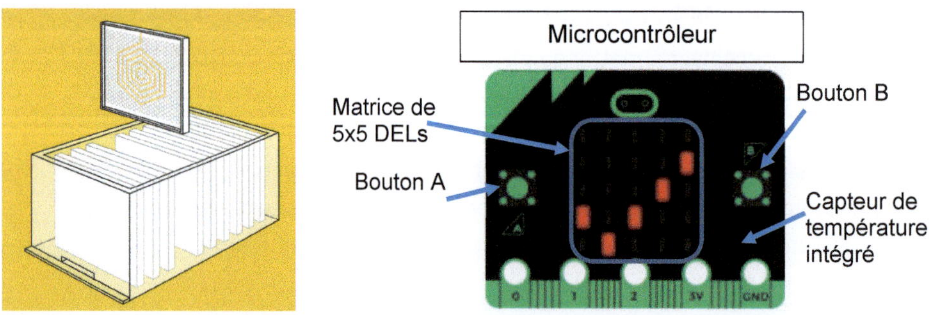

FIGURE 5 : **schéma du système de chauffage de la ruche**
(d'après http ://www.apicoltoremoderno.it/vatorex/) et schéma du microcontrôleur.
Le microcontrôleur comporte 25 DELs (diodes électroluminescentes), deux boutons A et B programmables, un bouton de réinitialisation, différents capteurs dont des capteurs de lumière et de température, et des broches de connexion.

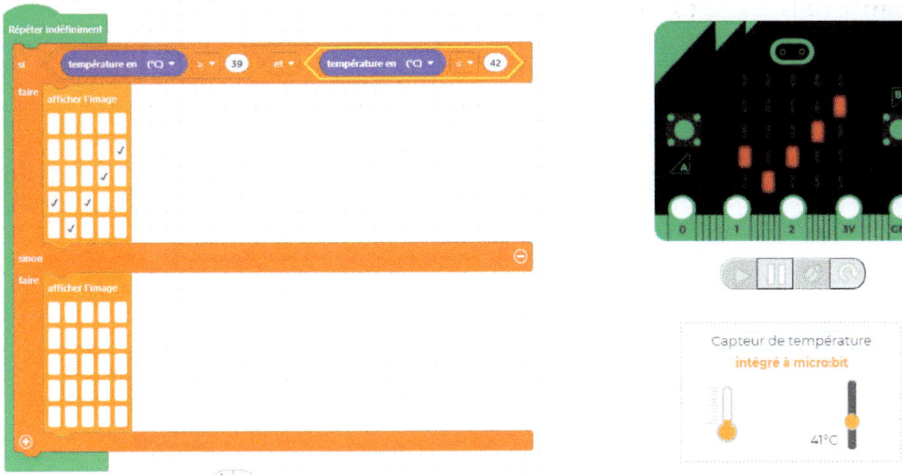

FIGURE 6 : **programme réalisé depuis https://fr.vittascience.com/**

5) D'après le programme présenté figure 6, quelle est la condition pour avoir l'affichage « ✓ » indiqué sur le microcontrôleur ?

Il a été demandé à des élèves de CM2 d'imaginer un programme qui émet un signal autre que lumineux si la température n'est pas dans la bonne plage. Ils ont à leur disposition un écran LCD et un avertisseur sonore (« buzzer ») **(figure 7)**. Le travail demandé est de compléter l'action après « sinon » dans le contrôle conditionnel déjà pré-rempli.

FIGURE 7 : **photographies d'un écran LCD d'après https://wiki.seeedstudio.com/Grove-LCD_RGB_Backlight/ et d'un avertisseur sonore (« buzzer ») d'après wiki.seeedstudio.com/Grove-Buzzer/**

Voici le programme attendu :

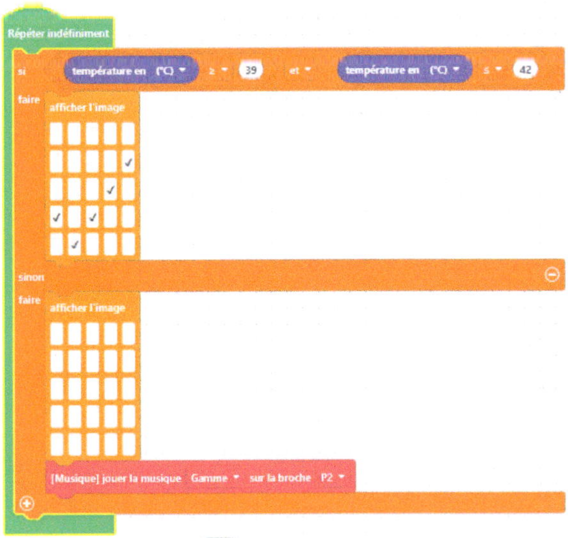

FIGURE 8 : **programme réalisé depuis https://fr.vittascience.com**

Voici deux réponses différentes de la part d'élèves :

Programme n° 1 :

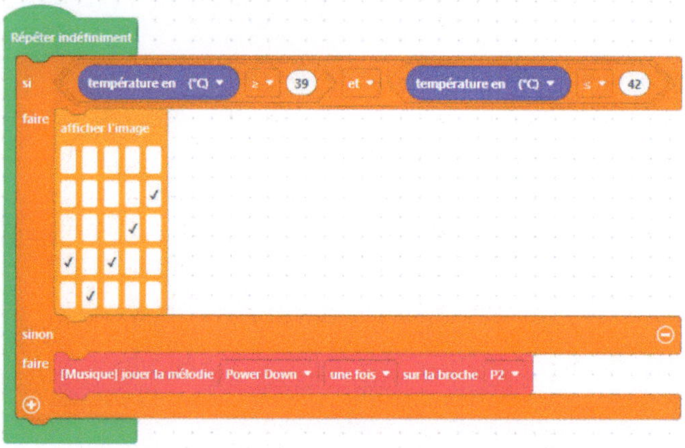

FIGURE 9 : **programme réalisé depuis https://fr.vittascience.com/**

Programme n° 2 :

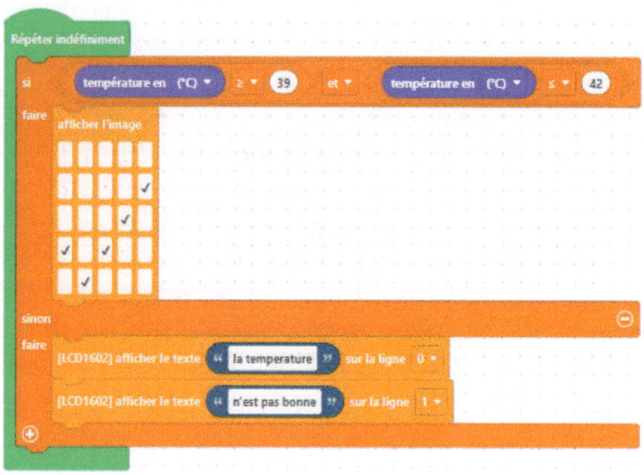

FIGURE 10 : **programme réalisé depuis https://fr.vittascience.com/**

6*) Pour chacun des deux programmes, identifier l'erreur commise par l'élève et proposer une remédiation à mettre en place pour amener l'élève à comprendre et corriger son erreur.

Annexe 1

Pourquoi les abeilles disparaissent

[...]

« Ces vingt dernières années, la production de miel dans l'Hexagone a été divisée par deux », confirme Vincent Bretagnolle, écologue au Centre d'études biologiques de Chizé[4], dans les Deux-Sèvres. La faute à un déclin fulgurant des populations d'abeilles domestiques partout dans le monde développé, des États-Unis à l'Europe en passant par l'Australie. Un phénomène inquiétant baptisé « Colony Collapse Disorder » ou « syndrome d'effondrement des colonies ». Le phénomène a d'abord été observé aux États-Unis au début des années 1990. Puis dès 1995, en France, où certains apiculteurs ont accusé jusqu'à 90 % de pertes – loin des 5 à 10 % de mortalité généralement constatés dans les colonies d'abeilles. L'effondrement des populations d'abeilles, domestiques mais aussi sauvages, n'est pas seulement une mauvaise nouvelle pour les amateurs de miel. En pollinisant les plantes à fleurs, les butineuses garantissent la reproduction de nombreuses espèces végétales. Et pas moins d'un tiers de l'alimentation mondiale dépendrait de cette pollinisation.

[...] Un service environnemental que l'Institut national de recherche agronomique (INRA) a évalué à 153 milliards d'euros par an dans le monde.

Des pratiques agricoles néfastes

Dès les années 1990, les soupçons des apiculteurs se portent sur une nouvelle classe d'insecticides utilisés dans les cultures, les néonicotinoïdes. Ces molécules mises au point dans les années 1980 sont de puissants neurotoxiques qui agissent directement sur le système nerveux central des insectes ravageurs de cultures. « À la différence des précédentes générations de pesticides, les néonicotinoïdes ne sont pas uniquement pulvérisés sur les plantes, mais peuvent enrober directement les semences, explique Axel Decourtye, écotoxicologue et directeur scientifique de l'Institut de l'abeille. Ce sont des insecticides systémiques, qui se retrouvent dans tous les tissus de la plante, jusque dans le pollen et le nectar des fleurs. »

Les effets sur les abeilles ne tardent pas à être mis en évidence par les chercheurs : à haute dose, les néonicotinoïdes provoquent la mort des abeilles ; à plus faible dose, ils affectent les capacités cognitives des butineuses qui ne retrouvent plus le chemin de la ruche.

En 2013, un moratoire européen suspend l'utilisation des néonicotinoïdes pour quatre cultures visitées par les abeilles : colza, tournesol, maïs et coton – les céréales comme le blé, notamment, étant uniquement pollinisées par le vent. Mais ces interdictions ciblées – qui ne concernent que l'Europe – risquent de ne pas suffire à enrayer le déclin des abeilles.

[...]

David Biron, parasitologue au Laboratoire microorganismes : génome et environnement, avertit[5] : « Les causes du déclin vont au-delà de l'usage de néonicotinoïdes sur les cultures. Plus on avance, plus on s'oriente vers l'hypothèse d'un stress multiple causé par plusieurs facteurs combinés. »

4. Unité CNRS/Univ. de La Rochelle.

5. Unité CNRS/Univ. d'Auvergne/Univ. Blaise-Pascal.

« L'agriculture intensive, la simplification des paysages, l'arrivée de pathogènes particulièrement virulents, mais aussi les nouvelles pratiques des apiculteurs affaiblissent les abeilles et contribuent aux dégâts constatés sur les colonies », détaille Vincent Bretagnolle. Le chercheur, qui suit plusieurs dizaines de ruches avec l'INRA dans la zone de Chizé, tente depuis plusieurs années de convaincre les agriculteurs de ne plus éradiquer systématiquement les adventices, les « mauvaises herbes » éliminées par l'usage massif d'herbicides et parmi lesquelles on trouve les fleurs des champs (coquelicots, bleuets...), très appréciées de l'abeille. Entre la floraison du colza, au printemps, et celle du tournesol, fin juillet, les abeilles n'ont plus rien à butiner et se retrouvent en carence alimentaire durant plusieurs semaines. La disparition des haies d'aubépine, mais aussi des prairies où fleurissent la luzerne et le sainfoin amenuisent encore la ressource.
[...]
Très médiatisé ces derniers mois, le frelon asiatique introduit accidentellement en 2004 représente une vraie menace pour les colonies déjà affaiblies du sud-est de la France, où il est très présent. Les abeilles sont surtout confrontées depuis quelques dizaines d'années à des pathogènes d'une rare virulence, dont une majorité ont eux aussi été accidentellement importés. Parmi eux, les bactéries responsables de la loque européenne et de la loque américaine[6], des microsporides (champignons microscopiques) comme *Nosema ceranae* et *Nosema apis*, qui provoquent des diarrhées aiguës pouvant conduire à la mort de l'abeille, mais aussi et surtout le pathogène le plus redouté des apiculteurs : le *Varroa destructor*, arrivé d'Asie dans les années 1970. « Ce parasite vecteur de nombreux virus se fixe sur les abeilles et les pique pour se nourrir de l'hémolymphe (le sang des insectes), explique David Biron. L'un des virus qu'il transmet, le CBPV (*Chronic Bee Paralysis Virus* ou virus de la paralysie chronique) provoque des tremblements que les apiculteurs confondent parfois avec les effets des néonicotinoïdes. » Des effets synergiques fatals entre pathogènes et insecticides ont également été démontrés : ainsi, l'infection des abeilles par *Nosema ceranae* multiplierait par deux la mortalité des abeilles exposées à de faibles doses d'insecticides (en théorie non létales).

6. En France, la loque américaine doit faire l'objet d'une déclaration en préfecture et se traduit par l'élimination de tout le rucher.

Des importations de reines problématiques

Dernière explication à la fragilisation des colonies d'abeilles : l'importation massive de reines issues d'autres sous-espèces[7]. « À partir de 1995 et face à l'élevage insuffisant de reines locales de type abeille noire, les apiculteurs français se sont tournés massivement vers des pays comme l'Italie ou la Grèce, où de véritables usines à reines produisent jusqu'à 100 000 individus par an », explique Lionel Garnery. Problème, en plus d'amener avec elles des pathogènes inconnus de l'abeille noire, ces reines issues des sous-espèces italienne (*Ligustica*), grecque (*Cecropia* ou *Carnica*) ou encore caucasienne (*Caucasica*) sont mal adaptées aux écosystèmes hexagonaux : types de fleurs disponibles, périodes de floraison, climat... « Ces reines pondent dès les mois de janvier-février, à un moment où il n'y a aucune nourriture disponible sous nos latitudes, raconte Lionel Garnery. Pour éviter que les ouvrières issues de leurs œufs ne meurent de faim, il faut les maintenir artificiellement avec du sucre, ce qui empêche la sélection naturelle de faire son office et ne permet donc pas leur adaptation au nouvel environnement. »

7. L'abeille domestique, *Apis mellifera*, comprend 26 sous-espèces, parmi lesquelles l'abeille noire (*Apis mellifera mellifera*), qui couvre une zone allant des Pyrénées à la Scandinavie, mais aussi l'abeille italienne, l'abeille grecque, plusieur abeilles africaines, l'abeill orientale (Moyen-Orient).

[...]
Au-delà de la seule démarche de conservation, le chercheur propose même que les Conservatoires de l'abeille noire produisent des reines selon des méthodes plus « industrielles », en s'associant par exemple avec des apiculteurs professionnels. Objectif : offrir aux apiculteurs hexagonaux une alternative aux reines italiennes ou grecques, et contribuer activement à la restauration des colonies.

Extraits d'un article publié le 28/09/2016, par Laure Cailloce, journaliste scientifique, dans la revue du CNRS, *Carnets de science* (n° 2, 2016).

Annexe 2

1. Extraits du programme de sciences et technologie du cycle 3

D'après le BOEN n° 31 du 30 juillet 2020

Compétences travaillées	Domaines du socle
Pratiquer des démarches scientifiques et technologiques Proposer, avec l'aide du professeur, une démarche pour résoudre un problème ou répondre à une question de nature scientifique ou technologique : • formuler une question ou une problématique scientifique ou technologique simple ; • proposer une ou des hypothèses pour répondre à une question ou un problème ; • proposer des expériences simples pour tester une hypothèse ; • interpréter un résultat, en tirer une conclusion ; • formaliser une partie de sa recherche sous une forme écrite ou orale.	4
Concevoir, créer, réaliser • Identifier les évolutions des besoins et des objets techniques dans leur contexte. • Identifier les principales familles de matériaux. • Décrire le fonctionnement d'objets techniques, leurs fonctions et leurs composants. • Réaliser en équipe tout ou une partie d'un objet technique répondant à un besoin. • Repérer et comprendre la communication et la gestion de l'information.	4, 5
S'approprier des outils et des méthodes • Choisir ou utiliser le matériel adapté pour mener une observation, effectuer une mesure, réaliser une expérience ou une production. • Faire le lien entre la mesure réalisée, les unités et l'outil utilisés. • Garder une trace écrite ou numérique des recherches, des observations et des expériences réalisées. • Organiser seul ou en groupe un espace de réalisation expérimentale. • Effectuer des recherches bibliographiques simples et ciblées. Extraire les informations pertinentes d'un document et les mettre en relation pour répondre à une question. • Utiliser les outils mathématiques adaptés.	2

Compétences travaillées	Domaines du socle
Pratiquer des langages • Rendre compte des observations, expériences, hypothèses, conclusions en utilisant un vocabulaire précis. • Exploiter un document constitué de divers supports (texte, schéma, graphique, tableau, algorithme simple). • Utiliser différents modes de représentation formalisés (schéma, dessin, croquis, tableau, graphique, texte). • Expliquer un phénomène à l'oral et à l'écrit.	1
Mobiliser des outils numériques • Utiliser des outils numériques pour : – communiquer des résultats ; – traiter des données ; – simuler des phénomènes ; – représenter des objets techniques. • Identifier des sources d'information fiables.	2
Adopter un comportement éthique et responsable • Relier des connaissances acquises en sciences et technologie à des questions de santé, de sécurité et d'environnement. • Mettre en œuvre une action responsable et citoyenne, individuellement ou collectivement, en et hors milieu scolaire, et en témoigner.	3, 5
Se situer dans l'espace et dans le temps • Replacer des évolutions scientifiques et technologiques dans un contexte historique, géographique, économique et culturel. • Se situer dans l'environnement et maitriser les notions d'échelle.	5

2. Matière, mouvement, énergie, information

Attendus de fin de cycle
- Décrire les états et la constitution de la matière à l'échelle macroscopique.
- Observer et décrire différents types de mouvements.
- Identifier différentes ressources en énergie et connaitre quelques conversions d'énergie.
- Identifier un signal et une information.

Connaissances et compétences associées	Exemples de situations, d'activités et de ressources pour l'élève
Décrire les états et la constitution de la matière à l'échelle macroscopique	
Mettre en œuvre des observations et des expériences pour caractériser un échantillon de matière. • Diversité de la matière : métaux, minéraux, verres, plastiques, matière issue du vivant. • L'état physique d'un échantillon de matière dépend de conditions externes, notamment de sa température. • Quelques propriétés de la matière solide ou liquide (approche qualitative). • La matière à grande échelle : Terre, planètes, univers. • Tout objet matériel possède une masse qui lui est propre et qui peut être mesurée. **Identifier à partir de ressources documentaires les différents constituants d'un mélange.** **Mettre en œuvre un protocole de séparation de constituants d'un mélange.** • Réaliser des mélanges peut provoquer des transformations de la matière (dissolution, réaction). • La matière qui nous entoure (à l'état solide, liquide ou gazeux) résulte souvent de l'association de différents constituants.	Observer la diversité de la matière, à différentes échelles, dans la nature et dans la vie courante. Distinguer différents matériaux à partir de leurs propriétés physiques (par exemple : densité, élasticité, conductivité thermique ou électrique, magnétisme, solubilité dans l'eau, miscibilité avec l'eau…) ou de leurs caractéristiques (matériaux bruts, conditions de mise en forme, procédés…) Observer de façon qualitative des effets résultant d'actions à distance (aimants, électricité statique). Utiliser la loupe et le microscope pour l'observation de structures géométriques de cristaux naturels, d'organisation du vivant à différentes échelles comme des vaisseaux conducteurs (plantes et animaux) des tissus différents (fruit, graine…) ou encore observer des cellules animales ou végétales. Le domaine du tri et du recyclage des matériaux est un support d'activité à privilégier. La question de la toxicité de certaines substances pour les milieux naturels peut être abordée. Séparer des constituants par décantation, filtration, évaporation. Les mélanges gazeux pourront être abordés à partir du cas de l'air. L'eau et les solutions aqueuses courantes (eau minérale, eau du robinet, boissons, mélanges issus de dissolution d'espèces solides ou gazeuses dans l'eau…) représentent un champ d'expérimentation très riche. Détachants, dissolvants, produits domestiques permettent d'aborder d'autres mélanges et d'introduire la notion de mélange de constituants pouvant conduire à une réaction (transformation chimique). Informer l'élève du danger de mélanger des produits domestiques sans s'être renseigné. Diversité des usages de la matière : se déplacer, se nourrir, construire, se vêtir, faire une œuvre d'art.

Annexe 3

Documents ressources de la ruche connectée

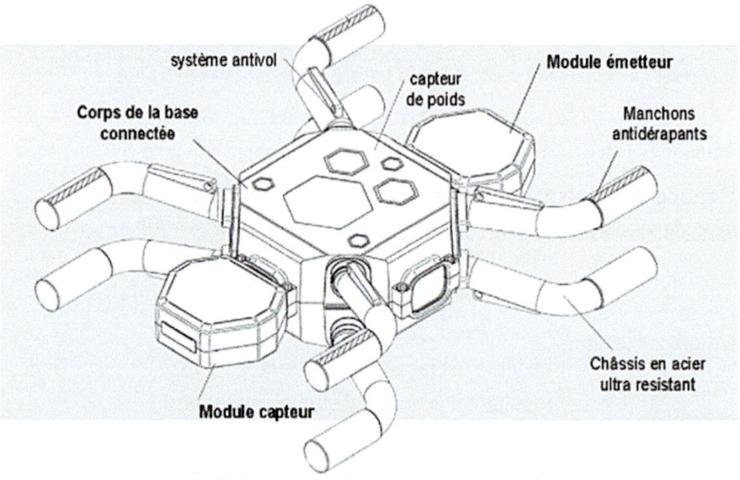

Schéma de la ruche connectée

D'après https://www.label-abeille.org/fr/accueil/5-pack-label-abeille-ruche-connectee-abonnement.html

Châssis acier	Dimensions : 48 cm × 43 cm × 14 cm Manchons antidérapants Ouverture des trappes à l'aide d'une clé Allen n° 3 non incluse
Batteries 4,2V rechargeables	2 incluses Chargeur non compris Technologie : Ni-Mh
Modes de communication	GSM (carte multi-opérateur)
Panneau solaire	Tension 12 V
Réception des alertes	Mail et SMS Paramétrage des seuils d'alerte
Application mobile	Gratuite Android et iOS

Les capteurs

Capteurs	Descriptions
Géolocalisation	Système antivol Précision GPS +/– 5 m
Humidité	Précision : 3,5 De 20 à 80 Hr
Inclinaison/Orientation	Accéléromètre
Lumière	Précision : 1 LUX De 0 à 80 000 LUX
Masse	Précision : 1 g Limite de poids 500 kg
Pression atmosphérique	De 260 à 1 260 hPa
Température	Précision : 0,5 °C De –25 °C à 100 °C

LE CORRIGÉ

Partie 1. Les abeilles, des agents de la biodiversité, en déclin

Ⓐ Le rôle des abeilles dans la pollinisation des fleurs

1) À partir du schéma de coupe de fleur ci-dessous (figure 1), identifier les organes reproducteurs mâle et femelle de la fleur et préciser le devenir de l'ovaire et de l'ovule après reproduction.

Les étamines sont les organes reproducteurs mâles. Le pistil correspond à l'organe femelle, visible au centre de la fleur de la figure 1.

Par pollinisation, les grains de pollen vont se déposer sur le stigmate du pistil. Il s'en suit alors la cascade d'évènements suivants :

– germination du grain de pollen. La croissance du tube pollinique permet alors aux spermatozoïdes inclus dans ce grain de rejoindre l'ovule contenant le gamète femelle ;

– fécondation par rencontre des deux gamètes. L'ovule devient alors la graine contenant un embryon ;

– fructification : l'ovaire évolue en fruit contenant les graines.

2) À partir de la figure 1 ci-dessus, identifier les parties de la fleur qui permettent d'attirer les insectes pollinisateurs et expliquer les mécanismes de cette attraction.

Le nectar sécrété par les nectaires et les grains de pollens produits par les anthères des étamines (cf. figure 1) constituent l'alimentation des insectes pollinisateurs. Ils trouvent donc leur intérêt à butiner les fleurs comme le précise Karl von Frisch évoqué par le document.

3) À partir de l'expérience de Karl von Frisch et de la figure 2, expliquer comment l'abeille peut intervenir dans la reproduction des plantes à fleurs.

La photographie de la figure 2 montre une abeille venant récolter les grains de pollen sur une anthère, grains de pollen qui s'accumulent au niveau de ses pattes postérieures et plus précisément au niveau de la corbeille à pollen (cf. schéma de la figure 2). Karl von Frisch, dans une de ses expériences, a enveloppé une branche fleurie d'un poirier pour empêcher les abeilles de venir y butiner. Une autre branche est laissée telle quelle. Seule cette dernière donnera des fruits. On voit donc bien que le butinage permet la pollinisation et par voie de conséquence la fécondation des fleurs, et donc la fructification.

4*) Sur le thème de la reproduction des plantes à fleurs, certaines représentations initiales des élèves peuvent faire obstacle aux apprentissages. Identifier un exemple de difficulté en lien avec des représentations initiales et proposer une activité permettant de faire évoluer les conceptions d'élèves de CM1 sur ce thème (dix lignes maximum).

Les élèves de cycle 3 ont souvent des conceptions initiales erronées en matière de reproduction végétale ; par exemple ils pensent que la fleur d'un arbre se transforme naturellement en fruit suite à la pollinisation par les abeilles. Ils semblent alors penser que seul le pollen intervient en stimulant ce phénomène. En revanche, le pistil ne semble jouer aucun rôle. On pourrait alors proposer à ces élèves d'analyser un document montrant que seules les fleurs à qui on a laissé le pistil donnent des fruits suite à la pollinisation.

5*) Proposer un schéma bilan comparatif de la reproduction sexuée des animaux et des plantes à fleurs pour des élèves de cycle 3.

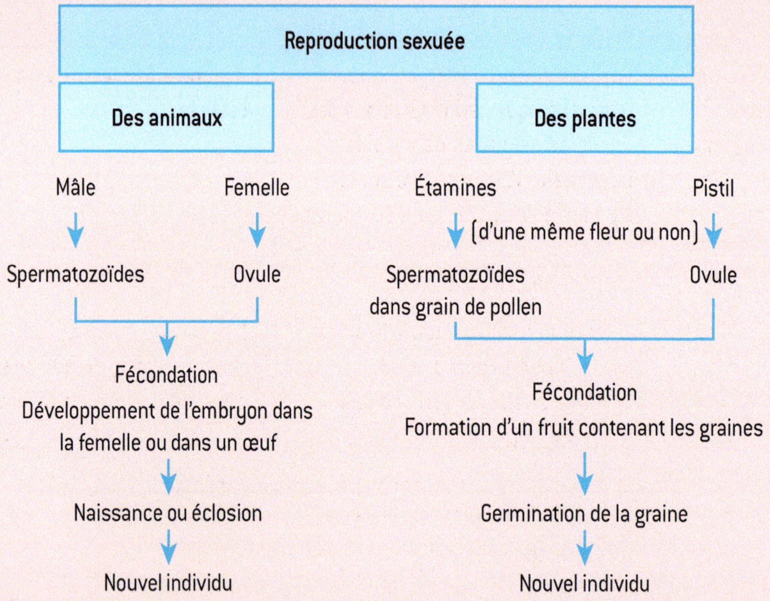

Schéma bilan : comparaison de la reproduction sexuée des animaux et des plantes

6*) Proposer, sous la forme de consignes, une exploitation pédagogique de la figure 3 et formuler une conclusion d'une séquence pédagogique de cycle 3 sur les conséquences de la disparition des abeilles en termes de diversité des plantes à fleurs.

Pour exploiter la figure 3 avec des élèves de cycle 3, on pourrait leur demander :

Question 1 : À partir du document, compare les aliments d'un petit-déjeuner avec abeilles aux aliments d'un petit-déjeuner sans abeilles.

Question 2 : Quels sont les aliments qui ont disparu entre les deux ?

Question 3 : Propose une explication à cette disparition.

Cette activité pourrait déboucher sur la conclusion suivante : « La disparition des abeilles, en entrainant l'absence de pollinisation des fleurs, risque d'empêcher leur reproduction. Il y aurait alors de moins en moins de plantes à fleurs. »

B Analyse des causes et conséquences de la disparition des abeilles

7) D'après cet article, citer les cinq causes principales de la disparition des abeilles.

Les cinq causes de la disparition des abeilles citées dans le document de l'annexe 1 (p. 225) sont :

– un insecticide de la famille des néonicotinoïdes employé dans les cultures ;
– le stress multifactoriel des abeilles : l'agriculture intensive, la simplification des paysages, des nouveaux pathogènes et des nouvelles pratiques des apiculteurs ;
– le frelon asiatique ;
– les pathogènes : des bactéries et des champignons microscopiques, un acarien, le *Varroa destructor* ;
– l'emploi massif de reines importées dont la période de reproduction est mal adaptée au nouvel environnement.

8) À partir des informations contenues dans cet article, recopier et compléter le tableau suivant :

Causes de la disparition des abeilles	Conséquences pour les abeilles	Solutions envisageables
Des agents pathogènes : bactéries, champignons microscopiques (microsporides) et parasites (tels que *Varroa destructor*).	Les bactéries et champignons microscopiques sont responsables de maladies graves des abeilles. Le parasite *Varroa* se fixe sur les abeilles et les pique pour se nourrir de l'hémolymphe et transmet des virus pathogènes aux abeilles.	Aucune information fournie dans l'article.
Emploi de néonicotinoïdes	Ce produit touchant toute la plante tue les abeilles après qu'elles se sont nourries du nectar et du pollen.	Interdiction en Europe. Il serait souhaitable que ce soit généralisé aux autres continents.
Agriculture intensive	Disparition des plantes adventices des cultures et donc moins de variété de pollens à butiner d'où des carences alimentaires des abeilles.	Aucune information fournie dans l'article.
Le frelon asiatique	Aucune information fournie dans l'article.	Aucune information fournie dans l'article.
Les reines importées par les apiculteurs	Leur période de reproduction est non conforme aux saisons. Les abeilles qui naissent de cette reine en hiver ne peuvent pas se nourrir.	Nourrissage artificiel des jeunes avec du sucre.

9*) Voici un support pédagogique (figure 4, p. 218)) qui pourrait être utilisé dans une séance pédagogique pour des élèves de CM1 dont l'objectif visé serait : « Comprendre l'impact de la disparition des abeilles dans leur réseau alimentaire ». Proposer une mise en œuvre de cette activité, en précisant les étapes du déroulement de l'activité, les consignes, la nature des tâches à effectuer et la production attendue (en une dizaine de lignes)

La consigne : Par groupe de quatre élèves, proposez le réseau alimentaire de l'abeille en reliant par des flèches « est mangé par » les êtres vivants du document suivant.

Le document est imprimé en grand sur une feuille A3 (cf. réponse attendue). La durée indicative de travail de groupe est de 15 minutes. Il s'ensuit une confrontation des différents travaux (cf. réponse attendue apparaissant en vert dans le document) avec interactions des élèves. Ces derniers peuvent dire s'ils sont d'accord ou non avec la proposition de leurs camarades de classe et justifient le cas échéant leur désaccord.

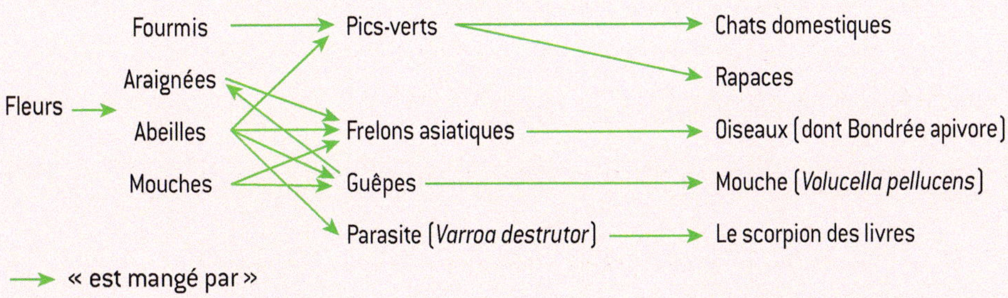

En classe entière, l'enseignant demande alors de proposer une réponse au problème. Puis, ensemble, ils font la synthèse suivante : « Si les abeilles disparaissaient, cela aurait un impact sur tout leur réseau alimentaire. En plus de la disparition des fleurs, leurs prédateurs pourraient manquer de nourriture et à leur tour les prédateurs de ces prédateurs. Beaucoup d'êtres vivants mourraient. »

Partie 2.
Une solution pour lutter contre la mortalité des abeilles en hiver : supplémenter les réserves de nourriture des ruches à l'aide de sirop sucré

1*) À partir du document n° 1, proposer un texte d'une dizaine de lignes adapté à des élèves de CM1 afin de les amener à :

- **formuler une définition de la notion de mélange homogène ou hétérogène ;**
- **identifier les constituants principaux du miel ;**
- **représenter la composition du miel, en se limitant à ses deux constituants principaux, sous la forme d'un schéma en barre légendé.**

Aide

Quand on lit le diagramme, deux sucres – le fructose et le glucose – représentent respectivement 38 % et 31 %. Ce sont donc les deux constituants principaux. Néanmoins, il faut lire l'ensemble du sujet où l'on parle des sucres pour comprendre qu'il faut additionner tous les sucres présents dans le miel pour en faire une seule catégorie.

Le miel est une substance jaunâtre, sucrée et élaborée dans des ruches par des abeilles.

Dans le diagramme circulaire du document 1, chaque couleur représente un constituant du miel. Le miel est constitué de différents sucres : le fructose (38 %), le glucose (31 %), le maltose (7,3 %), le saccharose (1,3 %), d'autres sucres (1,5 %) soit 79,1 % ; d'eau (17 %) et d'autres éléments comme des minéraux, des vitamines. Comme il y a plusieurs constituants, on dit que c'est un mélange. À l'œil nu, on ne peut distinguer les différents constituants du miel, c'est donc un mélange dit homogène.

Les deux constituants principaux du miel sont les différents sucres (79,1 %) et l'eau (17 %).

2) En s'appuyant sur les données du document n° 1, déterminer la masse de sucre à ajouter dans une masse d'eau correspondant à un volume de 1 L pour obtenir une solution sucrée de même composition que le miel.

Donnée : la masse volumique de l'eau est $\rho_{eau} = 1 \text{ g} \cdot \text{cm}^{-3}$.

Aide

Attention aux conversions $1 \text{ g.cm}^{-3} = 1\,000 \text{ g.dm}^{-3} = 1\,000 \text{ g.L}^{-1}$

On veut un volume de 1 L. On nous donne la valeur de la masse volumique de l'eau égale à 1 g.cm^{-3} ou $1\,000 \text{ g.L}^{-1}$.
Masse volumique = masse/volume occupé ; c'est-à-dire que 1 L d'eau pèse 1 000 g.
Ce 1 L (ou ces 1 000 g) ne représentent que 17 % de la solution. Les différents sucres sont présents à 79,1 %.

On a donc : $m_{\text{différents sucres}} = 79{,}1 \times 1\,000 / 17 = 4{,}65 . 10^3$ g = 4,65 kg

3*) Proposer un protocole expérimental, destiné à des élèves de CM1, pour qu'ils mesurent une masse de sucre de 150 g, en indiquant les différentes étapes de l'activité expérimentale, décrites, au besoin, de schémas légendés. Préciser le matériel à mettre à disposition des élèves et les éventuelles conditions de sécurité à respecter.

Pour réaliser cette expérience, il faut mettre à disposition des élèves : une balance électronique, un récipient, une cuillère et du sucre.

Question sécurité, il faut préciser aux élèves de ne pas goûter ni au sucre ni à la solution préparée car le matériel de prélèvement et les récipients ne sont pas prévus à cet effet.

Étapes :
– allumer une balance électronique ;
– poser un récipient sur la balance ;
– appuyer sur la touche Tare ;
– avec une cuillère, verser le sucre dans le récipient jusqu'à avoir une masse égale à 150 g.

La touche Tare permet de remettre la balance à zéro et de ne peser que le contenu sans le récipient.

4) Donner le nom de la transformation physico-chimique qui intervient lors de la mise en solution aqueuse du sucre. Identifier le soluté et le solvant.

La transformation physico-chimique est la dissolution du sucre (soluté) dans l'eau (le solvant).

5*) Proposer une expérience complémentaire pour convaincre les élèves que les 150 g de sucre n'ont pas « disparu » au cours de la réalisation de la solution sucrée.

Lors d'une dissolution, il y a conservation de la masse.

À l'aide d'une balance électronique, il faut suivre le protocole de la question 3 pour peser séparément les 150 g de sucre et les 100 g d'eau. On nous donne $\rho_{eau} = 1\ g \cdot cm^{-3}$ donc 100 mL d'eau pèsent 100 g.

Puis, on verse les 150 g de sucre dans les 100 g d'eau.

Après agitation, le sucre se dissout dans l'eau. On ne voit plus le sucre. Or, il est toujours présent.

Pour le vérifier, il suffit de :
– poser un récipient vide sur la balance ;
– appuyer sur la touche Tare ;
– transvaser la solution d'eau sucrée réalisée ;
– noter la masse d'eau sucrée.

On retrouve une masse de 250 g. La masse se conserve, le sucre est présent dans l'eau.

6*) Proposer une conclusion de l'activité, qui exploite, notamment, le schéma en barre demandé initialement aux élèves et le document n° 2, et qui leur permette de juger si la solution d'eau sucrée qu'ils ont préparée convient pour nourrir les abeilles en hiver.

D'après le document 2, pour nourrir les abeilles en hiver, on doit fabriquer un sirop dont le rapport entre la masse de sucre et la masse d'eau est compris entre 1,5 et 2.

Ici, on a préparé une solution avec m_1 = masse de sucre = 150 g et m_2 = masse d'eau = 100 g

D'où : $m_1/m_2 = 150/100 = 1{,}5$

La solution préparée est indiquée comme sirop de nourrissement.

7*) Identifier les compétences travaillées par les élèves au cours de cette activité scientifique, au regard des programmes de référence du cycle 3.

Lors de cette activité scientifique de « Mise en œuvre d'un protocole expérimental », on peut travailler les compétences du S4C suivantes :

Domaine 1 (Les langages pour penser et communiquer) : Pratiquer des langages

– Exploiter un document constitué de divers supports

Domaine 2 (Les méthodes et outils pour apprendre) : S'approprier des outils et des méthodes

– Réaliser une expérience

– Utiliser les outils mathématiques adaptés

Domaine 4 (Les systèmes naturels et les systèmes techniques) : Pratiquer des démarches scientifiques et technologiques

– Proposer des expériences simples pour tester une hypothèse

– Interpréter un résultat et en tirer une conclusion

8*) Analyser chaque réponse proposée et formuler les remarques qui pourraient être adressées à chaque élève, en visant aussi l'enseignement du français.

L'expérience réalisée met en évidence le phénomène de saturation. Il n'y a plus assez de molécules d'eau pour dissoudre le sucre en poudre. Les élèves doivent illustrer leurs schémas avec une observation.

	Élève A	Élève B	Élève C
Dessin	Dessin légendé. Représentation des deux phases.	Deux dessins non légendés. Représentation des deux phases.	Deux dessins : – avant l'ajout de sucre ; – après l'ajout de sucre. Les deux phases ne sont pas représentées.
Scientificité	Référence à l'excès de sucre.	Confusion absorption/dissolution.	Confus. Référence à l'introduction de l'eau dans le verre.
Maitrise de la langue	Texte répondant à la consigne « Qu'observe-t-on ? » « On observe. » Texte descriptif. Texte explicatif « parce que ».	Texte explicatif « parce que ». Argument erroné.	Texte descriptif confus.

Pour les trois réponses, il faudra faire la remarque que le trait indiquant le niveau de l'eau doit être horizontal (surtout pour la réponse de l'élève C où il a fait des vaguelettes).

Les termes scientifiques « dissolution », « saturation » ou « solubilité » ne sont pas énoncés.

Toutes les disciplines enseignées à l'école participent à la maitrise de la langue française écrite et orale. L'enseignant va corriger les erreurs d'orthographe même si la compétence visée, ici, est de réaliser un schéma et de le commenter. On pourrait reprendre la phrase de la réponse de l'élève A en productions d'écrits pour la structure du « que il ». Pour la réponse de l'élève C, « l'eau monte et on ne la voie plus », il faudrait reprendre cette phrase comme situation de départ pour un travail de conjugaison autour des verbes en -ire au présent ou alors celle de l'élève B « l'eau ne peux plus » pour les verbes en -oir au présent.

En dernière remarque, on peut citer que même si le schéma de l'élève B montre que le niveau monte lors de l'introduction du sucre (changement de volume lors d'une dissolution), ses récipients sont obliques. Pour aider l'élève, on pourrait imaginer que l'enseignant donne le schéma du récipient vide, par exemple.

Partie 3.
Une solution pour lutter contre la disparition des abeilles : la ruche connectée

Ⓐ Analyse d'une ruche connectée

1) À quel besoin répond la ruche connectée ? Citer les fonctions d'usage que doit remplir cet objet technique pour répondre au besoin identifié.

Aide
- Vous devez vous aider de l'annexe 3 (p. 230) et identifier les différents capteurs.
- Faire un lien entre les capteurs et leurs fonctions permet de répondre au besoin identifié.

Exemples : On souhaite vérifier la température, on met un capteur de température ; on souhaite lutter contre le vol des ruches, on met un émetteur GPS.

La ruche connectée répond au besoin de protéger les colonies et de limiter les pertes hivernales.

Elle permet :
– d'indiquer la météo (capteurs de température, de pression, de lumière) ;
– d'indiquer la réserve de nourriture (capteur de masse) ;
– d'indiquer la localisation de la ruche (géolocalisation par GPS).

2) D'après les caractéristiques techniques de la ruche connectée (annexe 3) et en comparant à d'autres choix technologiques de communication sans fil, justifier pourquoi le choix de la communication GSM (« Global System for Mobile Communication ») est adapté à l'usage de la ruche connectée.

Le Wifi et le Bluetooth ont des portées très courtes (quelques mètres). *Via* GSM, l'apiculteur peut avoir les informations concernant sa ruche sur une application sur son téléphone portable (réception des alertes *via* sms).

3) Indiquer les éléments de la ruche connectée réalisant les fonctions de la chaine d'information permettant de transmettre des données :

Acquérir →	Traiter →	Communiquer
Module Capteurs et capteur de masse	Carte électronique	Module émetteur GSM

4*) Proposer une description de la chaine d'information adaptée à un public de CM2 et permettant de viser l'attendu de fin de cycle 3 suivant : « Décrire le fonctionnement d'objets techniques, leurs fonctions et leurs constitutions ».

La ruche connectée est constituée de nombreux capteurs.

Le capteur récupère la grandeur physique à mesurer (par exemple, la température) pour la transférer en signal électrique vers la carte électronique. Cette dernière traite l'information. Le module émetteur communique l'information vers le téléphone portable de l'apiculteur.

B Prototype et amélioration d'une solution technologique

5) D'après le programme présenté figure 6, quelle est la condition pour avoir l'affichage « ✓ » indiqué sur le microcontrôleur ?

Il faut que la température soit comprise entre 39 °C inclus et 42 °C inclus : 39 °C $\leqslant$ T $\leqslant$ 42 °C.

6*) Pour chacun des deux programmes, identifier l'erreur commise par l'élève et proposer une remédiation à mettre en place pour amener l'élève à comprendre et corriger son erreur.

La programmation proposée est une programmation par blocs de style Scratch.

Aide

Il est attendu que l'écran affiche cette image si la température est comprise entre 39 °C et 42 °C inclus :

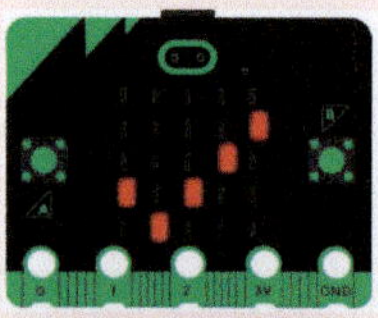

Écran 1

En revanche, si la température est inférieure STRICTEMENT à 39 °C ou supérieure STRICTEMENT à 42 °C, on doit voir :

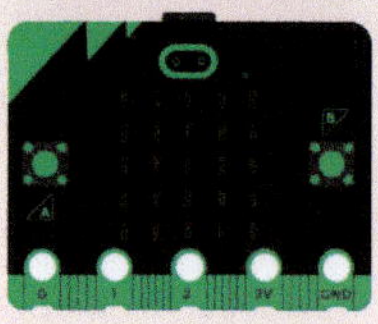

Écran 2

Erreur commise dans le programme n° 1

Dans le programme n° 1, l'élève a inséré un avertisseur sonore qui va jouer une mélodie si la température n'est pas dans la bonne plage. Son programme fonctionne sauf qu'il a oublié d'insérer le bloc **« afficher L'IMAGE » avec les DEL éteintes** sous le « sinon » **comme dans l'image du programme attendu.**

Aide

Même si la température est à 30 °C. L'affichage montre l'écran 1.

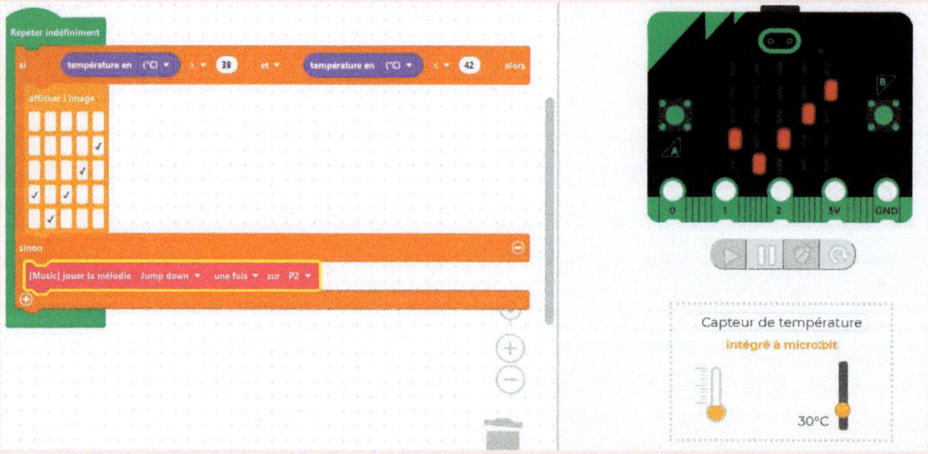

Erreur commise dans le programme n° 2

Dans le programme n° 2, l'élève a inséré un écran LCD qui va afficher le message « La température n'est pas la bonne » quand la température ne sera dans la plage comprise entre 39 et 42 °C. Il faut rajouter le bloc **« afficher l'IMAGE » avec les DEL éteintes sous le « sinon »** comme dans l'image du programme attendu.

Mais il y a un autre problème : même si la température redevient correcte, l'écran du LCD continue d'afficher son message « la température n'est pas bonne ». Il faut rajouter un bloc du mode affichage « [LCD]nettoyer l'écran » pour l'effacer.

Aide

L'écran du LCD continue d'afficher son message « la température n'est pas bonne ».

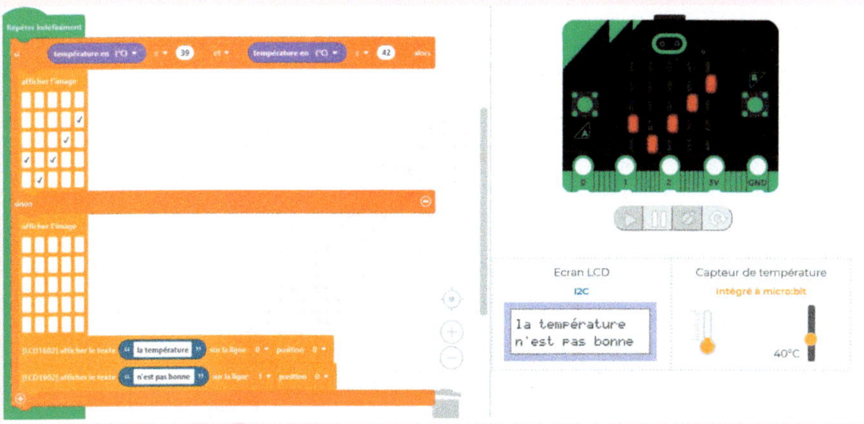

Il faut rajouter un bloc du mode affichage « [LCD]nettoyer l'écran » pour l'effacer.

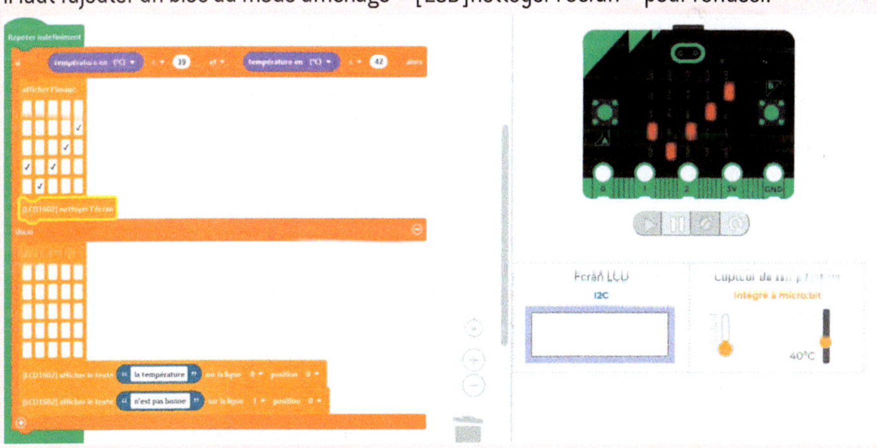

Remédiation

En classe, l'élève pourra tester son programme directement sur le site https://fr.vittascience.com/microbit/ ou https://makecode.microbit.org.

S'il ne trouve pas, l'enseignant pourra lui montrer un exemple de programme identique et complet afin qu'il comprenne son erreur et la transpose à sa situation. Sinon, on peut imaginer lui donner une fiche méthode avec l'ensemble des actions décrites.

Pour aller plus loin

Retrouvez un autre sujet complet corrigé et commenté sur hatier-clic.fr/crpe22st01

Table des illustrations

Remerciements

Nous remercions vivement l'équipe de formateurs de l'INSPÉ d'Amiens en Sciences physiques et technologie (Vincent Fontaine, Thierry Marlière, Didier Mont et Bruno Servant) pour leur réactivité et leur coopération.

Achevé d'imprimer par Dupli-Print à Domont (95) en janvier 2022

N° d'impression : 2021122076

IMPRIM'VERT®

Dépôt légal : 08282/02 – Janvier 2022

Imprimé en France